Para

....

De

....

En esta fecha

....

UN
DIOS
UN
PLAN
UNA
VIDA

MAX LUCADO

**CASA
CREACIÓN**

Para vivir la Palabra

Para vivir la Palabra

MANTÉNGANSE ALERTA;
PERMANEZCAN FIRMES EN LA FE;
SEAN VALIENTES Y FUERTES.
—1 Corintios 16:13 (NVI)

Un Dios, un plan, una vida por Max Lucado
y adaptado para jóvenes por James Lund
Publicado por Casa Creación
Miami, Fl
www.casacreacion.com
© 2015 Casa Creación Derechos reservados

Library of Congress Control Number: 2014951581
ISBN: 978-1-62998-266-3
E-book ISBN: 978-1-62998-287-8

Desarrollo editorial: *Grupo Nivel Uno, Inc.*

Publicado originalmente en inglés bajo el título:
One God, One Plan, One Life
Publicado por Thomas Nelson
Esta edición se publica por acuerdo con Thomas Nelson,
una división de Harper Collins Christian Publishing, Inc.
©2013 por Max Lucado

A menos que se indique lo contrario, el texto bíblico ha sido tomado de la versión Nueva
Traducción Viviente, © Tyndale House Foundation, 2010. Usado con permiso de Tyndale
House Publishers, Inc., 351 Executive Dr., Carol Stream, IL 60188, Estados Unidos de
América. Todos los derechos reservados.

Impreso en Colombia

23 24 25 26 27 28 LBS 7 6 5 4 3

Con gran cariño, Denalyn y yo dedicamos ese libro a una querida y maravillosa familia: Keith, Sarah, Josh, Jake, Ryan, Mathis, Hope y Hannah Kennington.

RECONOCIMIENTOS

Gracias especialmente a James Lund por sus adaptaciones escritas tan brillantemente, a Michelle Burke por su meticulosa supervisión de este proyecto, y a los jóvenes editores Owen Di Giosia y Mari Arana por sus valiosas ideas.

ENERO

Pero olvida todo eso; no es nada comparado
con lo que voy a hacer. Pues estoy a punto
de hacer algo nuevo. ¡Mira, ya he comenzado!
¿No lo ves? Haré un camino a través del desierto;
crearé ríos en la tierra árida y baldía.

[ISAÍAS 43:18-19]

Amarás al Señor tu Dios con todo tu corazón,
con toda tu alma y con toda tu mente.

[MATEO 22:37]

EL PROPÓSITO DE LA VIDA

Ahonda profundamente en cada corazón y lo encontrarás: un anhelo de significado, una búsqueda de propósito. Tan cierto como que un niño respira, algún día se preguntará: *¿Cuál es el propósito de mi vida?*

Algunos buscan el sentido en una carrera. "Mi propósito es ser dentista". Buen trabajo, pero una mala razón para vivir. Eligen ser "hacedores" humanos en vez de "seres" humanos. Lo que son es lo que hacen; por consiguiente, hacen mucho. Trabajan muchas horas porque si no trabajan, no tienen una identidad.

Para otros, lo que son es lo que tienen. Encuentran el sentido en un automóvil nuevo, o una nueva computadora portátil, o ropa nueva. Estas personas son buenas para la economía y duros con el presupuesto porque están siempre buscando el sentido en algo que poseen. Algunos prueban deportes, películas, drogas, amigos, sexo, cualquier cosa. Todo ello son espejismos en el desierto del propósito.

¿No deberíamos mejor hacer frente a la verdad? Nuestro propósito es amar a Dios. Ninguna otra cosa nos dejará satisfechos.

UN ÚLTIMO PENSAMIENTO

Tu vida es muy confusa. Hay mucho que descubrir. ¿Qué estudiar? ¿Para qué eres bueno? ¿Por qué estás aquí? Hay Alguien que tiene todas las respuestas que buscas, que conoce tu futuro. Un Dios. Una vida. Ámalo, y todo lo demás encajará en su lugar.

Les daré un corazón nuevo y pondré un
espíritu nuevo dentro de ustedes.

[EZEQUIEL **36:26**]

LA AVENTURA DE LA GRACIA

¿**E***ntendemos* lo que es la gracia? Hablamos como si entendié-
semos el término. La biblioteca nos da un periodo de *gracia*
para pagar la multa por retraso. El político nada bueno cae de
la *gracia*. Usamos la palabra para hospitales, bebitas y oraciones
por los alimentos. Ocupa educadamente una frase en un himno,
encaja muy bien en el letrero de una iglesia. Nunca causa problemas ni demanda una respuesta.

Pero ¿es eso todo respecto a la gracia? ¿De qué se trata
realmente?

Gracia es todo Jesús. La gracia vive porque Él vive, funciona
porque Él funciona, e importa porque Él importa. Ser salvo por
gracia es ser salvado por Él, no por una idea, regla o membresía
de una iglesia, sino por Jesús mismo, que llevará al cielo a todo
aquel que le acepte aunque sea asintiendo con su cabeza. No
será, te advierto, como respuesta a un chasquido de los dedos,
un canto religioso o un apretón de manos secreto. La gracia no
será orquestada. Es como Jesús mismo: incontenible, indomable.
Como un descenso en kayak por aguas bravas que es emocionante y da miedo y gozo a la vez. La gracia no es meramente una
aplicación que se adquiere. Es una aventura que se vive.

UN ÚLTIMO PENSAMIENTO

¿Estás viviendo la aventura de la gracia? ¿Te ha cambiado la
gracia? ¿Fortalecido? ¿Ablandado? Si no, acude a Jesús y deja
que te lave. Su gracia salvaje es justo lo que necesitas.

Nos amamos unos a otros,
porque él nos amó primero.

[**1 JUAN 4:19**]

¿HABRÁ ALGUIEN QUE ME AME?

Dios te ama con un amor constante.

Inglaterra vio un destello de ese amor en 1878. El joven hijo de la princesa Alice contrajo una enfermedad horrible conocida como difteria negra. Los doctores pusieron al chico en cuarentena y le dijeron a la madre que se mantuviera alejada. Pero no pudo. Un día, ella le oyó susurrar a la enfermera: "¿Por qué mi mamá ya no me besa?". Las palabras derritieron su corazón; corrió hacia su hijo y le inundó de besos. A los pocos días, ella fue enterrada.[1]

¿Qué podría llevar a una madre a hacer una cosa así? ¿Qué llevaría a Dios a hacer algo mayor? El amor. Y, ah, qué clase de amor: "demasiado grande para comprenderlo todo" (Efesios 3:19). Te animo a confiar en él. Quizá estés hambriento de ese amor. Quienes deberían haberte amado no lo hicieron. Los que podían haberte amado tampoco. Te dejaron en el hospital. No te invitaron a la fiesta. Te dejaron con el corazón partido. Te dejaron con una pregunta: "¿Habrá alguien que me ame?".

Por favor, escucha la respuesta del cielo. Mientras reflexionas en Él en la cruz, oye cómo Dios te asegura: "Yo te amo".

UN ÚLTIMO PENSAMIENTO

Hay días en que no te sientes amado. Mamá te habla bruscamente. Tu mejor amigo te hace un desaire. Incluso parece que tu perro te mira mal. ¿Pero Dios? Nunca hay un momento en que Él no te ame de todo corazón. Cuenta con ello. Siempre. Eternamente.

Que el mensaje de Cristo,
con toda su riqueza, llene sus vidas.

[COLOSENSES 3:16]

LA PALABRA DE DIOS ES VIVA

¿Alguna vez se ha descrito algún otro libro así: "Ciertamente, la palabra de Dios es viva y poderosa, y más cortante que cualquier espada de dos filos. Penetra hasta lo más profundo del alma y del espíritu, hasta la médula de los huesos, y juzga los pensamientos y las intenciones del corazón" (Hebreos 4:12, NVI)?

"Viva y poderosa". ¡Las palabras de la Biblia tienen vida! Dios obra a través de estas palabras. La Biblia es para Dios lo que un guante quirúrgico es para el cirujano. ¿No has sentido su toque?

Cuando ya es tarde, y estás solo, lees las palabras: "Nunca te fallaré. Jamás te abandonaré" (Hebreos 13:5). Las frases te consuelan como una mano sobre tu hombro. Cuando la ansiedad rompe tu paz, alguien comparte este pasaje: "No se inquieten por nada; más bien, en toda ocasión, con oración y ruego, presenten sus peticiones a Dios y denle gracias" (Filipenses 4:6, NVI). Las palabras provocan un respiro en tu alma.

Úsalas. No tomes ninguna decisión, ya sea grande o pequeña, sin sentarte delante de Dios y con una Biblia abierta, un corazón abierto y unos oídos abiertos.

UN ÚLTIMO PENSAMIENTO

Los maestros dan montones de lectura como los futbolistas corren tras el balón. Libros de historia. Ejercicios de matemáticas. Novelas. Ninguno de ellos tendrá el impacto en tu vida como un libro llamado la Biblia. No te olvides de la tarea de lectura más importante de todas.

> Pues es por creer en tu corazón que eres
> declarado justo a los ojos de Dios y es por
> confesarlo con tu boca que eres salvo.
>
> [ROMANOS **10:10**]

DILO Y CRÉELO

¿**A**lguna vez has tenido dudas de pertenecer a Dios y de ir al cielo? ¿Te preguntas si verdaderamente eres salvo? ¿Cómo puedes saberlo?

La Biblia dice: "Si confiesas con tu boca que Jesús es el Señor y crees en tu corazón que Dios lo levantó de los muertos, serás salvo" (Romanos 10:9). Primero, *confiesa* que Jesús es Señor. Dilo en voz alta o calladamente en tu corazón, de cualquier forma. Solo dilo de verdad. Después *cree* que Jesús resucitó. Él no es un hombre en la tumba sino Dios en la carne con el poder sobre la muerte.

Mira lo que Romanos 10:9 *no* dice: vive perfectamente, sé bueno con todos, no metas la pata, no dudes, sonríe siempre…y serás salvo. No. Solo confesar y creer. Entonces tendrás salvación, además de la paz y el gozo interior que proceden de conocer tu destino final.

UN ÚLTIMO PENSAMIENTO

Intentamos hacerlo difícil. En nuestra mente, añadimos condiciones para ir al cielo con Dios: más buenas obras, mejores notas en la escuela, más buenos pensamientos. Pero Él nos lo pone fácil. Habla de la autoridad de Jesús. Cree que Él murió y volvió a vivir. Simple. Salvación.

Pero los planes del Señor quedan
firmes para siempre.

[SALMOS **33:11**, NVI]

DIOS NUNCA CAMBIA

Dios siempre será el mismo.

Nadie más hará esto. Tus amigos te llaman hoy y te ignoran mañana. A los maestros les encanta tu trabajo una semana y
nos les gusta a la siguiente. Tus padres cambian entre el entendimiento y la crítica. Pero Dios no. "Él nunca cambia ni varía
como una sombra en movimiento" (Santiago 1:17).

¿Encontrar a Dios de mal humor? No sucederá. ¿Te da miedo
poder agotar su gracia? ¿Crees que se ha cansado de ti? Error.
¿Acaso no te hizo una promesa? "Dios no es un hombre, por
lo tanto no miente. Él no es humano, por lo tanto no cambia
de parecer. ¿Acaso alguna vez habló sin actuar? ¿Alguna vez
prometió sin cumplir?" (Números 23:19). Él nunca es huraño o
amargo, nunca está enojado o estresado. Su fortaleza, su verdad,
sus caminos y su amor nunca cambian. Él es "el mismo ayer, hoy
y siempre" (Hebreos 13:8).

La resurrección de Jesús no perderá su poder. La sangre de
Cristo no perderá su fortaleza. Dios nunca cambia. Puedes contar con ello.

UN ÚLTIMO PENSAMIENTO

El cambio es emocionante. Pero cuando todo a tu alrededor
está cambiando, tus amigos, clases, familia, escuela, cuerpo, sueños, a veces es bonito saber que hay alguien estable,
alguien con el que puedes contar. ¿Y cuando ese alguien resulta ser el Creador todopoderoso del universo, rebosando amor
por ti? *Eso* es emocionante.

> Así es, todo lo demás no vale nada
> cuando se le compara con el
> infinito valor de conocer a Cristo Jesús.
>
> [FILIPENSES 3:8]

LA RECOMPENSA

La recompensa del cristianismo es Cristo.

Cuándo viajas al Gran Cañón, ¿lo haces para poder comprar en la tienda de recuerdos la camiseta o la bola que vierte nieve cuando la mueves? No. La recompensa del Gran Cañón es el Gran Cañón. El cándido entendimiento de que eres parte de algo antiguo, espléndido y maravilloso.

El precio de nuestra fe es la persona que Dios envió para pagar por nuestros pecados. Ni el dinero en el banco, ni una computadora en la habitación, o un cuerpo saludable, o una mejor autoimagen. Sí, estas cosas cuentan para algo. Pero el *Iron Man* de la fe es Cristo. La comunión con Él. Caminar con Él. Meditar en Él. Explorarlo. El vertiginoso entendimiento de que en Él eres parte de algo antiguo, interminable, imparable e insondable. Y que Él, que puede excavar el Gran Cañón con su dedo meñique, piensa que eres digno de morir por ti en una cruz romana. Cristo es la recompensa del cristianismo.

UN ÚLTIMO PENSAMIENTO

Quizá piensas que cuando te haces cristiano, la idea de las recompensas se escapa por la ventana. No es cierto. Es solo que tu recompensa no llega en dinero o buenas calificaciones sino en una relación con el Creador. Difícil de medir. ¡Difícil incluso de imaginar! Pero qué recompensa.

Guíame con tu verdad y enséñame,
porque tú eres el Dios que me salva.

[SALMOS 25:5]

EVALUACIÓN HONESTA

Levanta tu mano si algo de lo siguiente te describe a ti. *Estás en paz con todos.* Todas tus relaciones son tan dulces como el chocolate. Incluso tus antiguos amigos hablan muy bien de ti. Te caen bien todos y a todos les caes bien. ¿Eres así? *O quizá no tienes temores.* Fracasar en la clase de francés; no es problema. Algún problema del corazón descubierto; bostezo. Te llaman Superman. ¿Esto te describe? *O quizá no necesitas perdón.* Nunca cometiste un error. Tan cuadrado como una partida de damas. Tan limpio como la cocina de la abuela. ¿Este eres tú? ¿No?

Evaluemos esto. Algunas de tus relaciones se tambalean. Tienes temores y errores. ¿Realmente quieres vivir esta vida por ti mismo? El camino que hay por delante parece difícil. Me parece que podrías usar a un pastor. "Aun si voy por valles tenebrosos, no temo peligro alguno porque tú estás a mi lado" (Salmos 23:4, NVI).

UN ÚLTIMO PENSAMIENTO

Seamos sinceros. No importa lo orgulloso que estés de tu última hazaña, el examen que aprobaste de inglés, los puntos que anotaste en el partido de baloncesto, el premio que recibiste como voluntario, a pesar de eso puedes usar la ayuda en esta vida. Un amigo. Un guía. Un pastor. Un Salvador.

Pues ni aun el Hijo del Hombre vino para
que le sirvan, sino para servir a otros.

[MARCOS **10:45**]

PIES APESTOSOS

La noche antes de su muerte, Jesús "se ató una toalla a la cintura y echó agua en un recipiente. Luego comenzó a lavarles los pies a los discípulos" (Juan 13:4-5).

No sé tú, pero si yo estuviera a punto de morir, mi primer pensamiento no sería conseguir jabón, agua y los pies de alguien. No me gustan los pies. ¿Mirar a los ojos? Sí lo hago. ¿Estrechar la mano? Con gusto. ¿Poner mi brazo sobre tus hombros? Encantado de hacerlo. ¿Pero restregar los pies? ¡Por favor! Los pies huelen mal y son feos. Lo cual, según creo yo, es el punto de esta historia.

Jesús tocó los feos y apestosos *pies* de sus discípulos. Sabiendo que venía de Dios. Sabiendo que volvería con Dios. Sabiendo que tenía toda la autoridad, Él cambió su túnica por la toalla de un siervo, se humilló a nivel de las rodillas y comenzó a limpiar la suciedad, el polvo y la mugre que sus pies habían acumulado durante el camino.

Él también quiere lavar todas las partes sucias de tu vida.

UN ÚLTIMO PENSAMIENTO

¿Ves cuánto se preocupa Jesús de ti? ¿Cuánto te valora? Lo suficiente para bajarse a tu nivel. Lo suficiente para tocar y limpiar incluso las partes más sucias de tu pasado. Lo suficiente para morir por ti. Eso es gracia. Eso es amor.

Lo que es imposible para los hombres
es posible para Dios.

[LUCAS **18:27**, NVI]

ATRÉVETE A SOÑAR

Dios siempre se alegra cuando nos atrevemos a soñar. De hecho, nos parecemos mucho a Dios cuando soñamos. El Maestro se muestra exultante con la novedad. Se deleita en estirar lo antiguo. Escribió el libro sobre cómo hacer posible lo imposible.

¿Ejemplos? Revisa la Biblia. Los pastores de ochenta años por lo general no se meten con los faraones…pero no le digas eso a Moisés. Los pastores adolescentes normalmente no se enfrentan a los gigantes…pero no le digas eso a David. Los pastores a medianoche normalmente no oyen ángeles cantar ni ven a Dios en un establo…pero no les digas eso a los de Belén.

Y tampoco se te ocurra decirle eso a Dios. Él ha hecho una eternidad al hacer que lo que no vuela vuele. Y se enoja cuando las alas de las personas están recortadas. Así que lánzate y entrégale a Dios tus sueños. Observa cómo Él los transforma de ser ideas que apenas se pueden ver a realidades mayores que tus sueños más alocados.

UN ÚLTIMO PENSAMIENTO

No te pongas límites. No todos los sueños se harán realidad, y no todos los sueños son de Dios. Pero cuando tus sueños conectan con los planes de Dios, encontrarás puertas abiertas que nunca pensaste que verías. Atrévete a soñar.

Así como el cuerpo sin aliento está muerto,
así también la fe sin buenas acciones está muerta.

[Santiago 2:26]

HAZ ALGO

La fe no es creer que Dios hará lo que tú quieres. La fe es creer que Dios hará lo correcto. "Podemos hacer nuestros planes, pero el Señor determina nuestros pasos" (Proverbios 16:9). Dios está siempre cercano y siempre disponible. Tan solo esperando tu toque. Así que díselo. Demuéstrale tu devoción:

Escribe una carta de ánimo. Pide perdón. Bautízate. Alimenta a algún hambriento. Invita a la iglesia a un compañero de clase que necesite un amigo. Habla a alguien de Jesús.

Ora.

Adora.

Ve.

Haz algo que demuestre fe. Porque la fe sin esfuerzo no es fe. Dios responderá. Él nunca ha rechazado un acto genuino de fe. Nunca.

UN ÚLTIMO PENSAMIENTO

Lee Santiago 2.14-26. ¿Tus obras muestran tu fe? Nuestro amor por Dios no es algo que escondemos en una mochila. Debería llevarnos a actuar. ¿Qué puedes hacer esta semana para demostrar tu fe? Dios se agradará y se encontrará contigo ahí.

No sólo escuchen la palabra de Dios;
tienen que ponerla en práctica.

[SANTIAGO 1:22]

BUENOS HÁBITOS

Alguien me dijo una vez: "Soy un nuevo cristiano. A lo largo de los años he adquirido algunos malos hábitos. ¿Cómo me puedo deshacer de ellos?". ¿Mi respuesta para él en ese entonces y mi consejo para ti ahora? Adquiere buenos hábitos. Aquí tienes cuatro para empezar.

Primero, ora: "Tengan paciencia en las dificultades y *sigan* orando" (Romanos 12:12). Dios quiere oírte diariamente. En segundo lugar, estudia: "Pero si miras atentamente en la ley perfecta…y la pones en *práctica* y no olvidas lo que escuchaste" (Santiago 1:25).

Tercero, da: "El primer día *de cada semana*, cada uno debería separar una parte del dinero que ha ganado" (1 Corintios 16:2). No damos por Dios, sino por nosotros. Y finalmente, comunión: "Y *no dejemos* de congregarnos" (Hebreos 10:25). Necesitas apoyo cada semana de otros cristianos.

Cuatro hábitos que merece la pena tener. ¿No es bueno saber que algunos hábitos son buenos para ti?

UN ÚLTIMO PENSAMIENTO

Cuando le das tu corazón a Dios, tu habitación en el cielo está reservada para siempre. No es necesario pagar más. Pero si quieres crecer en tu fe y ser más como Él, añadir unos cuantos buenos hábitos te dispondrá para ello.

> Si alguno de ustedes quiere ser mi seguidor,
> tiene que abandonar su manera egoísta
> de vivir, tomar su cruz y seguirme.

[Marcos 8:34]

ES TU DECISIÓN

En un lado está la multitud. Algunos de ellos son los "populares". Algunos son tus amigos. Se están mofando. Están abucheando. Exigiendo.

En el otro lado hay una persona. Está sola. Tiene los labios hinchados. Un ojo grumoso. Noble promesa.

Uno promete aceptación, el otro una cruz.

El uno ofrece carne y destello, el otro ofrece fe.

La multitud desafía: "Síguenos y sé uno de los nuestros".

Jesús promete: "Sígueme y destaca".

Ellos prometen agradar. Dios promete salvar.

Dios te mira y te pregunta: "¿Cuál será tu decisión?".

UN ÚLTIMO PENSAMIENTO

Tu salvación en Cristo puede estar segura, pero la decisión de continuar siguiendo a Jesús se toma mil veces al día. En el momento, escoger a Dios antes que a las personas populares puede parecer extraño. Pero a la larga, no hay decisión que nos haga sentir mejor.

En cambio, renunció a sus privilegios divinos;
adoptó la humilde posición de un esclavo.

[FILIPENSES 2:7]

¿POR QUÉ LO HIZO?

Viajar durante los días festivos. No es fácil. Entonces, ¿por qué lo hacemos? ¿Por qué llenamos el automóvil y soportamos los aeropuertos? Tú sabes la respuesta. Nos encanta estar con nuestros seres queridos.

El niño de cuatro años corriendo por el pasillo para abrazar a su abuelo. El bol de cereal con mamá antes de que se despierte el resto de la casa. Ese momento cuando, por un instante, todo está tranquilo mientras nos damos la mano en la mesa y le damos las gracias a Dios por la familia, los amigos y el pastel. Nos encanta estar con nuestros seres queridos.

¿Te puedo recordar algo? Dios es igual. Le encanta estar con sus seres queridos. ¿Cómo explicarías si no lo que hizo? Entre Él y nosotros había una distancia, una gran separación. Y Él no podía soportarlo más. No podía resistirlo. Así que hizo algo al respecto.

"Dejó su lugar con Dios y se hizo nada".

UN ÚLTIMO PENSAMIENTO

¿Hay seres queridos en tu vida a quienes ves raras veces? Un amigo que se ha mudado. Una abuela en otro país. ¿No harías casi cualquier cosa para pasar más tiempo con ellos? Eso es lo que hizo Dios. No podía soportar la separación, así que hizo algo al respecto.

No a nosotros, oh Señor, no a nosotros sino
a tu nombre le corresponde toda la gloria,
por tu amor inagotable y tu fidelidad.

[SALMO 115:1]

NECESITAMOS SU GLORIA

Dios tiene un objetivo: Dios. "No permitiré que se manche mi reputación" (Isaías 48:11). ¿Sorprendido? ¿Acaso no es esa actitud, si nos atreviéramos a juzgar, egocéntrica? ¿Por qué Dios se divulga a sí mismo?

Por la misma razón que lo hace el piloto de un bote salvavidas. Piénsalo de este modo. Estás avanzando con dificultad con el agua hasta el cuello en un mar frío y oscuro. El barco se está hundiendo. El chaleco salvavidas se está desinflando. En medio de la noche oscura llega la voz de un piloto de un bote salvavidas. Pero no lo puedes ver. ¿Qué quieres que haga el conductor de ese barco? ¿Que esté callado? ¿Que no diga nada?

¡Claro que no! ¡Necesitas volumen! ¡Habla más alto, amigo! En jerga bíblica, quieres que muestre su gloria. Necesitas oírle decir: "Estoy aquí. Soy fuerte. ¡Te puedo salvar!". Los pasajeros que se hunden quieren que el piloto revele su supremacía.

¿Acaso no queremos que Dios haga lo mismo? Mira a tu alrededor. La gente da vueltas en mares de culpa, enojo, desesperanza. La vida no está funcionando. Nos estamos hundiendo deprisa. Pero Dios puede rescatarnos. Y solo es importante un mensaje. ¡El de Dios! Necesitamos ver su gloria.

UN ÚLTIMO PENSAMIENTO

No te equivoques. Dios no tiene un problema de ego. No revela su gloria por su propio bien. Necesitamos ser testigos de ello por nuestro bien. Necesitamos que alce la voz para poder encontrarlo y su mano fuerte que nos saque y nos meta en el barco a salvo. Démosle gracias a Dios porque es el piloto de nuestra vida.

Todo lo que has hecho por mí, Señor,
¡me emociona! Canto de alegría
por todo lo que has hecho.

[SALMOS 92:4]

GOZO DESAFIANTE

Mi amigo Rob lloraba libremente mientras contaba la historia de la vida tan difícil de su hijo. Daniel nació con el paladar hendido, lo cual desfiguraba terriblemente su rostro. Pasó por una cirugía, pero la evidencia permanecía, así que la gente constantemente nota la diferencia y algunas veces hace comentarios.

Daniel, sin embargo, no se inmuta. Solo le dice a la gente que Dios le hizo así, entonces ¿cuál es el problema? Le nombraron alumno de la semana en la escuela y le pidieron que llevara algo para enseñar a sus compañeros en una exposición oral. Daniel le dijo a su mamá que quería llevar las fotos que mostraban su rostro antes de la cirugía. Su mamá se preocupó. "¿No hará eso que te sientas un tanto incómodo?", preguntó.

Pero Daniel insistió: "¡Oh, no, quiero que todos vean lo que Dios hizo por mí!".

Prueba el gozo desafiante de Daniel y observa lo que ocurre. Dios te ha entregado una copa de bendiciones. Te sugiero que la endulces con una cucharada rebosante de gratitud.

UN ÚLTIMO PENSAMIENTO

Podrías decir que estar feliz es el buen sentimiento temporal que se produce al comer helado o terminar primero en una carrera. El gozo, sin embargo, es algo más profundo. Desafía los días malos y las vidas difíciles. A pesar de las circunstancias, permite que el amor y la luz de Dios brillen.

Nuestro Sumo Sacerdote comprende nuestras debilidades, porque enfrentó todas y cada una de las pruebas que enfrentamos nosotros, sin embargo él nunca pecó.

[HEBREOS 4:15]

PERFECTO

Jesús está ante Pilato, acusado de delitos que no cometió. El gobernador romano hace todo lo que puede por soltar a Jesús. ¿Por qué? "Este hombre no es culpable de ningún delito" (Juan 18:38). Con estas palabras, Pilato sin intención se pone en el lugar del maestro espiritual. Dice primero lo que Pablo diría después: Jesús "nunca pecó" (2 Corintios 5:21). De la misma categoría que cuando Jesús caminó sobre el agua, resucitó a los muertos y sanó las enfermedades es esta verdad del tamaño de un rascacielos: Él nunca pecó.

Jesús fue el modelo de Dios de un ser humano. Siempre honesto entre hipócritas. Implacablemente amable en un mundo de crueldad. Enfocado en el cielo a pesar de incontables distracciones. No es solo que Jesús pasara cada prueba, sino que consiguió una puntuación perfecta en cada prueba.

¿Te imaginas una vida así? ¿Sin errores? ¿Sin una sola marca roja en tus redacciones? Yo tampoco. Por eso Dios encontró una forma de castigar el pecado y preservar al pecador. Jesús tomó tu castigo, y Dios te atribuyó la perfección de Jesús.

A mí me suena perfecto.

UN ÚLTIMO PENSAMIENTO

Todos queremos un cabello perfecto, una piel perfecta, califica ciones perfectas, vidas perfectas. Nunca lo conseguimos, ¿verdad? Y no lo conseguiremos. Por eso necesitamos a Jesús tan desesperadamente. Él es el que cubre nuestras grietas y llena nuestras faltas. Solo su obra es impecable.

Tal como yo los he amado,
ustedes deben amarse unos a otros.

[JUAN 13:34]

LA FAMILIA DE AMIGOS DE DIOS

Dios te ofrece una familia de amigos y amigos que son familia: su iglesia. Cuando pones tu confianza en Cristo, Él no solo te perdona; Él también te pone en su familia de amigos.

Familia sin lugar a dudas desbanca cualquier otro término bíblico para describir a la iglesia. *Hermanos* o *hermanas* aparecen 148 veces entre el libro de los Hechos y el libro de Apocalipsis. La iglesia no es un lugar para ir sino un grupo de personas que cuidan unos de otros en fe.

Dios sana a su familia mediante su familia. En la iglesia usamos nuestros dones para amarnos, honrarnos, vigilar a los alborotadores y llevar las cargas unos de otros. Como hijos suyos, le pertenecemos al Padre. Es lo que Él tenía en mente desde el principio: "Dios decidió de antemano adoptarnos como miembros de su familia al acercarnos a sí mismo por medio de Jesucristo" (Efesios 1:5).

UN ÚLTIMO PENSAMIENTO

La membresía en la familia de Dios es un placer y un privilegio. Al poner nuestra fe en Jesús, instantáneamente tenemos a millones de hermanos y hermanas en todo el mundo. ¿Una familia perfecta? No. Pero cuando nos enfocamos en el Padre, experimentamos un amor perfecto.

Cuando miro el cielo de noche
y veo la obra de tus dedos.

[Salmos 8:3]

NO PIERDAS EL ASOMBRO

Entendemos cómo se crean las tormentas. Mapeamos sistemas solares y trasplantamos corazones. Medimos las profundidades de los océanos y enviamos señales a planetas distantes. Hemos estudiado nuestro universo y estamos aprendiendo cómo funciona.

Y para algunos, la pérdida de misterio ha llevado a la pérdida de la majestad. Cuanto más sabemos, menos creemos. Extraño, ¿no crees? El conocimiento de cómo funcionan las cosas no debería cancelar el asombro. El conocimiento debería estimular el asombro. ¿Quién tiene más razón para adorar que el astrónomo que ha visto las estrellas?

Irónicamente, cuanto más sabemos, menos adoramos. Estamos más impresionados con nuestro descubrimiento de la luz que con Aquel que inventó la electricidad. En vez de adorar al Creador, adoramos la creación (Romanos 1:25).

No es asombroso que no haya asombro. Pensamos que ya lo hemos descubierto todo. ¿Mi consejo? No pierdas el asombro.

UN ÚLTIMO PENSAMIENTO

Nosotros los humanos podemos ser arrogantes. Siempre parece que pensamos que sabemos más de lo que realmente sabemos. Solía darse por hecho, por ejemplo, que la tierra era plana. Quizá deberíamos mirar más allá de todo nuestro aprendizaje sobre el mundo para ver al Señor que lo hace posible.

Se deleitará en ti.

[SOFONÍAS 3:17]

DIOS NO SE OLVIDARÁ DE TI

Dios está *de tu lado.* Mira a los lados; ese es Dios animándote en la carrera. Mira más allá de la línea de meta; ese es Dios aplaudiendo tus pasos. Escúchale en las gradas, gritando tu nombre. ¿Estás demasiado cansado para continuar? Él te llevará. ¿Demasiado desanimado para luchar? Él te está levantando. Dios está de tu lado.

Dios está por *ti.* Si Él tuviera un calendario, tu cumpleaños tendría un círculo. Si Él condujera un automóvil, tu nombre estaría en su parachoques. Si hay un árbol en el cielo, seguro que tiene tallado tu nombre en la corteza.

"¿Puede una madre olvidar a su niño de pecho?", pregunta Dios en Isaías 49:15. Qué pregunta tan estrafalaria. ¿Te imaginas a tu madre alimentándote cuando eras un bebé y después preguntando: "¿Cómo se llama mi bebé?". No. He visto a madres cuidar de sus hijos. Les acarician el cabello, tocan su cara, cantan su nombre una y otra vez. ¿Se puede olvidar una madre? De ninguna manera. Y Dios dice: "Pero aun si eso fuera posible, yo no los olvidaría a ustedes" (Isaías 49:15).

UN ÚLTIMO PENSAMIENTO

Dios tiene una memoria mejor que una computadora. Él recuerda tu nombre. Él recuerda las buenas cosas que has hecho y la fe que has albergado en tu corazón. Él recuerda su emocionante plan para tu futuro. ¿Olvidarse de ti? Olvídalo.

Entonces Dios dijo: "Hagamos a los seres
humanos a nuestra imagen".

[GÉNESIS 1:26]

HECHO A SU IMAGEN

Imagínate la creatividad de Dios. De todo lo que no sabemos acerca de la creación, hay una cosa que sabemos: lo hizo con una sonrisa. Se lo debió de pasar muy bien. Pintar las rayas de la cebra, colgar las estrellas en el cielo, poner el oro en el atardecer. ¡Qué inspiración! Estirar el cuello de la jirafa, poner el aleteo en las alas del colibrí, poner la sonrisa en la hiena.

Qué bien se lo pasó. Como un carpintero silbando en su taller, le encantó todo lo que hizo. Se volcó en la obra. Su creatividad fue tan decidida que se tomó un día libre al final de la semana solamente para descansar.

Como final de una actuación brillante, creó al hombre. Con su típico estilo creativo, Él comenzó con un montón de tierra inútil y terminó con una especie de valor incalculable llamada humana. Un humano que tenía el honor único de llevar el sello "A su imagen".

UN ÚLTIMO PENSAMIENTO

La próxima vez que dudes que eres especial, piensa que eres el máximo logro de Dios. Él creó los cielos y la tierra, los océanos y los bosques, y animales de todo tipo. Pero terminó su obra con las personas: hombres y mujeres a su imagen. Y dijo que era bueno.

Dedíquense a la oración con una mente
alerta y un corazón agradecido.

[COLOSENSES 4:2]

OREMOS

A la mayoría nos cuesta orar. Se nos olvida orar, y cuando nos acordamos, oramos corriendo con palabras huecas. Nuestra mente no se enfoca; nuestros pensamientos se disipan más rápido que nuestros amigos cuando suena el timbre de final de clase en la escuela.

Nuestra batalla con la oración no es totalmente culpa nuestra. Satanás intenta interrumpir nuestras oraciones. El diablo sabe lo que ocurre cuando hablamos con Dios. "Usamos las armas poderosas de Dios, no las del mundo, para derribar las fortalezas del razonamiento humano y para destruir argumentos falsos" (2 Corintios 10:4). Satanás no tartamudea ni tropieza cuando entras por las puertas de la iglesia. Los demonios no se ponen nerviosos cuando tú lees este libro, pero las murallas del infierno tiemblan cuando una persona ora con un corazón honesto y fiel: "Oh, Dios, tú eres magnífico".

Satanás corre a toda prisa como un perrito asustado cuando avanzamos en oración. Así que hagámoslo. "Así que humíllense delante de Dios. Resistan al diablo, y él huirá de ustedes. Acérquense a Dios, y Dios se acercará a ustedes" (Santiago 4:8).

UN ÚLTIMO PENSAMIENTO

¿Eres consciente del poder de la oración? Una manera de ver esto en tu vida es escribir un diario de oración. Escribe tus conversaciones con Dios y cómo responde tus peticiones. Quizá te sorprenda lo que aprendes y lo mucho que te ayuda a acercarte más a Él.

¡Alaben al Señor, alaben a Dios nuestro salvador!
Pues cada día nos lleva en sus brazos.

[SALMOS **68:19**]

RINDE TUS FRACASOS

¿**L**levas una mochila a la escuela? ¿Hay días en los que llevar de un lado a otro tus libros te parece un ejercicio en sí mismo? Por mucho que pese tu mochila, quizá la carga más pesada que intentamos llevar es la carga de los errores y fracasos. ¿Qué haces con tus fracasos?

Aunque hayas caído, aunque hayas fallado, aunque todos los demás te hayan rechazado, Cristo no se apartará de ti. Él llega primero y principalmente a los que no tienen esperanza. Él va con los que nadie iría y dice: "Te daré eternidad".

Solo tú puedes rendir tus preocupaciones al Padre. Nadie más puede llevarlas y entregárselas a Dios. Solo tú puedes dejar tus preocupaciones y ponerlas ante Aquel que cuida de ti. ¿Qué mejor manera de comenzar el día que dejando tus afanes a sus pies?

UN ÚLTIMO PENSAMIENTO

Incluso las personas más exitosas fracasan. Te garantizo que a ti también te pasará. Así que ¿cómo responderás cuando falles? Revivirlo constantemente en tu mente y decirte lo estúpido que eres no es la respuesta. Deja esa carga. Permite que Dios la lleve. Su mochila es mucho más grande que la tuya.

Son planes para lo bueno
y no para lo malo.

[JEREMÍAS **29:11**]

UN PLATO DE EXPERIENCIAS

Anoche durante el devocional familiar, llamé a mis hijas a la mesa y puse un plato delante de cada una. En el centro de la mesa puse una variedad de alimentos: algo de fruta, verduras y galletas Oreo. "Cada día", les dije, "Dios nos prepara un plato de experiencias. ¿Qué tipo de plato te gusta más?".

La respuesta fue fácil. Sara puso tres galletas en su plato. Algunos días son así, ¿verdad? Algunos días son "días de tres galletas". Muchos otros no. A veces nuestro plato solo tiene verduras: veinticuatro horas de apio, zanahorias y calabaza. Aparentemente Dios sabe que necesitamos fuerzas, y aunque la ración pueda parecer difícil de tragar, ¿acaso no es por nuestro propio bien? La mayoría de los días, no obstante, tienen un poquito de todo.

La próxima vez que tu "plato" tenga más brócoli que pastel de manzana, recuerda quién preparó la comida, y cómetela bien. Este es un chef en el que puedes confiar.

UN ÚLTIMO PENSAMIENTO

¿Cuáles son tus alimentos favoritos? ¿Pizza? ¿Helado? ¿Un sándwich de jamón y queso? Te apuesto a que no comes tu comida favorita todos los días. A todos nos han enseñado la importancia de una dieta equilibrada. El equilibrio también es importante en las experiencias de nuestra vida. Dios lo sabe, y puede ayudarte a ser agradecido a pesar de lo que la vida ponga en tu plato.

Pónganse toda la armadura de Dios para poder
mantenerse firmes contra todas las estrategias del diablo.

[EFESIOS 6:11]

PERDIDO EN EL DESIERTO

El desierto puede ser un lugar oscuro y solitario. En el desierto piensas lo impensable. A Jesús le pasó. Él estuvo en el "desierto, donde fue tentado por el diablo durante cuarenta días" (Lucas 4:1-2). Me pregunto si se le cruzaron por la mente ideas locas. ¿Asociarse con Satanás? ¿Convertirse en un dictador en vez de un Salvador? ¿Incendiar la tierra y comenzar de nuevo en Plutón? No sabemos lo que pensaría. Solo sabemos esto: que fue tentado.

"La tentación viene de nuestros propios deseos, los cuales nos seducen y nos arrastran" (Santiago 1:14). Lo que era impensable antes del desierto se hace posible en él. Murmurar. Engañar. Humillar a un amigo. Drogas. Beber. Sexo. Pornografía. Suicidio. Cuando tu mundo es tan oscuro que no puedes ver la salida, piensas lo impensable.

¿Cómo evitar la trampa de la tentación? Confía en la Palabra de Dios. Él "les mostrará una salida, para que puedan resistir" (1 Corintios 10:13). Escucha atentamente su voz, y deja atrás el desierto.

UN ÚLTIMO PENSAMIENTO

Todos nos despertamos en el desierto en algún momento. Quizá estés ahí ahora. Parece abrumador, ¿verdad? Cuenta con esto: Dios siempre te da una salida. Búscala. Escúchala. Aprópiate de ella en cuanto tengas una oportunidad. Él te guiará durante cada paso.

Entonces les preguntó:
—Y ustedes, ¿quién dicen que soy?

[MARCOS 8:29]

LA PREGUNTA

Jesús se dirige a sus discípulos y les hace esta pregunta. *La* pregunta. "Pero, ustedes ¿quién dicen que soy?".

No pregunta: "¿Qué piensan acerca de lo que he hecho?". Pregunta: "¿Quién dicen que soy?". No pregunta: "¿Quién piensan tus amigos que soy? ¿Quién piensan tus padres que soy? ¿Quién piensan tus iguales que soy?". En su lugar, la pregunta es profundamente personal. ¿Quién dicen *ustedes* que soy?".

Seguro que te han hecho algunas preguntas importantes en tu vida: ¿Irás al baile conmigo? ¿Cómo te sientes con mudarte a Alaska? ¿Qué quieres hacer después de graduarte del instituto?

Sí, te han hecho algunas preguntas importantes. Pero la mayor de todas ellas es un montículo de arena comparada con el Everest que encontramos en el capítulo ocho de Marcos. *¿Quién dicen ustedes que soy?* Tu respuesta será transformadora. Decidirá tu futuro para siempre.

UN ÚLTIMO PENSAMIENTO

Respondemos preguntas durante todo el día. ¿Qué quieres de desayunar? ¿Cuál es la capital de Panamá? ¿Te gusta él? Pero ninguna comparada con la pregunta de Jesús: "Y ustedes, ¿quién dicen que soy?". Si no estás seguro de tu respuesta, vuelve a leer sobre su vida en los libros de Mateo, Marcos, Lucas y Juan. Esta es una respuesta que tienes que entender bien.

Estoy con ustedes siempre, hasta el fin de los tiempos.

[MATEO **28:20**]

"AQUÍ ESTÁ DIOS"

Cuando los antiguos navegantes bosquejaban los mapas de los océanos, descubrieron sus temores. En las vastas aguas aún sin explorar, los cartógrafos escribieron palabras como "Aquí hay dragones" y "Aquí hay demonios".

Si dibujases un mapa de tu mundo, ¿leeríamos esas frases? Sobre las aguas desconocidas de las amistades y el romance: "Aquí hay dragones". Cerca del mar de la escuela y las clases: "Aquí hay demonios".

Si es así, anímate con el ejemplo de Sir John Franklin. Él era un maestro marinero en los días del rey Enrique V. Las aguas distantes eran un misterio para él, al igual que para otros navegantes. A diferencia de sus colegas, no obstante, Sir John era un hombre de fe. En sus mapas él había tachado las frases "Aquí hay dragones" y "Aquí hay demonios". En su lugar escribió la frase "Aquí está Dios".[2]

Anótalo. Tú nunca irás donde Dios no está. Quizá te cambies de clase, de escuela o de ciudad, pero (anota esta verdad en tu corazón) nunca irás donde Dios no está. "Yo estoy con ustedes siempre", prometió Jesús (Mateo 28:20).

No temas; solo cree.

UN ÚLTIMO PENSAMIENTO

La próxima vez que entres en aguas sin explorar, habla de ello con Dios. ¿Tienes que hacer un solo en el concierto de la banda? ¿Tienes que hacer las pruebas para el equipo de la universidad? ¿Tienes que compartir tu fe con un compañero de clase? Dondequiera que estés, Él está junto a ti. Siempre.

Yo soy el camino, la verdad y la vida; nadie
puede ir al Padre si no es por medio de mí.

[JUAN **14:6**]

UN CAMINO

Tolerancia. Una virtud muy valorada hoy día. La capacidad de
entender a las personas que son distintas a ti muestra que
eres alguien con clase. Jesús, también, fue un campeón de la
tolerancia:

Tolerante con los discípulos cuando dudaban.

Tolerante con las multitudes cuando le malinterpretaban.

Tolerante con nosotros cuando nos equivocamos.

Pero hay un área donde Jesús no era tolerante. Había un área
donde no era flexible ni transigente.

En cuanto a lo que a Él se refería, cuando se trata de la salvación, no hay varias carreteras…hay solo una carretera. No
hay varios caminos…hay solo un camino. Y el camino es Jesús
mismo.

Por eso es tan difícil que la gente crea en Jesús. Es mucho más
fácil considerarlo como una de varias opciones en vez de *la única* opción. Pero esa filosofía no es una opción.

UN ÚLTIMO PENSAMIENTO

Hay ocasiones para ser tolerantes y ocasiones en las que eso no
es una buena idea. ¿Tu amigo habla demasiado? Puedes lidiar
con eso. ¿Tu amigo piensa robar el automóvil del director? De
ninguna manera. Cuando se trata de tu fe, es el momento de
darle una patada a la tolerancia.

Así es, Dios actúa de esa forma una
y otra vez por las personas.

[JOB 33:29]

DIOS QUIERE QUE REGRESES

Cuando tenía quince años, hice planes para emborracharme. El plan incluiría a mí, un amigo y una caja de botellas. Bebí cerveza hasta que no podía ver bien, y después fui a casa y vomité hasta que no pude permanecer de pie. Mi papá entró en el baño, olió la cerveza, arrojó una toalla en dirección a mí y se alejó disgustado.

Ese fue el comienzo de algunos años obstinados para Max Lucado. Le mentí a mis padres. Le mentí a mis amigos. Me enfoqué en mí, mí, mí. Y bebí. Con afán.

Estaba en mi segundo año en la universidad la última vez que bebí. Había dejado de ir a la iglesia porque no pensaba que Dios quisiera que yo regresara. Pero la influencia de unos buenos amigos y un ministro me ayudó a ver que la razón por la que Jesús murió en la cruz fue por personas como yo.

Fue un descubrimiento transformador. Me di cuenta de que Dios está siempre listo para darme una segunda oportunidad. Así que la aproveché, y he estado agradecido desde entonces.

UN ÚLTIMO PENSAMIENTO

¿Ves? Nada de lo que haces conseguirá que Dios deje de amarte. Ni beber. Ni las drogas. Ni las cosas terribles que le hiciste a tu padre, hermana o amigo. Así que reconoce tus errores y pídele a Dios que te perdone. Comienza a vivir de nuevo. Él quiere que regreses.

Pues todos los que son guiados por el
Espíritu de Dios son hijos de Dios.

[ROMANOS 8:14]

¿QUIÉN ES EL ESPÍRITU SANTO?

La Trinidad: Padre, Hijo y Espíritu Santo, no es tu típica familia. De hecho, quizá no lo entiendas muy bien. Hablamos del Padre y estudiamos al Hijo, pero cuando se trata del Espíritu Santo, muchos nos confundimos o nos asustamos. Confundidos porque nunca nos han enseñado. Asustados porque nos han enseñado a tener miedo.

¿Puedo simplificarlo un poco? El Espíritu Santo es la presencia de Dios en nuestra vida, llevando a cabo la obra de Jesús. El Espíritu Santo nos ayuda en tres direcciones: hacia adentro (dándonos el fruto del Espíritu, Gálatas 5:22-24), hacia arriba (orando por nosotros, Romanos 8:26), y hacia fuera (derramando el amor de Dios en nuestro corazón, Romanos 5:5).

Cuando invitas a Dios en tu vida, invitas también al Espíritu Santo. "Pues su Espíritu se une a nuestro espíritu para confirmar que somos hijos de Dios" (Romanos 8:16). Quizá sea la mejor reunión familiar en la que jamás hayas estado.

UN ÚLTIMO PENSAMIENTO

Es uno de los maravillosos misterios de nuestra fe: Jesús es el Hijo de Dios, una persona, pero a la vez Dios mismo. Lo mismo ocurre con el Espíritu Santo. Él trabaja dentro de nosotros, con Dios y como Dios, guiándonos a la vida para la que fuimos creados.

Avanzo hasta llegar al final de la carrera para
recibir el premio celestial al cual Dios nos llama.

[FILIPENSES 3:14]

UN ESTÁNDAR MÁS ALTO

La mayor parte de mi vida la he pasado en un desorden secreto. Después me casé. Me inscribí en un grupo de apoyo para desordenados. ("Me llamo Max, y odio pasar la aspiradora"). Un fisioterapeuta me ayudó a redescubrir los músculos que se usan para colgar camisas. Mi nariz volvió a ser expuesta al olor del limpiador Pine-Sol.

Después llegó el momento de la verdad. Mi esposa Denalyn se fue de la ciudad durante una semana. Al principio retomé el antiguo hombre, pero algo extraño ocurrió, un descontento curioso. No podía relajarme si había platos sucios en la pila. ¿Qué me había ocurrido? Sencillo. Había sido expuesto a un estándar más alto.

¿No es eso lo que nos ha ocurrido a todos? Antes de conocer a Jesús no nos preocupaba el mundo que nos rodeaba. Estábamos principalmente enfocados en nosotros mismos. Nuestras vidas eran un lío. Pero ahora somos mucho más conscientes del pueblo de Dios y de los estándares de Dios. Hoy tenemos un nuevo modelo que seguir: el mejor de todos.

UN ÚLTIMO PENSAMIENTO

Jesús es nuestro modelo en la vida. Puede ser un poco intimidante a veces: Él es perfecto, a fin de cuentas. Dios no espera la perfección de nosotros, pero sí nos llama a intentar cada día ser más como Cristo. Lo bonito de eso es que cuanto más nos acercamos, mejor es nuestra vida y mayor nuestro gozo.

FEBRERO

Nosotros sabemos cuánto nos ama Dios
y hemos puesto nuestra confianza en su
amor. Dios es amor, y todos los que viven en
amor viven en Dios y Dios vive en ellos.

[1 Juan 4:16]

En cambio, recibieron el Espíritu de Dios cuando él los adoptó como sus propios hijos. Ahora lo llamamos "Abba, Padre".

[ROMANOS 8:15]

CONFÍA EN EL VEREDICTO DE DIOS

Aceptar la gracia de Dios es aceptar la oferta de Dios de ser adoptados en su familia. Tu identidad no está en tus amigos, posesiones, talentos, tatuajes, calificaciones o logros. Tampoco estás definido por el divorcio o la deuda de tu familia, o tus necias decisiones. Tú eres hijo de Dios. Puedes llamarle "Papá". Recibes las bendiciones de su amor especial (1 Juan 4:9-11) y provisión (Lucas 11:11-13). Heredas las riquezas de Cristo y reinas con Él para siempre (Romanos 8:17).

La adopción es tanto horizontal como vertical. Estás incluido en la familia para siempre. Una comunidad se crea con las bases de un padre común. ¡Una familia mundial instantánea!

En vez de intentar inventar razones para sentirte bien contigo mismo, confía en el veredicto de Dios. Si Dios te ama, debes de tener mucho valor. Si Él quiere tenerte en su reino, debes de tener valor. La gracia de Dios te invita, no te *obliga*, a cambiar tu actitud hacia ti mismo y a ponerte del lado de Dios contra tus sentimientos de rechazo.

UN ÚLTIMO PENSAMIENTO

En una escala de uno a diez, ¿cuán bien te sientes contigo mismo ahora? Si te cuesta ver tu valor, quizá sea la hora de una segunda opinión. Dios te ama y te quiere en su familia. ¿No crees que Él sabe lo que es verdaderamente valioso?

A ti canto alabanzas, porque tú, oh Dios,
eres mi refugio, el Dios que me
demuestra amor inagotable.

[SALMOS 59:17]

UNA MANO FUERTE QUE ASIR

Con la vida viene el cambio. Con el cambio viene el temor, la inseguridad, el dolor, estrés. ¿qué haces? ¿Hibernas? ¿No arriesgas por temor a fracasar? ¿No das amor por temor a perderlo?

Una mejor idea es mirar hacia arriba. Pon tus cargas en la única Estrella Polar del universo: Dios. Aunque la vida cambie, Él nunca cambia. Piensa en su fuerza. Inagotable. Según Pablo, el poder de Dios dura para siempre (Romanos 1:20). Las palabras "Me siento fuerte hoy" Él nunca las dijo. Él se siente igual de fuerte cada día.

Piensa en ello. Dios nunca hace una pausa para comer o pide a los ángeles que le cubran mientras Él descansa. Él nunca señala un tiempo muerto ni pone las peticiones de oración de Rusia en espera mientras responde a las de Sudamérica. Él "nunca duerme ni se adormece" (Salmos 121:4). ¿Necesitas una mano fuerte que asir? Siempre encontrarás la suya. Su fortaleza nunca cambia.

UN ÚLTIMO PENSAMIENTO

Probablemente conozcas algunos tipos fuertes en la escuela. Ellos son los que levantan pesas y parece que es fácil. Compara su fuerza con la de Dios, no obstante, y verás que es tan débil como un clip para papeles. No importa lo fuerte que sea tu oponente en la vida, la fortaleza de Dios es mucho mayor.

Este es el día que hizo el Señor; nos
gozaremos y alegraremos en él.

[SALMOS 118:24]

DIOS HIZO ESTE DÍA

¿Qué tal con esos días de dobles sombras? ¿Esos días cuando la esperanza tiene una dosis de desastre? Te despiertas recordando que estropeaste el automóvil de la familia. O que tu papá acaba de perder su empleo. O que a tu mamá le acaban de diagnosticar un cáncer. ¿Quién tiene un buen día en esos días?

La mayoría no…pero ¿no podríamos intentarlo? A fin de cuentas, "este es el día que hizo el Señor; nos gozaremos y alegraremos en él". La primera palabra en el versículo nos deja rascándonos la cabeza. ¿"*Este* es el día que hizo el Señor"? Quizá las vacaciones son los días que el Señor ha hecho. Los días nupciales son los días que el Señor ha hecho. Domingos de resurrección…días nevados…días de vacaciones: estos son los días que el Señor ha hecho. Pero ¿*este* día?

"Este es el día" incluye cada día. Los días de exámenes finales, los días de cirugías, los días de castigos. Dios hizo este día, ordenó esta difícil hora, diseñó los detalles de este mal momento. Él no está de vacaciones. Él sigue teniendo la batuta de mando, se sienta en la cabina del piloto y ocupa el único trono del universo. Cada día emerge de la mesa de dibujo de Dios. Incluyendo este.

UN ÚLTIMO PENSAMIENTO

Cada día es un regalo de Dios. Esto puede ser difícil de creer cuando parece que tu vida está en llamas. Pero así como un bosque usa el fuego para repoblarse y producir nueva vida, Dios usa las brasas de nuestros días para hacer crecer una esperanza y una fe nuevas y más profundas.

Tu palabra es una lámpara que guía mis
pies y una luz para mi camino.

[Salmos **119:105**]

EL GPS DE DIOS

El propósito de la Biblia es simplemente proclamar el plan de Dios para salvar a sus hijos. Nos dice que estamos perdidos y que necesitamos que nos salven. Y comunica el mensaje de que Jesús es Dios en forma humana enviado para salvar a sus hijos.

Aunque la Biblia fue escrita durante dieciséis siglos por al menos cuarenta autores, tiene un tema central: salvación mediante la fe en Cristo. Comenzando con Moisés en el solitario desierto de Arabia y terminando con Juan en la solitaria isla de Patmos, está toda unida por un fuerte hilo conductor: la pasión y el plan de Dios para salvar a sus hijos.

¡Esto es importante! Entender el propósito de la Biblia es como entender cómo leer un GPS. Cuando conoces lo que estás mirando y ajustas tu dirección, viajarás seguro. Pero si no pones atención a las coordenadas, quién sabe dónde terminarás. Si quieres saber hacia dónde vas, usa el GPS de Dios para tu vida. Lee tu Biblia cada día.

UN ÚLTIMO PENSAMIENTO

Todos tenemos veces en que no estamos seguros de qué hacer o dónde ir. Si vas al bosque, seguro que es útil tener un mapa, o una brújula, o un GPS. Pero si estás perdido en la vida, la forma más segura de encontrar tu camino de nuevo es sacando tu Biblia. Es el plan de acción para llegar al lugar donde quieres ir.

Cristo Jesús murió por nosotros…y está
sentado en el lugar de honor, a la derecha
de Dios, e intercede por nosotros.

[**ROMANOS 8:34**]

DEFENDIÉNDOTE

Imagínate una mujer en la cama, cuyo sueño se ve interrumpido por ciertas voces. "Levántate, ramera". "¿Qué tipo de mujer crees que eres?". Sus acusadores la llevan forzada por calles estrellas y la arrojan ante el juez más justo de todos. "Maestro —le dijeron a Jesús—, esta mujer fue sorprendida en el acto de adulterio. La ley de Moisés manda apedrearla, ¿tú qué dices?" (Juan 8:2-5).

Jesús defendió a la mujer, poniéndose entre ella y la banda de linchadores, y dijo: "¡Muy bien, pero el que nunca haya pecado que tire la primera piedra! Luego volvió a inclinarse y siguió escribiendo en el polvo" (vv. 7-8). Los que la insultaban cerraron su boca. Las piedras cayeron al suelo. Los acusadores se escabulleron uno a uno.

Jesús también te defiende a ti. En la presencia de Dios, desafiando a Satanás, Él se levanta para defenderte y te ofrece un futuro libre de culpa; no solo de tus errores del pasado sino también de los que aún no has cometido. Cristo siempre se levanta para defenderte.

UN ÚLTIMO PENSAMIENTO

Siempre tendrás críticos. Maestros. Padres. Enemigos. Amigos. Hermanos mayores. Pero también tendrás siempre un abogado. Aquel que te amó lo suficiente como para morir por ti está listo para defenderte. Siempre. En cualquier lugar.

Por eso, sigamos aprendiendo más y más,
hasta que lleguemos a ser cristianos maduros.
Dejemos de ocuparnos de las primeras enseñanzas
que se nos dieron acerca de Cristo.

[HEBREOS 6:1, TLA]

ACÉRCATE MÁS

Me gusta la historia del pequeño que se cayó de la cama. Cuando su mamá le preguntó qué le había ocurrido, respondió: "No lo sé. Creo que me acerqué demasiado al lugar donde caí".

Es fácil hacer lo mismo con nuestra fe. Es tentador quedarse donde caímos y no movernos nunca.

Selecciona un tiempo en el pasado reciente, hace uno o dos años. Ahora hazte unas preguntas. ¿Hablas con Dios más hoy que antes? ¿Ha aumentado tu gozo? ¿Qué tal la lectura y el entendimiento de la Biblia? ¿Puedes decir que has crecido? ¿Está profundizando tu fe, y tu amor por Jesús se está fortaleciendo?

Igual que las amistades, una relación con Dios funciona mejor cuando haces el esfuerzo de acercarte. No cometas el error de este niño. No te quedes donde caíste. Es arriesgado descansar en el borde.

UN ÚLTIMO PENSAMIENTO

En la piscina, algunos niños pequeños (y no tan pequeños) meten el dedo gordo en el agua para comprobar su temperatura. Imagínate lo poco que nadarían (y la gran diversión que se perderían) si eso fuera todo lo que se metieran en el agua. La fe es así también. No te conformes con meter solo un dedo del pie. ¡Sumérgete!

> Ustedes no tienen ningún mérito en eso;
> es un regalo de Dios.
>
> [EFESIOS 2:8]

ÉL ESCOGIÓ LA CRUZ

La obediencia de Jesús comenzó en una carpintería de una pequeña ciudad. Su enfoque poco común de su vida común le preparó para su llamado poco común. "Jesús tenía unos treinta años cuando comenzó su ministerio público" (Lucas 3:23). Para que Jesús cambiara el mundo, tuvo que decir adiós a su mundo.

Tuvo que darle un beso a María. Una última comida en la cocina, un último paseo por las calles. ¿Subió por uno de los montes de Nazaret y pensó en el día que ascendería el monte cerca de Jerusalén?

Él sabía lo que iba a ocurrir. "Dios lo eligió como el rescate por ustedes mucho antes de que comenzara el mundo" (1 Pedro 1:20). Cada gramo de sufrimiento había sido planeado; todo cayó sobre Él para ejecutarlo.

No que estuviera obligado. Nazaret era una ciudad acogedora. ¿Por qué no establecer una empresa de carpintería? ¿Mantener su identidad en secreto? Ser obligado a morir es una cosa, y estar dispuesto a tomar tu propia cruz es otra cosa.

UN ÚLTIMO PENSAMIENTO

Quizá pienses que como Jesús es Señor, fue fácil para Él dar su vida en el Calvario. No es cierto. Como Jesús escogió ser humano, sufrió en la cruz como tú y yo sufriríamos. Lo realmente sorprendente es que Él sabía lo que venía y lo hizo igualmente. Por nosotros.

Yo los elegí para que salieran del mundo,
por eso el mundo los odia.

[Juan 15:19]

CASA

Todos sabemos lo que es estar en una casa que no es nuestra. Has pasado la noche en la de un amigo. Quizá has ido de visita a la residencia universitaria de tu hermano mayor. Quizá has dormido en tu cadena de hoteles o moteles favorita. Tienen camas. Tienen mesas. Quizá tienen alimento, y hasta son calentitas, pero no tiene nada que ver con estar en "la casa de tu padre".

No siempre nos sentimos bienvenidos aquí en la tierra. Nos preguntamos si hay un lugar aquí para nosotros. La gente nos insulta y rechaza. Los tiempos difíciles nos hacen sentir como extranjeros. Parece que no encajamos.

No deberíamos. Esta no es nuestra casa. No sentirnos bienvenidos no es una tragedia. Sin duda es saludable. No estamos en casa aquí. Este lenguaje que hablamos no es el nuestro. Este cuerpo que utilizamos no es nuestro. Y el mundo en que vivimos no es nuestra casa.

¿Dónde está nuestra casa? El cielo. Tiene habitaciones diseñadas específicamente para nosotros. Está llena de amor. Es el lugar donde pertenecemos. Es donde está nuestro Padre. No puedo esperar más. Es mi casa.

UN ÚLTIMO PENSAMIENTO

Realmente no deberías esperar sentirte demasiado cómodo en este mundo. Está lleno de ideas y actitudes que no tienen sentido, y no deberían tenerlo. Una casa, de hecho un reino, te está esperando. Un lugar de propósito, y a la vez de paz. Un lugar que provoca inspiración y amor. Un lugar al que finalmente puedes llamar tu casa.

Cristo en ustedes, la esperanza de gloria.

[COLOSENSES 1:27, NVI]

CRISTO EN TI

Cuando se produce la gracia, entra Cristo. Ninguna otra religión o filosofía hace tal afirmación. Ningún otro movimiento implica la presencia viva de su fundador *en* sus seguidores. Mahoma no mora en los musulmanes. Buda no habita en los hindúes. Lady Gaga no reside en sus fans más fervientes. ¿Influencia? ¿Instrucción? ¿Seducción? Quizá. Pero ¿habitar? No.

No obstante, los cristianos abrazan esta impactante promesa. "El plan secreto es Cristo que vive en ustedes" (Colosenses 1:27, PDT). El cristiano es una persona en quien Cristo mora. Él entra, acomodándose en su casa. Sentimos sus arreglos. La confusión se convierte en una clara dirección. Las malas decisiones son reemplazadas por otras mejores. Poco a poco emerge un nuevo yo. "Cristo vive en ustedes. Eso les da la seguridad de que participarán de su gloria" (Romanos 8:29).

Gracia es Dios como un cirujano de corazón: abriendo tu pecho, quitando tu corazón, envenenado como está de orgullo y dolor, y reemplazándolo por el suyo propio. Su sueño no es tan solo hacer que entres al cielo, sino que el cielo entre en ti.

UN ÚLTIMO PENSAMIENTO

¿Alguna vez te has tomado una humeante taza de chocolate caliente en un frío día de invierno? Puedes sentirlo desprendiendo un maravilloso calor por todos los rincones de tu cuerpo. Ese es el destello más diminuto de lo que Jesús hace en ti. Llega hasta cada rincón de tu vida. Cálido. Maravilloso.

El resentimiento mata a los necios; la
envidia mata a los insensatos.

[**JOB 5:2**, NVI]

PERDONA LOS DELITOS GRAVES

A algunos (¿la mayoría?) nos cuesta perdonar a las personas que nos producen dolor. Perdonamos a los que nos ofenden por primera vez, eso sí. Pasamos por alto a quienes nos quitan el lugar de estacionamiento y a los que nos cambian los planes. Podemos pasar los delitos pequeños, pero ¿los graves? ¿Los ofensores reincidentes? ¿Aquellos que se llevan a nuestros amigos, nuestra virginidad, a nuestros padres?

¿Puedes perdonar a la escoria que te hirió?

El no hacerlo podría ser fatal. "El resentimiento mata a los necios; la envidia mata a los insensatos? (Job 5:2, NVI). La venganza fija tu atención en los momentos más feos de tu vida. El ajuste de cuentas congela tu mirada fija en eventos crueles de tu pasado. ¿Es ahí donde quieres mirar? ¿Repetir las escenas y revivir los daños te hace ser una mejor persona?

De ningún modo. Te destruirá. Un ojo por ojo se convierte en un cuello por cuello y en una reputación por reputación. ¿Cuándo se detiene? Se detiene cuando una persona imita a Dios.

UN ÚLTIMO PENSAMIENTO

Dios sabe lo que te ocurrirá si no perdonas. La amargura crecerá dentro de ti como una semilla con esteroides. Peor aún, te alejará de Dios. Él no quiere eso. Tú tampoco. No tienes que perdonar por el ofensor. Hazlo por ti. Hazlo por Dios.

En cuanto a ustedes, cada cabello
de su cabeza está contado.

[MATEO 10:30]

DIOS ESTÁ LOCO POR TI

Hay muchas razones por las que Dios te salva: para mostrar su gloria, para hacer justicia, para demostrar su autoridad. Pero una de las razones más dulces por la que Dios te salva es porque te tiene mucho cariño. Le gusta tenerte cerca. Piensa que eres la mejor canción que ha visto en las listas desde hace mucho tiempo.

Cuando estás loco o loca por otra persona, ¿qué haces? Piensas en ella todo el tiempo. Tu corazón late más fuerte cuando recibes un mensaje suyo. Estás impaciente por verla. Así es como Dios se siente por ti. Si Él tuviera un refrigerador, tu fotografía estaría en la puerta. Si tuviera una cartera, tu foto estaría en ella. Él te envía flores cada primavera y un amanecer cada mañana. Siempre que quieres hablar, Él te escucha. Puede vivir en cualquier lugar del universo, y escogió tu corazón.

Acéptalo, amigo. Él está loco por ti.

UN ÚLTIMO PENSAMIENTO

Quizá veas a Dios como un dirigente distante, demasiado ocupado para preocuparse por ti. ¡No es cierto! Él está interesado en todo lo concerniente a ti. Incluso sabe cuántos cabellos tienes en la cabeza. ¿Por qué es así? Es simple. Te ama.

Así que no se preocupen por el mañana, porque el día de mañana traerá sus propias preocupaciones. Los problemas del día de hoy son suficientes por hoy.

[MATEO **6:34**]

AFRONTA LOS RETOS POR PARTES

Un reconocido triatleta Ironman me contó el secreto de su éxito. "Aguantas la carrera larga corriendo carreras cortas". No nades cuatro kilómetros; solo nada hasta la próxima boya. En vez de hacer 180 kilómetros en bicicleta, haz 15, descansa y haz otros 15. Nunca hagas más que el desafío que tienes delante.

¿No dio Jesús el mismo consejo? "Así que no se preocupen por lo que pasará mañana. Ya tendrán tiempo para eso. Recuerden que ya tenemos bastante con los problemas de cada día" (Mateo 6:34, TLA).

Cuando le preguntaron cómo se las arreglaba para escribir tantos libros, Joel Henderson explicó que nunca había escrito un libro. Lo único que hizo fue escribir una página al día.[3]

Afronta los retos por partes. No puedes controlar tu temperamento para siempre, pero puedes controlarlo durante la siguiente hora. Conseguir el título de bachillerato o de la universidad puede parecer imposible, pero estudiar cada semana sí se puede hacer. Aguantas la carrera larga corriendo carreras cortas.

UN ÚLTIMO PENSAMIENTO

Es tarde. Estás cansado. Y solo tienes una hora para escribir tu redacción de inglés y entregarla a tiempo. Créeme, ¡yo he estado ahí! Así que no intentes escribir toda la redacción de un golpe. Ora. Luego escribe una buena frase de comienzo. Y luego otra. Ya estás en marcha.

> Oren en el Espíritu en todo momento y en toda ocasión. Manténganse alerta y sean persistentes en sus oraciones por todos los creyentes en todas partes.
>
> [EFESIOS 6:18]

ENTRÉGALE CADA MOMENTO A DIOS

¿Cómo vivo en la presencia de Dios? ¿Cómo siento su mano invisible en mi hombro y oigo su voz inaudible en mi oído? ¿Cómo podemos tú y yo familiarizarnos con la voz de Dios? Aquí tienes unas cuantas ideas:

Entrégale a Dios tus primeros pensamientos. Antes de afrontar el día, ve con el Padre. Antes de levantarte de la cama, entra en su presencia.

Entrégale a Dios tus pensamientos de espera. ¿Tienes que hacer la fila para el autobús o la comida? Pasa un tiempo con Él en silencio.

Entrégale a Dios tus pensamientos susurrantes. Considera cada momento como un posible tiempo de conversación con Dios.

Entrégale a Dios tus últimos pensamientos. Al final de cada día, deja que tu mente se asiente en Él. Termina el día como lo comenzaste: hablando con Dios.

UN ÚLTIMO PENSAMIENTO

Hablar con Dios todo el tiempo puede convertirse en un hábito santo. No debería ser una carga. Recuerda: ¡Él está deseando oírte! Él es tu Padre que está continuamente buscándote, que nunca te dejará, que siempre quiere saber lo que piensas y sientes.

El amor no se deleita en la maldad sino
que se regocija con la verdad.

[1 Corintios 13:6]

AMOR VERDADERO

Un chico sale con una chica durante tres meses. Ella dice que está enamorada. Él no está seguro, pero sabe que siente algo distinto cuando está con ella. Se pregunta si eso es amor. Quizá tú también te lo hayas preguntado.

¿Quieres saber si sientes un amor genuino? Pregúntate esto: *¿Animo a esta persona a hacer lo correcto?* Porque el verdadero amor "no se deleita en la maldad sino que se regocija en la verdad" (1 Corintios 13:6).

Aquí tienes un ejemplo. Una pareja joven tiene una cita. El afecto de él va más allá de la zona de comodidad de ella. Ella se resiste. Él prueba con la frase más antigua del libro: "Pero yo te amo. Solo quiero estar cerca de ti. Si me amas…". ¿Oyes esa sirena? Es el detector de amor falso. Este tipo no la ama. El verdadero amor nunca pedirá a la persona "amada" que haga algo que él o ella piensa que no está bien.

¿Quieres saber si tu amor por alguien es verdadero? ¿Si tu amistad es genuina? Pregunta si tú influencias a esa persona a hacer lo correcto. Si tu respuesta es sí, pídele que salga a comer contigo.

UN ÚLTIMO PENSAMIENTO

El amor ha inspirado más canciones, libros, películas y malas poesías que cualquier emoción que se te pueda ocurrir. Pero ¿qué es exactamente? No encontrarás otra definición mejor que las palabras de Pablo en 1 Corintios 13. Compruébalo. Creo que te encantará.

Así que aliéntense y edifíquense unos
a otros, tal como ya lo hacen.

[1 Tesalonicenses 5:11]

UNA COMUNIDAD POCO COMÚN

Algo santo ocurre alrededor de la mesa que nunca ocurrirá en una iglesia. En el auditorio de una iglesia ves la parte de atrás de las cabezas. Alrededor de la mesa ves las expresiones en los rostros. En el auditorio una persona habla; alrededor de la mesa todos tienen voz. Los servicios de la iglesia van justos de tiempo. Alrededor de la mesa hay tiempo para conversar.

La hospitalidad abre la puerta a una comunidad poco común.

No es accidental que *hospitalidad* y *hospital* vengan de la misma palabra latina, porque ambas llevan al mismo resultado: sanidad. Cuando abres la puerta a alguien, estás enviando este mensaje: "Me importas a mí y a Dios". Quizá pienses que estás diciendo: "Ven a visitarme". Pero lo que tu invitado oye es: "Valgo la pena para él".

¿Conoces a gente que necesita este mensaje? ¿Un chico que se acaba de cambiar a tu escuela? ¿Una chica que siempre come sola? ¿Una compañera de clase que ha perdido a su madre? Algunas personas pasan un día entero sin contactos significativos con nadie. Tu hospitalidad puede ser su hospital.

UN ÚLTIMO PENSAMIENTO

Te han dado la espalda. No es un buen sentimiento, ¿verdad? Hay personas a tu alrededor que se sienten así a diario. Quizá eres una de ellas. ¿Por qué no invitar a una de esas personas a sentarse contigo en la comida o a cenar a tu casa? Ellos necesitan tu amable invitación más de lo que imaginas.

Si alguien quiere ser amigo del mundo,
se hace enemigo de Dios.

[Santiago 4:4]

APARTADO

A Juan el Bautista nadie le llamaría hoy para predicar. Ninguna iglesia le tocaría. Era un desastre para las relaciones públicas. Juan "usaba ropa tejida con pelo rústico de camello y llevaba puesto un cinturón de cuero alrededor de la cintura. Se alimentaba con langostas y miel silvestre" (Marcos 1:6). ¿Quién querría ver a un tipo así cada domingo?

Su mensaje era tan duro como su vestido: un desafío sensato y claro al arrepentimiento porque Dios estaba de camino. Juan el Bautista se apartó para una tarea: ser una voz de Cristo. Todo lo concerniente a Juan se centraba en su propósito. Su vestimenta. Su dieta. Sus acciones. Sus demandas.

No tienes que ser como el mundo para conseguir impactar al mundo. No tienes que ser como la multitud para cambiar a la multitud. No tienes que rebajarte a su nivel para llevarlos a tu nivel. La santidad no trata de ser rara. La santidad trata de ser como Dios.

UN ÚLTIMO PENSAMIENTO

El mundo tirará de ti por caminos por los que realmente no querrás ir. Películas que no tienes que ver. Música que no tienes que oír. Ropa y lenguaje con la única intención de encajar. Pero ¿deberías encajar? Juan el Bautista no encajó. A él solo le importaba servir y ser como Dios. No tengas miedo de ser apartado.

El que viene a mí nunca volverá a tener hambre;
el que cree en mí no tendrá sed jamás.

[JUAN 6:35]

CUANDO DIOS DICE NO

Hay veces cuando lo único que quieres es lo que nunca consigues. Un asiento en la banda estatal. Un trabajo en el puesto de batidos de la esquina. Una cita para la reunión de antiguos alumnos. Un mapa claro de tu futuro.

Oras y esperas. No hay respuesta. Oras y esperas más.

¿Puedo hacerte una pregunta muy importante? ¿Qué tal si Dios dijera no? ¿Qué tal si la petición se retrasase o incluso fuera denegada? Cuando Dios te dice no, ¿cómo respondes? Si Dios dice: "Te he dado mi gracia, y con eso basta", ¿te quedarás satisfecho?

Satisfecho. Esa es la palabra. Un estado del corazón en el que estás en paz aunque Dios no te dé más que lo que ya te ha dado. Él tiene razones para decir no. Nuestra tarea es "estar satisfecho en cualquier situación en que me encuentre" (Filipenses 4:12, NVI). La gracia de Dios es siempre suficiente.

UN ÚLTIMO PENSAMIENTO

Lo que necesitamos está muy claro, al menos eso pensamos *nosotros*. Somos como una hormiga que se detiene para llevarse una miga. ¡Debemos tenerla! Qué mal que seamos tan pequeños para ver al elefante con sus enormes patas dirigiéndose hacia nosotros. Dios es mayor que la hormiga o el elefante. Él ve lo que viene. Y si Él dice no, es mejor dejar atrás la miga.

Porque donde dos o tres se reúnen en mi
nombre, allí estoy yo en medio de ellos.

[MATEO 18:20]

"ESTOY DEPRIMIDA"

Hace años, mi esposa Denalyn luchó contra una oscura nube de depresión. No solo un mal estado de ánimo, sino una depresión profunda. Cada día era gris. Un domingo, cuando la depresión era asfixiante, se armó de honestidad y fue a la iglesia. *Si la gente me pregunta cómo estoy, se lo voy a decir.* Ella respondió a cada "¿Cómo estás?", con un cándido: "No muy bien. Estoy deprimida. ¿Puedes orar por mí?".

Las conversaciones informales se convirtieron en largas conversaciones. Los breves saludos se convirtieron en sentidos momentos de ministración. Cuando salió del servicio de adoración, había reclutado a docenas de personas para unirse a ella en oración. Ella remonta la sanidad de su depresión a ese domingo por la mañana. Ella encontró la presencia de Dios en medio del pueblo de Dios.

¿Estás luchando con la depresión? No es el momento de ser un ermitaño. Cuéntaselo a personas de confianza: amigos, padres, maestros, consejeros. ¡Y cuéntaselo a Dios! No importa lo mal que se ponga la vida, Él estará contigo. Él quiere que conozcas el gozo que solo se encuentra en Él.

UN ÚLTIMO PENSAMIENTO

Cuando la vida es tan abrumadora que sientes que no puedes seguir, habla de ello: especialmente con Dios. Él entiende de un modo en que nadie más puede entender. Su poder y su amor son tu guía en la oscuridad hacia un futuro más brillante.

Todos darán según sus posibilidades, de acuerdo con las bendiciones que hayan recibido del Señor tu Dios.

[Deuteronomio **16:17**]

UNA FIESTA DE AMABILIDAD

Leo Tolstoy, el gran escritor ruso, cuenta de una ocasión en que estaba caminando por la calle y pasó al lado de un mendigo. Tolstoy se metió la mano en el bolsillo para darle algo de dinero al pobre, pero su bolsillo estaba vacío. Tolstoy se dirigió hacia el hombre y le dijo: "Lo siento, hermano, pero no tengo nada que darte". El mendigo sonrió y le dijo: "Usted me ha dado más de lo que pedí: me ha llamado hermano".

Quizá piensas que no tienes nada que ofrecer a los necesitados que te rodean, pero no es cierto. Para el desanimado y abatido, las cosas más pequeñas, como una sonrisa o una palabra de ánimo, pueden bastar para levantar su espíritu. Para los que se sienten amados, una palabra amable es una miga, pero para el hambriento de amor, una palabra de amabilidad puede ser una fiesta.

Mira a los hermanos y hermanas que te rodean. Quizá lo esconden, pero te garantizo que algunos están dolidos o hambrientos de la amabilidad que solo tú puedes dar.

UN ÚLTIMO PENSAMIENTO

Escribo los nombres de al menos tres personas con las que normalmente no hablas que pudieran apreciar una palabra amable. Ahora haz que tu misión sea animarles en algún momento durante las próximas veinticuatro horas. Después de todo lo que Dios ha hecho por nosotros, es lo menos que podemos hacer.

Estén siempre llenos de alegría en el
Señor. Lo repito, ¡alégrense!

[FILIPENSES 4:4]

UN BUEN DÍA

¿**A**legrarse *en* este día? Dios nos invita a hacerlo. Así como Pablo se alegró *en* la cárcel; David escribió salmos *en* el desierto; Jonás oró *en* el estómago del pez; Pablo y Silas cantaron *en* la cárcel; y Jesús oró *en* su huerto de dolor…¿Podríamos nosotros alegrarnos precisamente *en* medio de este día?

Imagínate la diferencia si pudiéramos hacerlo.

Supón que estás metido hasta el cuello en un día terrible y decides darle una oportunidad. Decides no quejarte, ni actuar, ni preocuparte, sino sacudirlo. Confías más. Te estresas menos. Amplificas la gratitud. Silencias las quejas. ¿Y qué sucede? Que antes de lo que crees el día ha terminando y ha sido sorprendentemente decente.

Tan decente, de hecho, que decides darle al siguiente día la misma oportunidad de luchar. Llega con sus altibajos y baches, fallos informáticos y líos en el hogar, pero en líneas generales, caray, ¡darle una oportunidad al día funciona! Haz lo mismo al día siguiente y al siguiente. Los días se convierten en semanas. Las semanas se convierten en meses.

Las buenas vidas se moldean así. De buen día en buen día.

UN ÚLTIMO PENSAMIENTO

Las Escrituras dicen que estemos *siempre* alegres. Eso no significa reírse cuando tu papá te grita o se muere tu perro favorito. Significa recordar que el poder y el amor de Dios son mayores que cualquier problema que puedas tener. Incluso en tus peores momentos, puedes descansar en el gozo inspirado por Dios.

> Él, por su parte, solía retirarse
> a lugares solitarios para orar.
>
> [LUCAS 5:16, NVI]

TIEMPO PARA DIOS

¿**C**uánto tiempo ha pasado desde la última vez que te enfocaste totalmente en Dios?

Y digo, *totalmente*. ¿Cuánto tiempo desde que le diste tu atención completa e ininterrumpida, que pasaste tiempo solo escuchando su voz? Si eres parecido a mí, es probable que haya pasado mucho tiempo.

Jesús no dejó que esto ocurriese. Pasa mucho tiempo leyendo acerca de la vida de oración de Cristo y surgirá un patrón particular. Él hizo un esfuerzo deliberado por dedicar tiempo regular a Dios, orando y escuchando. Marcos dice: "Muy de madrugada, cuando todavía estaba oscuro, Jesús se levantó, salió de la casa y se fue a un lugar solitario, donde se puso a orar" (Marcos 1:35, NVI). Para Jesús, el tiempo con Dios aparentemente era antes de dormir, otras citas, revisar los correos electrónicos, y casi todo lo demás.

Permíteme preguntar lo obvio. Si Jesús, el Hijo de Dios, el inmaculado Salvador de la humanidad, pensó que merecía la pena limpiar su agenda para orar, ¿no seríamos nosotros sabios en hacer lo mismo?

UN ÚLTIMO PENSAMIENTO

Hay mucho que tienes que hacer. Escuela. Trabajo para casa. Practicar trombón. Tareas domésticas. Lo básico de dormir y comer. Y luego están las cosas que realmente *quieres* hacer: salir con amigos, jugar a los videojuegos, echar un vistazo a los últimos grupos. Pero si sacas a Dios de la agenda, ¿sabes qué? El resto se empieza a sentir vacío como un tambor.

Pues todo lo puedo hacer por medio de
Cristo, quien me da las fuerzas.

[Filipenses **4:13**]

HERMANOS MAYORES

Matt Stevens está en la línea de tiros libres. Su equipo va perdiendo por un punto. Al partido solo le quedan unos segundos. La multitud está callada. Las animadoras tragan saliva. ¿Tiene Matt alguna oportunidad de hacer estos lanzamientos? Lleva 0 de 6 en el día. También es ciego.

¿Cómo puede un niño ciego terminar en la línea de tiros libres? Por su hermano mayor. Joe Stevens pasó su infancia ayudando a Matt a hacer lo imposible: montar en bici, patinar, jugar al fútbol. Así, cuando Joe se unió al equipo de baloncesto, se llevó a su hermanito con él. Ahora, con el permiso de los árbitros, Joe toca el aro de baloncesto con un bastón. Matt escucha, hace una pausa y dispara. ¡Swish! ¡El partido está empatado! La multitud se tranquiliza para que Matt pueda oír otra vez los golpecitos en el aro. ¡Segundo sonido sibilante! Termina el partido. Matt es el héroe. Todo por un hermano mayor que marcó la diferencia.[4]

Tú también tienes un hermano mayor que te lleva por las partes difíciles de la vida, ayudándote a hacer lo imposible. Escucha y le oirás dar golpecitos. Se llama Jesús.

UN ÚLTIMO PENSAMIENTO

Todos estamos ciegos de una u otra manera. No podemos ver nuestra salida de los problemas, o no podemos ver quién necesita nuestra ayuda. No podemos hacerlo por nosotros mismos. Pero como miembros de la familia de Dios, tenemos un hermano mayor que no solo nos ayuda, sino que también nos permite hacer lo imposible.

Pues la gracia de Dios ya ha sido revelada, la
cual trae salvación a todas las personas.

[Tito 2:11]

PRECIOSA GRACIA

La gracia es preciosa porque Jesús lo es. La gracia cambia vidas porque Él lo hace. La gracia nos asegura porque Él lo hará.

Descubrir la gracia es descubrir la total devoción de Dios por ti, su tenaz deseo de darte un amor que limpia y sana que hace que el herido vuelva a ponerse de pie. ¿Acaso está Él en lo alto de un monte y te dice que escales para salir del valle? No. Él baja con cuerdas y te saca. ¿Construye un puente y te ordena que lo cruces? No. Él cruza el puente y te lleva a hombros.

Este es el regalo que Dios da. Una gracia que nos da primero el poder para recibir amor y luego poder para darlo. Una gracia que nos cambia, moldea y lleva a una vida que queda para siempre alterada. ¿Conoces esta gracia? ¿Confías en esta gracia? Si no, puedes hacerlo. Lo único que Dios quiere de nosotros es fe. Pon tu fe en Dios.

UN ÚLTIMO PENSAMIENTO

No es tan difícil, ¿verdad? Tienes fe en que te despertarás mañana, que tu cuarto aún seguirá ahí, que tu escuela aún estará ahí (aunque tú desearas que no). Entonces, ¿por qué no tener fe en Dios? Su gracia te está esperando.

"¡Miren, hago nuevas todas las cosas!".

[Apocalipsis 21:5]

SÉ LO QUE DIOS TE HIZO

Tu padre es doctor. Tu abuelo es doctor. Todos esperan que tú seas doctor. Pero tú quieres estudiar música. ¿Te perdiste algo?

No, creo que encontraste algo. La gente a menudo dice que puedes ser lo que quieras si trabajas diligentemente. Carnicero. Comerciante. Embajador. Pero ¿es cierto? Si Dios no puso dentro de ti el sentimiento por la carne de un carnicero, las habilidades relacionales de un comerciante o la visión del mundo de un embajador, ¿puedes llegar a ser uno de ellos? Quizá sí, pero uno infeliz y poco satisfecho quizá. Pero ¿sentirte realizado? ¿Puede una bellota convertirse en una rosa, una ballena volar como un pájaro, o el plomo convertirse en oro? No es posible. Tú tampoco puedes ser cualquier cosa que quieras ser. Pero puedes ser todo lo que *Dios* quiere que seas.

Dios no crea a la gente en una cadena de montaje. Tú fuiste creado y esculpido de manera única. "¡Miren, hago nuevas todas las cosas!", declara Él (Apocalipsis 21:5). Él no te dio la vida de tu abuelo ni la de tu tía; Él te creó de manera personal y deliberada. Vive la vida que Dios te dio. Disfruta haciendo música.

UN ÚLTIMO PENSAMIENTO

Dios nos da a cada uno habilidades y talentos únicos. Cuando estos conectan con tu pasión y una misión que sirve a Dios, estás ante algo emocionante, y podría ser el llamado que Él tenía en mente para ti cuando te creó.

Vivan sabiamente entre los que no creen en Cristo.

[COLOSENSES 4:5]

EL MUNDO ESTÁ OBSERVANDO

Los que no creen en Jesús se dan cuenta de lo que hacemos. Toman decisiones acerca de Cristo al observarnos. Cuando somos amables, suponen que Cristo es amable. Cuando somos misericordiosos, suponen que Cristo es misericordioso.

Pero si somos arrogantes o prepotentes, ¿qué pensará la gente de nuestro Rey? Cuando no somos honestos, ¿qué supondrá un observador de nuestro Señor? No es de extrañar que Pablo diga: "Vivan sabiamente entre los que no creen en Cristo y aprovechen al máximo cada oportunidad. Que sus conversaciones sean cordiales y agradables, a fin de que ustedes tengan la respuesta adecuada para cada persona" (Colosenses 4:5-6). La conducta cortés honra a Cristo.

También honra a sus hijos. Cuando cedes tu lugar en la fila a alguien, le honras. Cuando devuelves un libro prestado, honras al prestamista. Cuando haces el esfuerzo de saludar a todos en la sala, especialmente a los que otros han ignorado, honras a los hijos de Dios.

UN ÚLTIMO PENSAMIENTO

Puedes dar el mejor discurso del mundo sobre el amor de Jesús, pero si tus acciones no muestran amor, tus palabras serán ignoradas. Piensa en tu conducta en la pasada semana: ¿ha visto la gente a Cristo en ti? Si no, ¿qué puedes hacer esta semana para mostrar su amor al mundo?

Dios bendice a los que soportan con paciencia las pruebas y las tentaciones.

[SANTIAGO **1:12**]

SUPERARÁS ESTO

Conocí a una adolescente en la cafetería donde trabaja. Acaba de terminar el instituto. Cuando tenía quince años, sus padres divorciados se volvieron a casar, solo para volver a divorciarse a los pocos meses. Recientemente sus padres le dijeron que tomara una decisión: vivir con mamá o con papá. Ella tenía los ojos llorosos al contarme lo que ellos le dijeron. Si la vuelvo a ver, esto es lo que le diré: "Superarás esto. No será sin dolor. No será rápido. Pero Dios usará este lío para bien. No seas ingenua. Pero tampoco te desesperes. Con la ayuda de Dios, superarás esto".

¿Dónde consigo las fuerzas para declarar una promesa así en medio de esta tragedia? De Jesús. Él dijo: "En este mundo afrontarán aflicciones, pero ¡anímense! Yo he vencido al mundo" (Juan 16:33, NVI).

Nosotros *tendremos* aflicciones. No dijo quizá. Pero tenemos razones para no perder la esperanza. Jesús ha vencido a lo peor de este mundo. Si estamos con Él, eso significa que nosotros también venceremos.

UN ÚLTIMO PENSAMIENTO

¿Hay algo más devastador que el divorcio de tus padres? ¿Y qué de la muerte de tu mamá, papá, hermano o hermana? Jesús nos dice que tendremos aflicción, pero eso no hace que nos duela menos. Por fortuna, Él también se ofrece a sí mismo. Él es nuestra esperanza y nuestro sanador. Podemos superar esto si nos apoyamos en Él.

El rey se complace en las palabras de labios justos; ama a quienes hablan con la verdad.

[PROVERBIOS **16:13**]

DIOS AMA LA VERDAD

Nuestro Maestro tiene un estricto código de honor. Desde Génesis a Apocalipsis, el tema es el mismo: Dios ama la verdad y odia el engaño. "El Señor detesta los labios mentirosos, pero se deleita en los que dicen la verdad" (Proverbios 12:22).

Decir la verdad no siempre es fácil. No quieres salir, pero tampoco quieres hacer sentir mal a tus amigos. ¿Puedes decir que tienes muchos deberes? Se te fue el santo al cielo y te pasaste de la hora máxima permitida para llegar a casa. ¿No puedes decirles a tus padres que el automóvil no arrancaba?

Las mentiras no tienen cabida entre el pueblo de Dios. En 1 Corintios 6:9-10, Pablo enumera el tipo de personas que no heredarán el reino de Dios. La pandilla incluye los que pecan sexualmente, adoran ídolos, participan del adulterio, venden su cuerpo, se emborrachan, roban a la gente, y también los que mienten a otros.

¿Tus mentiritas provocan el mismo enojo celestial que el adulterio y el asalto a mano armada? Aparentemente sí. Dios ama la verdad, así que la falta de honestidad es lo contrario de todo lo que Él defiende.

UN ÚLTIMO PENSAMIENTO

Decir la verdad todo el tiempo puede ser difícil, pero es muy importante. Cuando nuestras palabras no son honestas y pierden su sentido en pequeñas cosas, los demás no pueden confiar en que nuestras palabras ni nuestras obras sean veraces. Sé como Dios. Ama la verdad.

Almacena tus tesoros en el cielo, donde las polillas y el óxido no pueden destruir, y los ladrones no entran a robar.

[Mateo **6:20**]

DIOS ES DUEÑO DE TODO

A tu hermano pequeño se le cayó tu teléfono celular nuevo, y tú acabas de pasar un coraje. No te culpo por tu frustración, pero aquí tienes un pequeño consejo que te ayudará a mantener las cosas en perspectiva: de todas formas no era tuyo.

¿De qué estoy hablando? Prueba esto, y verás a lo que me refiero. Toma algunas notas adhesivas y pega una en todas las cosas en tu vida que no te llevarás contigo cuando un día te vayas al cielo. Adelante, mira en tu cuarto, casa, patio, garaje. La ropa, los DVD, los libros, los controles de los juegos, incluso el mono de peluche que tienes desde que tenías dos años. Cuando hayas terminado, ¿qué ha quedado? Tus amigos. Tu iglesia. La Palabra de Dios. Tu familia (incluyendo a tu hermano pequeño).

¿Todas esas cosas? No son tuyas. *Nunca las tuviste*. Tú no posees nada. Simplemente eres un cuidador de lo que Dios te ha dado. "La tierra es del Señor y todo lo que hay en ella; el mundo y todos sus habitantes le pertenecen" (Salmos 24:1). Si Él no está demasiado preocupado con que se haya caído un teléfono celular, quizá tú tampoco deberías estarlo.

UN ÚLTIMO PENSAMIENTO

Algo divertido de las "cosas" es que pensamos que son nuestras, pero es más bien al revés. Tú compras una computadora, y enseguida te demanda actualizaciones de software, mejor seguridad, limpiezas internas y aparatos externos. ¿Realmente quién posee a quién? No son ni tú ni tu PC. Es Dios.

El chismoso anda contando secretos; pero los que son dignos de confianza saben guardar una confidencia.

[PROVERBIOS **11:13**]

PALABRAS QUE HIEREN

¿Alguna vez hablas de la gente a sus espaldas? Se llama chismear. Quizá querías hacer daño con tus palabras, quizá no, pero eso no es lo importante. Gracias a ti, alguien termina en el suelo por difamar o por un desliz de la lengua. Y ahí queda la persona, herida y sangrando. Sentimientos de dolor, el orgullo perforado, el corazón roto.

María probablemente sabía lo que es eso. Una adolescente soltera, embarazada. Sentía las miradas fijas y escuchaba los susurros cuando pasaba que decían: "Supongo que María no es la niña buena que pensábamos que era". Pero los chismosos no tenían todos los datos. Nadie les dijo que María llevaba al Salvador del mundo.

Tú tampoco tienes todos los detalles. Así que no lances rumores o malas noticias acerca de alguien ni hagas acusaciones de otras personas. Aléjate cuando otra persona lo haga. Haz de estas palabras de Efesios tu eslogan: "No empleen un lenguaje grosero ni ofensivo. Que todo lo que digan sea bueno y útil, a fin de que sus palabras resulten de estímulo para quienes las oigan" (4:29).

UN ÚLTIMO PENSAMIENTO

¿Te imaginas a Jesús paseando con amigos, compartiendo secretos de un discípulo que no estaba ahí? ¿Te imaginas a alguien siendo inspirado por tu ejemplo cristiano si *tú* lo haces? Cuando los chismosos conversan, todos resultan heridos.

MARZO

**Confía en el Señor con todo tu corazón,
no dependas de tu propio entendimiento.**

[PROVERBIOS 3:5]

Al contrario, es paciente por amor a ustedes.
No quiere que nadie sea destruido,
quiere que todos se arrepientan.

[2 PEDRO 3:9]

EL ORGULLO DE UN PADRE

Si has aceptado a Jesús como tu Salvador, Él te promete un nuevo nacimiento. "Quien no nazca de nuevo no puede ver el reino de Dios" (Juan 3:3, NVI). ¿Significa eso que tu vieja naturaleza nunca reaparecerá? ¿Significa eso que instantáneamente podrás resistir cualquier tentación?

Para responder a esa pregunta, compara tu nuevo nacimiento en Cristo con un bebé recién nacido. ¿Puede un recién nacido andar? ¿Puede alimentarse? ¿Puede cantar, o leer, o hablar? No, todavía no, pero algún día lo hará.

Se necesita tiempo para crecer. Pero ¿está el padre en la sala de partos avergonzado del bebé? ¿Está la mamá avergonzada de que el bebé no pueda deletrear…de que el bebé no pueda andar…de que el recién nacido no pueda dar un discurso?

Por supuesto que no. Los padres no se avergüenzan, sino que están orgullosos. Saben que el crecimiento llegará con el tiempo. Igual le pasa a Dios.

UN ÚLTIMO PENSAMIENTO

¿A veces te frustras contigo mismo? ¿Sientes que tu fe debería crecer más rápido, tu carácter ser más fuerte, tu amor por Dios más profundo? No seas demasiado duro contigo mismo. Tu Padre no espera una madurez instantánea. Los bebés necesitan tiempo para crecer, y también los cristianos.

Es inútil que te esfuerces tanto, desde la
mañana temprano hasta tarde en la noche, y
te preocupes por conseguir alimento; porque
Dios da descanso a sus amados.

[Salmos **127:2**]

APRESURATE Y DESCANSA

Yo he vivido toda mi vida apresurándome. Corriendo a la escuela, corriendo para terminar los deberes. Pedalear más rápido, conducir más deprisa. Solía llevar mi reloj de muñeca en la parte interior del brazo para no perder el milisegundo de torcer mi brazo. ¡Qué locura!

Me pregunto si hubiera podido obedecer el antiguo mandamiento de Dios de guardar el día de reposo. ¿Frenar la vida de esa manera durante veinticuatro horas? El día de reposo se creó para las almas alocadas como la mía. Personas que necesitan este recordatorio semanalmente: el mundo no se detiene aunque tú lo hagas.

Quizá tú también necesites este recordatorio. ¿Demasiadas trasnochadas estudiando y navegando por la internet? ¿Tu horario está sobrecargado, dejándote ahogado? Por eso Dios insistió en que debemos apartar un día de descanso y tiempo con Él. Él sabe cuánto lo necesitamos, y cuán improbable es que lo hagamos. ¡Así que apresúrate y mételo en tu agenda! Apártate de las locuras y entra en la serenidad.

UN ÚLTIMO PENSAMIENTO

Si estás cansado todo el tiempo, tu cuerpo está intentando decirte algo: ¡necesitas descansar! La fatiga se presenta en más de una forma. Necesitamos renovarnos emocional y espiritualmente, no solo físicamente. En vez de apartar tiempo para todo lo demás primero, aparta un tiempo para Dios.

¡El fiel amor del Señor nunca se acaba!
Sus misericordias jamás terminan.

[LAMENTACIONES **3:22**]

AMOR NUEVO CADA MAÑANA

Jeremías estaba deprimido, tan triste como una jirafa con dolor de cuello. Jerusalén estaba sitiada, su nación amenazada, su mundo derrumbándose como un castillo de arena en un tifón. Culpó a Dios por su angustia emocional y sus problemas físicos. "Hizo que mi piel y mi carne envejecieran; quebró mis huesos" (Lamentaciones 3:4).

Jeremías se dio cuenta de lo rápidamente que se estaba hundiendo, así que miró en otra dirección. "No obstante, aún me atrevo a tener esperanza cuando recuerdo lo siguiente: ¡el fiel amor del Señor nunca se acaba! Sus misericordias jamás terminan. Grande es su fidelidad; sus misericordias son nuevas cada mañana. Me digo: "El Señor es mi herencia, por lo tanto, ¡esperaré en él!" (vv. 21-24).

Cuando estaba deprimido, Jeremías reiniciaba sus pensamientos. Apartaba sus ojos de su tempestuoso mundo y miraba fijamente lo maravilloso de Dios y sus promesas: el amor de Dios nunca toca fondo. Sus misericordias jamás terminan. Se renuevan cada mañana porque Él es fiel.

¿Sabes qué? La tormenta no cesó, pero sí lo hizo el desánimo de Jeremías. Y a ti puede ocurrirte igual.

UN ÚLTIMO PENSAMIENTO

¿Te sientes como si todos estuvieran en tu contra? Dios no lo está. Cuando te vistas por la mañana para ir a la escuela, prueba también a "ponerte" el fiel y misericordioso amor que Él ha creado reciente, solo para ti. No importa por lo que estés pasando, verás que eso es más que suficiente.

En el principio la Palabra ya existía. La Palabra
estaba con Dios, y la Palabra era Dios.

[JUAN 1:1]

UN MAPA DEL TESORO

La Biblia ha sido prohibida, quemada, mofada y ridiculizada. Los eruditos se han burlado de ella y la han considerado una necedad. Los reyes la han categorizado de ilegal. Le han cavado una tumba más de mil veces, pero de algún modo la Biblia nunca se queda en la tumba. No solo ha sobrevivido, sino que ha prosperado. Es el libro más popular de toda la historia. ¡Ha sido y sigue siendo el libro éxito de ventas de todo el mundo!

No hay forma en la tierra de explicarlo. Lo cual es quizá la única explicación. ¿La respuesta? La durabilidad de la Biblia no se encuentra en la tierra; se encuentra en el cielo. Para los millones que han probado sus afirmaciones y han demandado sus promesas solo hay una respuesta: la Biblia es el libro y la voz de Dios.

El propósito de la Biblia es proclamar el plan y la pasión de Dios de salvar a sus hijos. Esa es la razón por la que este libro ha sobrevivido durante siglos. Es el mapa del tesoro que nos lleva al mayor tesoro de Dios: la vida eterna.

UN ÚLTIMO PENSAMIENTO

Los piratas necesitaban un mapa para encontrar tesoros increíblemente valiosos enterrados hacía mucho tiempo. Sin mapa, no hay tesoro. También es cierto para los que buscamos un tesoro espiritual. Dios nos ha provisto el mapa: la Biblia. Las riquezas eternas esperan a aquellos que son lo suficientemente sabios como para usarlo.

Pues ni aun el Hijo del Hombre vino para
que le sirvan, sino para servir.

[MARCOS **10:45**]

JESÚS EL CABALLERO

N o había pensado mucho antes en la cortesía de Cristo, pero cuando comencé a mirar, me di cuenta de que en el arte de ser un caballero, Jesús es el gran maestro.

Él siempre llama antes de entrar. No tendría que hacerlo, porque es el dueño de tu corazón. Si alguien tiene el derecho de irrumpir, es Cristo. Pero no lo hace. ¿Ese amable toque que oyes? Es Cristo. "¡Mira! Yo estoy a la puerta y llamo" (Apocalipsis 3:20). Y cuando respondes, Él espera a que le invites a cruzar el umbral.

Y cuando entra, siempre trae un regalo. Algunos traen chocolate y flores. Cristo trae "el regalo del Espíritu Santo" (Hechos 2:38). Y mientras está, Él sirve. "Porque ni aun el Hijo del hombre vino para que le sirvan, sino para servir" (Marcos 10:45, NVI). Si te falta tu mandil, lo encontrarás en Él. Está sirviendo a los invitados mientras se sientan (Juan 13:4-5). Él no comerá hasta que haya dado gracias, y no se irá hasta que desaparezcan las sobras (Mateo 14:19-20).

UN ÚLTIMO PENSAMIENTO

Cristo tiene el poder de la creación en sus manos; sin embargo, es tan cuidadoso y atento con nosotros como una madre con su bebé recién nacido. Sus palabras contienen una verdad que resuena a través del tiempo, y sin embargo, son sus actos de amor lo que proveen nuestro modelo. Él es cortés. Él es amable. Él sirve. Él es un caballero.

Efectivamente él nos rescató del peligro mortal y volverá a hacerlo de nuevo. Hemos depositado nuestra confianza en Dios, y él seguirá rescatándonos.

[2 Corintios 1:10]

LA MEJOR OBRA DE DIOS

Pedro y sus compañeros que surcaban las olas sabían que estaban en apuros esa noche en el mar de Galilea. Su barca se tambaleaba y oscilaba como una cometa en el viento de marzo. Los relámpagos cortaban la oscuridad con una espada plateada. Los vientos azotaban las velas, dejando a los discípulos "luchando contra grandes olas" (Mateo 14:24). ¿Es posible que te identifiques?

En medio de una pelea con un amigo, azotado por la culpa.

En medio de una ruptura, azotado por la desesperación.

Los discípulos lucharon contra la tormenta durante nueve frías y largas horas. Después ocurrió lo indecible. Alguien se acercó, caminando por el agua. "Llenos de miedo, clamaron: ¡Es un fantasma!" (Mateo 14:26).

No esperaban que Jesús acudiera a ellos de esa forma. Y nosotros tampoco. Esperamos que venga en canciones tranquilas de adoración y en estudios bíblicos por la mañana. Nunca esperamos verlo en medio de amargas contiendas o relaciones rotas. Pero es en las tormentas donde Él mejor trabaja, porque es en las tormentas donde tiene nuestra mayor atención.

UN ÚLTIMO PENSAMIENTO

Es gracioso cómo lo hacemos: esperamos ver a Jesús en nuestros momentos "santos", pero no el resto del tiempo. Solo que Él es mucho más grande que eso. Así que clama a Él. Búscalo. No solo cuando adores. No solo cuando ores. En cualquier momento. En cualquier lugar. Claro que cuando estés en problemas también, porque cuando más lo necesites, Él está ahí contigo, listo para calmar la tormenta más feroz.

Y ahora, que el Dios de paz...los capacite con
todo lo que necesiten para hacer su voluntad.

[HEBREOS **13:20-21**]

SAL DE TI MISMO

Aquí tienes una idea. *Supérate.*

Moisés lo hizo. Uno de los principales líderes de la historia era "muy humilde, más humilde que cualquier otro sobre la
tierra" (Números 12:3, NVI). María lo hizo. Cuando Jesús desig-
nó su vientre su hogar, ella no se enorgulleció; simplemente confesó: "Soy la sierva del Señor. Que se cumpla todo lo que has
dicho acerca de mí" (Lucas 1:38). Por encima de todos, Jesús lo
hizo. "Jesús, a quien se le dio una posición 'un poco menor que
los ángeles'" (Hebreos 2:9).

Jesús escogió los barrios de los siervos. ¿Podremos nosotros?
Somos importantes, pero no esenciales. Tenemos un papel que
desempeñar, pero no somos los actores principales. Dios lo es.

A Él le iba bien antes de que naciéramos nosotros; y le irá
bien después de que muramos. Él lo comenzó todo, lo sostiene
todo y llevará todo a un glorioso final. Mientras tanto, tenemos
este alto honor: renunciar a nuestras metas personales, hacer lo
correcto incluso cuando no haya recompensa, tratar los problemas que otros evitan, decir no al egocentrismo, seguir a Cristo
y hacer nuestros los planes de Él.

UN ÚLTIMO PENSAMIENTO

Suena peor que las tareas domésticas, ¿no es cierto? Renunciar a nuestras metas. Olvidarnos de las recompensas. Asumir
los problemas difíciles. Algo divertido de esto, sin embargo, es
que cuanto más lo haces, más te acercas a Dios, y más gozo hay
en tu corazón. Inténtalo. Cuanto menos hay de ti, más añade
Dios al deleite.

Cuando éramos totalmente incapaces de
salvarnos, Cristo vino en el momento preciso
y murió por nosotros, pecadores.

[ROMANOS 5:6]

CUANDO NO PODEMOS PAGAR

Dios hizo por nosotros lo que yo hice por una de mis hijas en una tienda del aeropuerto de Nueva York. El rótulo encima de las piezas de cerámica decía: No tocar. Pero el deseo fue más fuerte que el aviso, y ella lo tocó. Y se cayó. Cuando yo miré, Sara, que tenía diez años, tenía dos piezas de un rascacielos de Nueva York en su mano. A su lado estaba el propietario de la tienda, nada contento. Encima de ellos dos estaba escrita la regla. Entre los dos había un nervioso silencio. Mi hija no tenía dinero. Él no tenía misericordia. Así que irrumpí en la escena. "¿Cuánto le debemos?", pregunté.

¿Cómo es que yo debía algo? Sencillo. Ella era mi hija. Y como ella no podía pagar, yo lo hice.

Como tú y yo no podemos pagar, Cristo lo hizo. Nosotros hemos roto algo mucho peor que un recuerdo de cerámica. Hemos roto el corazón de Dios. Con la ley en la pared y mandamientos hechos pedazos por el suelo, Cristo irrumpe (como un prójimo) y ofrece un regalo (como un Salvador).

UN ÚLTIMO PENSAMIENTO

A menudo dependemos de que otros paguen lo que nosotros no podemos. Aunque estás creciendo, ¿quién pone el dinero para que haya comida en tu mesa? ¿Quién paga los impuestos y las reparaciones de la casa en la que vives? Jesús pagó por algo más que eso. Su regalo se ocupó de todos los errores que jamás hayas cometido.

Jesús extendió la mano y lo tocó: —Sí
quiero —dijo—. ¡Queda sano!

[MATEO 8:3]

UN TOQUE PIADOSO

¿Alguna vez has sentido el poder de un toque piadoso? ¿Del doctor que te trató o del maestro que secó tus lágrimas? ¿Hubo ahí una mano sosteniendo la tuya en el funeral? ¿Otra en tu hombro durante un día terrible? ¿Una sonrisa de bienvenida a una clase nueva?

¿Podemos nosotros ofrecer lo mismo?

Quizá tú ya lo haces. Tienes el toque maestro del Médico mismo, y usas tus manos para servir también. Quizá lo haces enviando correos electrónicos de ánimo o ayudando al niño nuevo del equipo cuando ha fallado. O has usado tus manos para cocinar galletas para una venta en la iglesia o has llevado un zumo a tu mamá cuando ha estado enferma. Has aprendido el poder de un toque.

Pero otros tendemos a olvidarlo. Nuestro corazón es bueno; es solo que nuestra memoria es mala. Nos olvidamos de lo importante que puede llegar a ser un toque. ¿No estamos contentos de que Jesús no cometiera el mismo error? Él tocó a un hombre con lepra y le curó al instante (Mateo 8:3). Jesús nos recuerda que nosotros también tenemos el poder de un toque piadoso.

UN ÚLTIMO PENSAMIENTO

El toque es poderoso. Puede hacer cosas terribles: abuso, violencia. Pero cuando su motivación viene del amor de Dios, también puede hacer cosas maravillosas: animar, sanar, apoyar, servir. ¿A quién conoces que necesite un toque piadoso hoy?

¿Con quién podemos comparar a Dios? ¿Qué imagen se puede encontrar que se le parezca?

[ISAÍAS **40:18**]

SOLO ÉL ES DIOS

¿**A** qué podemos comparar a Dios? Cualquier búsqueda del equivalente a Dios es vana. Cualquier búsqueda de una persona o posición en la tierra semejante a Dios es inútil. Nada ni nadie se compara a Él. Nadie le aconseja. Nadie le ayuda. Es Él quien "juzga; él decide quién se levantará y quién caerá" (Salmos 75:7).

Tú y yo quizá tengamos poder, pero Dios *es* poder. Nosotros podemos ser luciérnagas, pero Él es relámpago. Considera el universo que nos rodea. A diferencia del alfarero que toma algo y lo moldea, Dios no tomó nada y creó algo. Dios creó todo lo que existe de la nada. Antes de la creación, el universo no era un espacio oscuro. El universo no existía. Dios incluso creó la oscuridad. "Yo formo la luz y creo las tinieblas" (Isaías 45:7).

Incluso Dios pregunta: "¿Con quién me compararán? ¿Quién es igual a mí?" (Isaías 40:25). Como si su pregunta necesitase una respuesta, Él da una: "¡Pues sólo yo soy Dios! Yo soy Dios, y no hay otro como yo" (Isaías 46:9).

UN ÚLTIMO PENSAMIENTO

¿Alguna vez te has sentido como si Dios no se estuviera ocupando de lidiar con tus crisis? ¿Como si estuviera demasiado distraído, o cansado, o débil para tratar con tu actual desastre? ¡Olvídalo! Él es Dios. Nuestro universo *existe* porque Él hizo que existiera. Un Dios. Solo.

> Vengo pronto. Aférrate a lo que tienes,
> para que nadie te quite la corona.
>
> [APOCALIPSIS **3:11**, NVI]

LLEGA TU DÍA

Quizá seas uno de los muchos que nunca ha ganado un premio en su vida. O quizá conseguiste mantener las estadísticas de tu equipo de baloncesto o repartiste tareas para la clase de inglés, pero eso es todo. Nunca has ganado mucho. Has visto a los LeBron James de este mundo llevar los trofeos a casa y poniéndose la cinta de ganador. Lo único que tú tienes son "casi" y "qué tal si".

Si te identificas con esto, entonces valorarás esta promesa: "Así, cuando aparezca el Pastor supremo, ustedes recibirán la inmarcesible corona de gloria" (1 Pedro 5:4, NVI).

Llega tu día. Dios tiene planes para honrarte, para darte una recompensa que no durará solo una temporada, sino toda una eternidad. Nada tiene más valor que una corona de su reino. Lo que el mundo ha menospreciado, tu Padre lo ha recordado, y antes de lo que te imaginas, Él te bendecirá.

UN ÚLTIMO PENSAMIENTO

Es difícil ver a todos los demás recogiendo las recompensas y los honores. Pero los trofeos terrenales pronto se oxidarán y serán olvidados. El premio que cuenta es la gloria celestial con la que recompensará el Rey de reyes. Es una recompensa que compensa grandemente la espera.

Por eso es necesario que prestemos más atención a lo que hemos oído, no sea que perdamos el rumbo.

[**HEBREOS 2:1**, NVI]

FRACASOS

Si pierdes tu fe, probablemente te ocurra poco a poco. Dejarás pasar unos días sin consultar tu brújula. Tus velas estarán descontroladas. Tu cordaje no estará preparado. Y lo peor de todo, se te olvidará anclar tu velero. Y enseguida serás sacudido por las olas por mares tormentosos.

Y a menos que profundices tu ancla, podrías caer. ¿Cómo profundizas tu ancla? Mira el siguiente versículo: "es necesario que prestemos más atención *a lo que hemos oído*".

Los puntos más fiables del ancla no son los descubrimientos recientes. Son verdades probadas por el tiempo que han soportado los vientos del cambio. Verdades como: Mi vida no es vana. Mis fracasos no son fatales. Mi muerte no es final.

Apega tu alma a estos peñascos y ninguna ola será lo suficientemente grande como para cubrirte.

UN ÚLTIMO PENSAMIENTO

Es humano emocionarse con las nuevas ideas y modas. ¿De qué otra forma explicar si no nuestra fascinación por las modas cambiantes? Pero cuando se trata de nuestra fe, deberíamos profundizar nuestro ancla en las verdades que siempre han existido. Las encontrarás en la Palabra de Dios.

Allí recibiremos su misericordia y encontraremos la gracia que nos ayudará cuando más la necesitemos.

[Hebreos 4:16]

AYUDA OPORTUNA

La ayuda de Dios es oportuna. Nos ayuda del mismo modo que un padre entrega unos billetes de avión a su familia. Cuando viajo con mis hijos, yo llevo todos nuestros billetes en mi cartera. Cuando llega el momento de embarcar al avión, me pongo entre la azafata y el niño. A medida que van pasando mis hijas, pongo un billete en su mano. Ella, a su vez, le da el billete a la azafata. Cada una recibe el billete en el momento oportuno.

Lo que yo hago con mis hijas, Dios lo hace contigo. Él se pone entre tú y tu necesidad, y en el momento oportuno, te da el billete. ¿No fue esa la promesa que dio a sus discípulos? "Cuando los arresten y los sometan a juicio, no se preocupen de antemano por lo que van a decir. Sólo hablen *lo que Dios les diga en ese momento*, porque no serán ustedes los que hablen, sino el Espíritu Santo" (Marcos 13:11).

Dios nos dirige. Él hará lo correcto en el momento oportuno.

UN ÚLTIMO PENSAMIENTO

Piensa en tu vida. ¿Cuántas veces has recibido lo que necesitabas, justo cuando lo necesitabas? La entrada que llegó justo el día del concierto. La idea perfecta para el regalo del Día de la Madre. ¿Coincidencia? O quizá la mano amiga del cielo.

Pues ni aun el Hijo del Hombre vino para
que le sirvan, sino para servir a otros y para
dar su vida en rescate por muchos.

[Marcos **10:45**]

UNA TAREA

Una de las habilidades increíbles de Jesús fue mantenerse
siempre enfocado. Su vida nunca se salió de la pista. Cuando
Jesús miraba al horizonte de su futuro, podía ver muchas dianas.
Muchas banderas estaban ondeando al viendo, cada una de las
cuales pudo haber seguido. Podía haber sido un revolucionario
político. Pudo haberse contentado con ser un maestro y educar
las mentes. Pero al final escogió ser el Salvador y salvar almas.

Cualquiera que estuviera cerca de Cristo durante un tiempo
lo oiría de Jesús mismo. "Pues el Hijo del Hombre vino a buscar y a salvar a los que están perdidos" (Lucas 19:10). El corazón
de Cristo estaba implacablemente enfocado en una tarea. El día
que dejó la carpintería de Nazaret tuvo un enfoque supremo: la
cruz del Calvario.

Tú también tienes una tarea. Es una respuesta a la que escogió Jesús. Él llamó a tu tarea el primer y mayor mandamiento:
"Ama al Señor tu Dios con todo tu corazón, con todo tu ser y con
toda tu mente" (Mateo 22:37, nvi).

¿Estás enfocado?

UN ÚLTIMO PENSAMIENTO

Es difícil establecer prioridades cuando la gente te dice que un
millón de cosas son importantes. Por tanto, lee Mateo 22:34-40,
donde Jesús atraviesa la confusión. Ama a Dios. Todo lo demás
depende de esto. ¿Está claro?

La salvación ha venido hoy a esta casa.

[Lucas **19:9**]

UN CORAZÓN CAMBIADO

Si el Nuevo Testamento tiene un estafador, ese es Zaqueo. Nunca se veía con una persona a la que no pudiera estafarle ni vio un billete que no pudiera timar. Era un "jefe de los cobradores de impuestos" (Lucas 19:2). Los cobradores de impuestos del primer siglo engañaban a todo lo que andaba. Pero cuando Jesús y sus seguidores viajaban por Jericó, incluso el cobrador de impuestos local quería ver. Jesús le vio subido a un árbol sicómoro y dijo: "Zaqueo, baja en seguida. Tengo que quedarme hoy en tu casa" (v. 5, NVI). De todas las casas de la ciudad, Jesús escogió la de Zaqueo.

Zaqueo nunca fue el mismo. "Mira, Señor: Ahora mismo voy a dar a los pobres la mitad de mis bienes, y si en algo he defraudado a alguien, le devolveré cuatro veces la cantidad que sea" (v. 8, NVI). A pesar de las malas decisiones de Zaqueo, a pesar de su falta de honestidad en el pasado, Jesús le ofreció amabilidad y un asiento en la mesa celestial. Jesús le ofreció gracia, y cuando esa gracia pasó por delante de su puerta, el egoísmo se fugó por la puerta trasera. Esto cambió el corazón del recaudador de impuestos.

¿Está la gracia cambiando el tuyo?

UN ÚLTIMO PENSAMIENTO

¿Cómo lo llevas: eres más como Zaqueo el estafador o el Zaqueo cambiado? Si no te gusta tu respuesta, pídele a Jesús que te muestre cómo aceptar por completo su gracia. Él ya ha reservado un asiento en la mesa del cielo solo para ti.

¿No ves que la bondad de Dios es para guiarte a
que te arrepientas y abandones tu pecado?

[ROMANOS 2:4]

MÁS COMO JESÚS

Esta es la agenda de Dios para tu día: hacer que seas más como Jesús.

"Pues Dios conoció a los suyos de antemano y los eligió para que llegaran a ser como su Hijo" (Romanos 8:29). ¿Ves lo que Dios está haciendo? Está moldeando tu vida "para que llegaran a ser como su Hijo".

Jesús no sintió culpa; Dios quiere que no sientas culpa.

Jesús no tuvo malos hábitos; Dios quiere librarte de los tuyos.

Jesús afrontó los temores con el valor; Dios quiere que tú hagas lo mismo.

Jesús supo la diferencia entre el bien y el mal; Dios quiere que nosotros hagamos lo mismo.

Jesús sirvió a otros y dio su vida por los perdidos; nosotros podemos hacer lo mismo.

Jesús trató con la ansiedad por la muerte; tú también puedes.

El deseo de Dios, su plan, su objetivo final es hacerte a la imagen de Cristo.

ÚLTIMO PENSAMIENTO

Tenemos un modelo, un ejemplo de cómo debemos vivir este regalo de vida que hemos recibido. Su nombre es Jesús. La próxima vez que estés confundido o inseguro de cómo manejar una situación, saca tu Biblia y lee la historia de Jesús. Su ejemplo siempre es el correcto.

El amor...Todo lo disculpa.

[1 CORINTIOS 13:6-7, NVI]

UN MANTO DE AMOR

Cuando Pablo dijo que el amor "todo lo disculpa", o todo lo protege, debía de estar pensando en un manto. Un erudito así lo cree.

The Theological Dictionary of the New Testament es conocido por su estudio de las palabras, no por su poesía. Pero el erudito suena poético al explicar el significado de *disculpar* o proteger, como es usado en 1 Corintios 13:7. La palabra expresa, según dice él, "la idea de cubrir con un manto de amor".

¿Te acuerdas de haber recibido uno? Estabas nervioso por el examen, pero el maestro se quedó más tiempo para ayudarte. Estabas lejos de casa y temeroso, pero tu mamá te llamó por teléfono para consolarte. Eras inocente y te acusaron, así que tu amigo te defendió. Cubierto de ánimo. Cubierto de un tierno cuidado. Cubierto con protección. *Cubierto con un manto de amor.*

Así es como Cristo nos cubrió a ti y a mí cuando murió en la cruz. Y así es como nosotros tenemos que cubrir al mundo.

UN ÚLTIMO PENSAMIENTO

Cuando eras niño, ¿alguna vez tiritaste tanto que tu mamá o tu papá te arroparon con una toalla o una manta? Ese acto simple es un símbolo de un amor que protege. Hay miles de maneras de mostrar ese amor, pero todas dicen: "Yo cuido de ti, y te estoy vigilando".

Expongo mis quejas delante de él y le
cuento todos mis problemas.

[SALMOS **142:2**]

ORA PARA SACAR TU DOLOR

Decepción. Rechazo. Enfermedad. Accidente. Estás dolido ahora mismo. *Ora para sacar tu dolor.*

Vamos, golpea la mesa. Camina por el jardín. Es el momento de unas oraciones decididas y honestas. ¿Enojado con Dios? ¿Decepcionado con su estrategia? ¿Enojado por sus decisiones? Díselo. ¡Deja que Él lo lleve! Jeremías lo hizo. Este antiguo profeta pastoreó a Jerusalén durante un tiempo de crisis. Desempleo. Calamidad. Campamentos de refugiados. Hambre. Muerte. Jeremías lo vio todo. Su libro en la Biblia, Lamentaciones, se podría resumir con una línea: *¡esta vida está podrida!* Entonces ¿por qué lo incluyó Dios? ¿Quizá como un ejemplo para ti?

Saca tus quejas. Dios no se espantará por tu enojo. Incluso Jesús ofreció oraciones "con gran clamor y lágrimas" (Hebreos 5:7). Es mejor enseñarle un puño a Dios que darle la espalda. Las palabras podrán parecer vacías y huecas al principio. Quizá masculles las frases, balbucees tus pensamientos, pero no te rindas. Y no te escondas. Dios oye tu lista de dolores. Él está listo para sanar.

UN ÚLTIMO PENSAMIENTO

La parte más difícil del dolor es pasarlo solo. Muchas veces intentamos esconderlo de todos y hacemos como si no hubiera pasado nada. ¡Eso no es lo que Dios quiere! Él quiere oírnos, incluso cuando nuestras palabras son poco más que flechas airadas. Hablar de ello es el primer paso para la sanidad.

> Una persona que duda tiene la lealtad dividida
> y es tan inestable como una ola del mar que el
> viento arrastra y empuja de un lado a otro.

[SANTIAGO **1:6**]

¿DUDAS?

Duda. Es un vecino ruidoso. Es una visita no deseada. Es un huésped ofensivo.

Te infectará. Te irritará. Criticará tu juicio. No busca convencerte sino confundirte. No ofrece soluciones; solo provoca preguntas.

¿Has recibido alguna visita de este tipo últimamente? Si ves que vas a la iglesia para ser salvo y no porque *eres* salvo, entonces le has estado oyendo. Si ves que dudas de que Dios pueda perdonarte otra vez por eso, te han vendido artículos dañados. Si eres más escéptico con los cristianos que sincero con Cristo, entonces ¿averigua quién vino a cenar?

Te sugiero que pongas un cerrojo en tu puerta. Te sugiero que pongas un cartel que diga "No entrar" en tu puerta. "La fe es la confianza de que en verdad sucederá lo que esperamos; es lo que nos da la certeza de las cosas que no podemos ver" (Hebreos 11:1). Rechaza la duda. Confía en tu fe.

UN ÚLTIMO PENSAMIENTO

El discípulo Tomás es famoso por su duda. No recibió del todo su fe hasta el momento que vio y tocó las heridas del Jesús resucitado (Juan 20:27-28, NVI). No seas un Tomás. Tienes la evidencia en tu corazón. Sé uno de los dichosos "que no han visto y sin embargo creen" (v. 29)

Elige hoy mismo a quién servirás.

[JOSUÉ **24:15**]

TÚ DECIDES

La invitación de Dios es clara e inmutable. Él lo da todo y nosotros le damos todo. Simple y absoluto. Él es claro en lo que pide y claro en lo que ofrece. La decisión es nuestra. ¿No es increíble que Dios nos deje decidir?

Piensa en ello. Hay muchas cosas en la vida que no podemos elegir. No podemos, por ejemplo, escoger el clima. No podemos escoger si naceremos o no con una nariz grande, o los ojos azules, o mucho cabello. No podemos escoger tampoco a nuestros padres. No podemos escoger el menú de la cafetería de la escuela. No podemos ni siquiera escoger quién se reirá de nuestros chistes.

Pero podemos escoger dónde pasar la eternidad. La gran decisión, Dios nos la deja a nosotros. Significa más para Él, y nosotros, cuando tenemos la libertad de aclarar nuestra mente. ¿Tomarás alguna vez una decisión más importante? Es la única decisión que realmente importa.

UN ÚLTIMO PENSAMIENTO

¿Cómo tomas tus decisiones más importantes? ¿Escribes los pros y contras en un papel? ¿Les preguntas a tus amigos y padres? ¿Lanzas una moneda al aire? La decisión de entregar o no tu corazón a Dios no es como escoger un color para el estuche de tu teléfono celular. Es la decisión más grande que tomarás jamás.

Pues ni aun el Hijo del Hombre vino para
que le sirvan, sino para servir a otros y para
dar su vida en rescate por muchos.

[Mateo 20:28]

NUESTRO AMO SIRVIENTE

Siendo un niño, leí una historia rusa de un amo y un siervo que fueron de viaje a una ciudad. Muchos de los detalles se me han olvidado, pero recuerdo el final. Antes de que los dos hombres llegaran a su destino se vieron atrapados en una cegadora ventisca. Se desorientaron y no pudieron llegar a la ciudad antes de la caída de la noche.

A la mañana siguiente, unos amigos preocupados fueron a buscar a estos dos hombres. Finalmente encontraron al amo, muerto de congelación, tirado hacia abajo en la nieve. Cuando le levantaron encontraron al siervo, frío pero vivo. Sobrevivió y contó cómo el amo se había puesto voluntariamente sobre el siervo para que este pudiera vivir.

No había pensado en esa historia durante años. Pero cuando leí lo que Cristo dijo que haría por nosotros, la historia vino a mi mente, porque Jesús es el amo que murió por los siervos.

UN ÚLTIMO PENSAMIENTO

Esa historia resume nuestra vida mejor de lo que pensamos. Quedamos atrapados en una ventisca. Estamos perdidos. Por nosotros mismos, no podemos llegar donde pretendemos ir. Solo mediante el sacrificio de nuestro Amo sobrevivimos y conseguimos nuestro objetivo. Él muere para que nosotros podamos vivir. Un plan. Una vida.

Vigilen y oren para que no caigan en tentación.

[MARCOS **14:38**, NVI]

VIGILA Y ORA

"**V**igila". Los avisos no vienen de forma más práctica que esto. Vigila. Permanece alerta. Mantén tus ojos abiertos. Cuando veas que viene el pecado, esquívalo. Cuando preveas un encuentro difícil, date la vuelta. Cuando sientas la tentación, ve por otro camino.

Lo que Jesús está diciendo a sus discípulos y también a nosotros es: "Presten atención". Tú conoces tus debilidades. También conoces las situaciones en las que tus debilidades son más vulnerables. Mantente alejado de esas situaciones. Asientos traseros. Horas nocturnas. Páginas web ofensivas. Cualquier cosa que le dé pie a Satanás en tu vida, aléjate de ello. ¡Cuidado!

Jesús también dice: "Ora". La oración no es decirle a Dios algo nuevo. No hay ni pecador ni santo que le sorprenda. Lo que hace la oración es invitar a Dios a caminar por las sendas sombrías de la vida con nosotros. La oración es pedirle a Dios que vigile nuestro camino para no tropezar con árboles caídos y rocas rodantes y para guardar nuestra espalda, guardando nuestra parte posterior de los dardos de fuego del diablo.

UN ÚLTIMO PENSAMIENTO

Navegar por las peligrosas aguas de la vida es como nadar en la playa cuando no hay vigilantes de guardia, depende de ti ver los problemas y asegurarte de no caer en una resaca. Mediante la oración, puedes invitar a un socorrista santo para que se una a ti y te proteja. Él está siempre de guardia.

Vengan y vean lo que nuestro Dios ha hecho, ¡los imponentes milagros que realiza a favor de la gente!

[SALMOS 66:5]

BIEN DEL MAL

El padre de José le favoreció, y los hermanos de José le odiaban por ello. Así que se enfocaron en él. "Entonces, cuando llegó José, sus hermanos le quitaron la hermosa túnica que llevaba puesta. Después lo agarraron y lo tiraron en la cisterna" (Génesis 37:23-24). José no se levantó de la cama esa mañana y pensó: *Será mejor que me vista con ropa acolchonada porque hoy es cuando me van a tirar en un hoyo.* El ataque le tomó por sorpresa.

Igual que los tuyos. El hoyo de José llegó en forma de cisterna. El tuyo llegó en forma de un diagnóstico, una casa de acogida, una herida traumática. Tu hoyo es algo parecido a un tipo de muerte. Te preguntas si algún día te recuperarás.

La historia de José empeora antes de mejorar. Sin embargo, nunca se rindió. La amargura nunca se materializó. No solo sobrevivió, sino que prosperó. Al final de su vida, José era el segundo hombre más poderoso de su generación. ¿Cómo floreció en medio de la tragedia? Años después, José se lo explicó a sus hermanos. "Ustedes se propusieron hacerme mal, pero Dios dispuso todo para bien" (Génesis 50:20).

Confía en que Dios hará lo mismo por ti.

UN ÚLTIMO PENSAMIENTO

Cuando alguien o algo llega sigilosamente por detrás para darte un golpe bajo, te deja tambaleándote. Pero Dios no. A Él nadie le sorprende. Él siempre ve lo que te sucederá y ya está planeando su contragolpe. Invítale al cuadrilátero delante de ti, y prepárate para su fuera de combate.

Pues tuve hambre, y me alimentaron. Tuve
sed, y me dieron de beber.

[MATEO **25:35**]

ÁMALES, ÁMALO

Hay muchas razones para ayudar a la gente necesitada. Pero para el cristiano, ninguna es superior a esta: cuando amamos a los necesitados, estamos amando a Jesús. Es un misterio más allá de toda ciencia, una verdad más allá de toda estadística. Pero es un mensaje que Jesús dejó totalmente claro: cuando amamos a otros, le amamos a Él.

Hace muchos años oí a una mujer discutir esta obra. Sus sesenta y nueve años habían encorvado un poco su pequeño cuerpo. Pero no había nada pequeño en la presencia de la Madre Teresa. "Dame tus hijos nonatos", ofreció. "No los abortes. Si no puedes criarlos, yo lo haré. Son preciosos para Dios".

¿Quién se hubiera imaginado que esta delgada mujer albanesa cambiaría miles de vidas mediante las Misioneras de la Caridad, la orden que fundó en 1949? Tímida e introvertida de niña. De frágil salud. Una de tres hijas. Hija de un generoso pero común empresario. Sin embargo, en algún momento de su vida, se convenció de que Jesús caminaba en el "angustiante disfraz de los pobres", y se dispuso a amarle a Él amándolos a ellos.

UN ÚLTIMO PENSAMIENTO

¿Conoces la parábola de las ovejas y los cabritos? Si no, búscala en tu Biblia y lee Mateo 25:31-46. Los hambrientos, los sedientos, los que no son bien recibidos, los desnudos, los enfermos, los encarcelados, de algún modo ellos son Jesús mismo. Cuando nos preocupamos por ellos, lo amamos a Él.

El amor perfecto expulsa todo temor.

[1 JUAN 4:18]

VALENTÍA EN LA GRACIA

Pablo escribió: "No imiten las conductas ni las costumbres de este mundo" (Romanos 12:2). Es más fácil decirlo que hacerlo, ¿verdad? Se necesita valentía para defender a alguien con el que todos se están metiendo o decir en una fiesta: "No, yo no hago eso". Así que ¿de dónde viene nuestra valentía?

Gracia. Como Pablo también le escribió a Tito: "Pues la gracia de Dios ya ha sido revelada, la cual trae salvación a todas las personas...Debes enseñar estas cosas y *alentar a los creyentes a que las hagan*" (Tito 2:11,15). ¿Conoces la gracia de Dios? Entonces puedes amar valientemente, vivir robustamente. Puedes ir de trapecio en trapecio; su red de seguridad amortiguará tu caída. Nada fomenta más la valentía que un claro entendimiento de la gracia.

El mundo quiere que vistas lo que todos los demás visten, que digas todo lo que los demás dicen, que creas lo que todos creen. Sé valiente para ser distinto. La gracia te da la valentía para obedecer a Dios.

UN ÚLTIMO PENSAMIENTO

Cuando empiezas a prestar atención a ello, te das cuenta de que está por todos lados: la presión de encajar. La gente se resiste cuando vas contra la cultura. Pero ¿acaso no es eso de lo que se trata la vida de Jesús? Acuérdate de la gracia de Dios, y encontrarás la fortaleza para seguir su camino.

¡Oh, qué alegría para aquellos a quienes se les perdona la desobediencia, a quienes se les cubre su pecado!

[SALMOS **32:1**]

RECONOCER

Si ya hemos sido perdonados, entonces ¿por qué nos enseña Jesús a orar diciendo: "y perdona nuestros pecados" (Mateo 6:12)?

La razón es la misma por la que tus padres quieren que tú hagas lo mismo. Si yo le digo a una de mis hijas que esté en casa a cierta hora y desobedece quedándose hasta más tarde intencionadamente, no la repudio ni reniego. No le echo de la casa ni le digo que se cambie el apellido. Pero espero que sea honesta y se disculpe. Y hasta que lo haga, la ternura de nuestra relación se resentirá. La naturaleza de la relación no cambiará. Seguiré siendo su padre, y ella seguirá siendo mi hija, pero la intimidad entre ambos se verá afectada.

Lo mismo ocurre en nuestra vida espiritual. La confesión no crea una relación con Dios; sencillamente la nutre. Si eres creyente, reconocer tus errores no cambia tu posición ante Dios, sino que aumenta tu paz con Dios.

UN ÚLTIMO PENSAMIENTO

¿Alguna vez has cometido un grave error y rehusaste decir que lo sentías? Probablemente te dio más indigestión que un atracón de hamburguesas triples. La confesión aclara todo eso. Mejores relaciones por fuera. Más paz por dentro.

Siempre se cosecha lo que se siembra.

[GÁLATAS 6:7]

EL INVERNADERO DEL CORAZÓN

Piensa por un momento en tu corazón como un invernadero. Vides verdes en lugar de válvulas y venas. Dividido en dos secciones de judías y tomates en vez de aurículas y ventrículos. ¿Qué tienen en común un invernadero y tu corazón? Ambos hay que gestionarlos.

Considera por un momento tus pensamientos como si fueran semillas. Algunos pensamientos se convierten en flores. Otros se convierten en malas hierbas. Siembra semillas de esperanza y disfruta del optimismo. Siembra semillas de duda y espera inseguridad.

La prueba está por dondequiera que mires. ¿Te has preguntado alguna vez cómo algunas personas se resisten a las ideas negativas y se mantienen pacientes, optimistas y perdonadoras? ¿Podría ser que diariamente siembran semillas de bondad y son capaces de disfrutar de la cosecha? ¿Te has preguntado alguna vez por qué otros tienen una actitud tan pesimista? Tú también la tendrías si tu corazón fuera un invernadero de malas hierbas y espinos.

Jesús es el jardinero maestro. Él sabe cuándo podar una vid y cuándo arrancar toda y desecharla. ¿Es el momento de dejarle hacer su trabajo en el invernadero de tu corazón?

UN ÚLTIMO PENSAMIENTO

Las plantas en un invernadero no crecen bien sin un buen cuidado. Ignóralas y morirán. Lo mismo ocurre con tu gato, tu pez o cualquier cosa viva, incluyendo tu corazón. Así que permite que entre el jardinero maestro. Siembra semillas de bondad. Y observa cómo crece tu jardín.

De inmediato se creó un vínculo entre ellos, pues
Jonatán amó a David como a sí mismo.

[1 SAMUEL 18:1]

BUENOS AMIGOS

J onatán y David eran muy buenos amigos. "De inmediato se
creó un vínculo entre ellos, pues Jonatán amó a David como
a sí mismo" (1 Samuel 18:1). Como si los dos corazones fueran
dos tejidos, Dios "los tejió y cosió" juntos. Estaban tan unidos
que cuando uno se movía, el otro lo sentía.

¿Tienes un amigo como Jonatán? ¿Alguien que te protege, que
solo ve por tus propios intereses, que no quiere otra cosa que tu
felicidad? ¿Un aliado que te deja ser tú? ¿Una persona con la que
te sientes segura? Dios le dio a David un amigo así.

Él también te dio uno. ¿Acaso no te ha hecho Jesús una promesa? "Y tengan por seguro esto: que estoy con ustedes siempre,
hasta el fin de los tiempos" (Mateo 28:20). ¿Acaso no te ha vestido? Él te ofrece "ropas blancas de mí, así no tendrás vergüenza por tu desnudez" (Apocalipsis 3:18). Cristo te viste con ropas
válidas para el cielo.

Haz una lista mental de todas las formas en que Él te muestra su ternura. Todo desde amaneceres hasta la salvación; mira
todo lo que tienes. Permite que Jesús se una a tu alma. Permítele
ser tu mejor amigo.

UN ÚLTIMO PENSAMIENTO

Una relación personal con Jesús es un poco distinta a tus otras
amistades. En primer lugar, no puedes *verlo* físicamente. A la
vez es cierto que está ahí, hablándote mediante sus palabras en
la Biblia, animándote mediante las acciones de otros. Así que
habla con Él. Ora con Él. Adórale. Verdaderamente Él puede
ser tu mejor amigo.

> Y Dios nos levantará de los muertos con su poder,
> tal como levantó de los muertos a nuestro Señor.
>
> [1 Corintios 6:14]

LLÉNALO DE FE

Has trabajado demasiado. Tienes poca energía. Agotado. ¿Qué haces cuando te quedas sin gasolina? La respuesta no es empujar el automóvil, y sin embargo eso es lo que haces. Detenerse a poner gasolina es de débiles.

Si estás haciendo horas extra cada día solo para seguir el ritmo, tienes que rellenarte con algo de supercarburante. Prueba algunas promesas de Filipenses, seis promesas de un libro de primera calidad:

"Y estoy seguro de que Dios, quien comenzó la buena obra en ustedes, la continuará hasta que quede completamente terminada" (1:6). "Pues, para mí, vivir significa vivir para Cristo y morir es aún mejor" (1:21). "No traten de impresionar a nadie. Sean humildes, es decir, considerando a los demás como mejores que ustedes" (2:3). "Quiero conocer a Cristo y experimentar el gran poder que lo levantó de los muertos. ¡Quiero sufrir con él y participar de su muerte!" (3:10). "Avanzo hasta llegar al final de la carrera para recibir el premio celestial" (3:14). "Pues todo lo puedo hacer por medio de Cristo, quien me da las fuerzas" (4:13).

Llena tu depósito con versículos como estos, y deja de intentar empujarte tú mismo. Dios puede hacer lo que tú no puedes.

UN ÚLTIMO PENSAMIENTO

Sabes que estás en problemas si decides que estás demasiado ocupado para orar o leer tu Biblia. Necesitamos este "carburante de la fe": es lo que nos mantiene funcionando. Intenta ir sin él y pronto descubrirás que estás varado en el arcén de la autopista de la vida.

En cambio, la clase de fruto que el Espíritu Santo produce en nuestra vida es: amor, alegría, paz, paciencia.

[GÁLATAS **5:22**]

EL FRUTO DE LA PACIENCIA

Los maestros parecen hablar sin fin. El fin de semana nunca llega enseguida. ¡La computadora tarda demasiado en encender!

Si te cuesta tener paciencia, puedes hacerte esta pregunta: ¿Cuán lleno estás de la paciencia de Dios? Has oído a tus padres hablar de ello. Lo has estudiado en la escuela dominical. Quizá has subrayado versículos bíblicos que la contienen. Pero ¿la has recibido? La prueba está en tu paciencia. La paciencia que se ha recibido bien, produce una paciencia que se ofrece gratuitamente.

Dios hace algo más que demandar paciencia de nosotros; nos la ofrece. La paciencia es un fruto de su Espíritu. Cuelga del árbol de Gálatas 5:22: "la clase de fruto que el Espíritu Santo produce en nuestra vida es: amor, alegría, paz, paciencia". ¿Le has pedido a Dios que te dé algo de este fruto? *Bueno, lo hice una vez, pero…*¿Pero qué? ¿Te, ejem, te impacientaste? Vuelve a pedírselo una y otra y otra vez. Él no se impacientará con tu súplica, y tú recibirás paciencia en tu oración.

UN ÚLTIMO PENSAMIENTO

En nuestro acelerado mundo, la paciencia es casi un arte perdido. No para Dios, no obstante. Él la incluye en los dones que nos ofrece el Espíritu Santo. Debe de ser importante, ¿verdad? Pensando en ello, mi vida va mucho mejor cuando practico la paciencia. ¿Qué tal la tuya?

Y este mundo se acaba junto con todo lo que
la gente tanto desea; pero el que hace lo que
a Dios le agrada vivirá para siempre.

[1 JUAN 2:17]

UN LUGAR PERFECTO

En el cielo estarás en tu mejor momento para siempre. Incluso ahora tienes tus momentos. Destellos ocasionales de tu yo celestial. Cuando cambias el pañal de tu hermanita, perdonas el mal genio de tu amigo o lavas el automóvil de tu papá, muestras trazos de santidad. Son los otros momentos los que amargan la vida. La lengua, afilada como una cuchilla. El temperamento tan amenazante como el monstruo de Frankenstein. Esas partes te desgastan.

Pero Dios bloquea las imperfecciones en la puerta del cielo. Su luz silencia el hombre lobo interior. "No se permitirá la entrada a ninguna cosa mala" (Apocalipsis 21:27). Haz una pausa y deja que esta promesa te cale. ¿Puedes visualizar tu existencia libre de pecado?

¡Serás tú en tu mejor versión para siempre! ¡Y disfrutarás de todos los demás en su mejor estado! Cristo habrá terminado su obra redentora. Todo chisme y celos serán quitados. La última gota de mal humor será succionada. Te encantará el resultado. Nadie dudará de tu palabra, cuestionará tus motivos o hablará mal de ti por la espalda.

El cielo es un lugar perfecto de personas perfeccionadas con nuestro perfecto Señor.

UN ÚLTIMO PENSAMIENTO

Los días cuando nada parece ir bien (se pincha una rueda, se te olvidan los deberes, te frustran tus amigos) es bonito saber que todo esto es temporal. Un lugar mejor, de hecho perfecto, está listo para nosotros. No sé tú, pero yo no me puedo aguantar.

ABRIL

**Pues yo sé los planes que tengo para ustedes
—dice el Señor—. Son planes para lo bueno y no para
lo malo, para darles un futuro y una esperanza.**

[JEREMÍAS **29:11**]

Tú creaste las delicadas partes internas de mi cuerpo
y me entretejiste en el vientre de mi madre.

[Salmos **139:13**]

ENTRETEJIDO CON AMOR

En mi armario tengo un suéter que me pongo en contadas ocasiones. Es demasiado pequeño. Debería deshacerme de ese suéter. Pero el amor no me deja.

Es la creación de una madre dedicada expresando su amor. *Mi* madre. Cada hebra fue escogida con afecto. Es valioso no por su función sino por quién lo hizo.

Eso debió de ser lo que el salmista tenía en mente cuando escribió: "me formaste en el vientre de mi madre" (Salmos 139:13, NVI). Piensa en esas palabras. Fuiste entretejido. No eres un accidente. No fuiste producido en masa. No eres el producto de una cadena de montaje.

No eres ninguna inocentada. Fuiste planeado deliberadamente, dotado específicamente y tiernamente posicionado en esta tierra por el Maestro artesano. Cuando Él te mira, no ve un trozo vulgar de barro. Él ve una hermosa obra de arte, únicamente modelada según su amoroso diseño.

UN ÚLTIMO PENSAMIENTO

Piensa en algo en lo que hayas trabajado mucho, mucho. Una escultura de arcilla. Una redacción. Una canción. Después de invertir mucho de tu tiempo en ello, ¿no es mucho más importante para ti? Así es como Dios se siente contigo. Él te moldeó con gran amor y cuidado.

> Asegúrense de que ninguno pague mal por mal, más bien siempre traten de hacer el bien entre ustedes y a todos los demás.
>
> [**1 Tesalonicenses 5:15**]

"SON MIS AMIGOS"

A migos. No hay nada como un buen rato con tus mejores amigos. Tus amigos pueden ser el pegamento que te hace sobrevivir al día a día, pegándose a ti cuando el mundo parece estar en tu contra. Pero cuando esas relaciones se vuelven amargas, todo parece ir mal. Duele cuando los amigos no se llevan bien.

Jesús entiende el desafío. Él vino para construir relaciones con la gente. Vino para llevarse los sentimientos hostiles, el conflicto y el aislamiento que existían entre Dios y el hombre. Una vez que venció eso, dijo: "Ustedes ahora son mis amigos" (Juan 15:15).

Al reparar una relación, es esencial darse cuenta de que ninguna amistad es perfecta y ninguna persona es perfecta. Si decides que vas a hacer que una relación funcione, puedes desarrollar tratados de paz de amor, aceptación y armonía para cambiar una situación difícil en algo hermoso. Jesús fue malentendido y rechazado, y sin embargo persistió pacientemente para seguir formando relaciones con sus seguidores. ¿No podemos tú y yo hacer lo mismo?

UN ÚLTIMO PENSAMIENTO

¿Qué es lo que más te gusta de tus mejores amigos? ¿Su lealtad? ¿Su disposición a escuchar? ¿Su actitud alegre? ¿Su loco sentido del humor? Sea lo que sea, recuerda esas cualidades cuando se encuentren luchando. Una buena amistad no es algo para tirar por la borda.

Por tu causa siempre nos llevan a la muerte.

[ROMANOS 8:36, NVI]

LA VOZ DE LA AVENTURA

Hay emoción y asombro en la vida. Persíguelo. Cázalo. Disponte a conseguirlo. Tu meta no es vivir mucho; es vivir.

Jesús dice que las opciones son claras. En un lado está la voz de la seguridad. Puedes encender la chimenea de tu hogar, quedarte dentro y estar calentito y seco. No te caerás si no te posicionas, ¿verdad? No puedes perder el equilibrio si nunca escalas, ¿correcto? Así que no lo intentes. Ve por la ruta segura.

O puedes oír la voz de la aventura: la aventura de Dios. En lugar de encender un fuego en tu chimenea, enciende una hoguera en tu corazón. Sigue los impulsos de Dios. Habla con la chica con la que nadie habla. Ofrécete como voluntario en la residencia de ancianos. Haz las pruebas para el equipo. Organiza un estudio bíblico. Preséntate como candidato a presidente de la escuela. Marca la diferencia. Claro, no es algo seguro, pero ¿qué es?

Jesús no jugó a lo seguro. Murió en una cruz por ti. Permítele guiarte a tu propio destino inspirado por Dios.

UN ÚLTIMO PENSAMIENTO

¿Te acuerdas cuando eras pequeño, que explorabas todas las estanterías a las que alcanzabas? Todos hemos nacido con una necesidad dada por Dios de estirarnos y aprender y descubrir. Tristemente, muchos de nosotros dejamos de hacerlo. Pero no tiene por qué ser así, y no debería ser así. Tomar riesgos para Dios le da a Él la gloria.

Los ojos del Señor están sobre los que hacen lo bueno,
y sus oídos están abiertos a sus oraciones. Pero el
Señor aparta su rostro de los que hacen lo malo.

[1 Pedro 3:12]

HABLEMOS CON JESÚS

¿Qué haces cuando te quedas sin gasolina? Quizá no has tenido nunca este problema, pero todos nos quedamos sin algo. Necesitas amabilidad, pero el medidor está en vacío. Necesitas esperanza, pero la aguja está en la zona roja. Quieres cinco galones de soluciones pero solo encuentras unas gotitas.

Mi primer pensamiento cuando me quedo sin combustible es: *¿Cómo puedo llevar este automóvil hasta una gasolinera?* Tu primer pensamiento cuando tengas un problema debería ser: *¿Cómo puedo llevar este problema a Jesús?*

Seamos prácticos. Tú y un buen amigo están a punto de luchar de nuevo. Los truenos amenazan por el horizonte. Ambos necesitan paciencia, pero los tanques de ambos están vacíos. ¿Qué tal si uno de los dos dice: "Tiempo muerto"? ¿Qué tal si uno de los dos dice: "Hablemos con Jesús antes de hablar entre nosotros. De hecho, hablemos con Jesús hasta que podamos hablar entre nosotros"?

No les hará daño. A fin de cuentas, Él derribó los muros de Jericó. Quizá podría hacer lo mismo con los de ustedes.

UN ÚLTIMO PENSAMIENTO

¿Acaso no tiene sentido? Jesús ya sabe por lo que estás pasando. Él tiene bastante experiencia tratando con las personas y sus problemas. Él te ama y quiere ayudarte. ¿Por qué no hablar con Él de cada dilema y crisis? Él te está escuchando ahora mismo.

El Señor los ha dotado de un talento especial.

[ÉXODO 35:35]

EQUIPADOS PARA UN PROPÓSITO

Tú naciste equipado. Dios vio toda tu vida, decidió tu tarea y te dio las herramientas para hacer el trabajo.

Antes de viajar, tú haces algo similar. Piensas en las demandas de tu viaje y te preparas en consecuencia. ¿Hará frío? Llevas una chaqueta. ¿Trabajo de clase? Llevas la computadora portátil. ¿Tiempo con tu amigo al que le encanta correr? Mejor que lleves una zapatillas de deporte y una botella de agua.

Dios hizo lo mismo contigo. *Joe investigará a los animales…instalo la curiosidad. Meagan dirigirá una escuela privada…una dosis extra de gestión. Necesito que Eric consuele a los enfermos…incluyo una dosis buena de compasión. Denalyn se casará con Max…instalo una porción doble de paciencia.*

Dios tiene un plan maravilloso en mente para ti. Pero no te enviaría a esa expedición sin la preparación pertinente. Él te equipó a propósito para un propósito.

UN ÚLTIMO PENSAMIENTO

¿Cómo te ha equipado Dios para tu vida? Escribe algunas de las "herramientas" que te ha dado. ¿Cómo podrías usar tus talentos y dones para servir a sus propósitos? Habla de ello con tu padre, madre o amigo; después ora al respecto con Dios.

Dios ha puesto todo bajo la autoridad de Cristo,
a quien hizo cabeza de todas las cosas
para beneficio de la iglesia.

[EFESIOS 1:22]

EL CENTRO DEL UNIVERSO

Dando un leve golpecito al hombro colectivo del universo, Dios señala al Hijo, su Hijo, y dice: "Contempla el centro de todo".

Cuando Dios mira al centro del universo, no te ve a ti. Cuando los tramoyistas del cielo dirigen el foco de luz hacia la estrella del espectáculo, no necesito unas lentes de sol. Ninguna luz cae sobre mí.

Órbitas menores, eso somos nosotros. Apreciados. Valorados. Muy queridos. ¿Pero centrales? ¿Esenciales? ¿Claves? No. Lo siento. El mundo no gira alrededor de nosotros. Nuestra comodidad no es la prioridad de Dios. Si lo es, algo va mal. Si somos la carpa del evento, ¿cómo explicamos los desafíos de la tierra como la muerte, la enfermedad, el desplome de la economía o los terremotos? Si Dios existe para agradarnos, entonces ¿no deberíamos estar siempre satisfechos?

¿Podría estar ordenado un cambio cósmico? Quizá nuestro lugar no sea en el centro del universo. Dios no existe para hacer de nosotros la gran cosa. Nosotros existimos para hacer que Él sea lo máximo. No se trata de ti. No se trata de mí. Se trata de Él.

UN ÚLTIMO PENSAMIENTO

Tenemos un pequeño problema con esto, ¿no lo crees así? Queremos que el foco de luz nos alumbre a nosotros. Queremos toda la atención de nuestra familia y amigos, y también la de Dios, ahora que lo pienso. Pero ¿quién creó a quien? Podría ser una buena idea, ahora mismo, ponerte de rodillas y adorar a Aquel que es el centro del universo.

Siempre recuerda que Jesucristo...fue levantado de los muertos; ésta es la Buena Noticia que yo predico.

[2 Timoteo 2:8]

RECUERDA A JESÚS

Pablo estaba en la cárcel en Roma y sabía que su ejecución estaba cercana. En una carta escrita al alcance del oído del filo de la hoja que cortaría su cabeza, Pablo animó a Timoteo a recordar. Casi podemos ver al viejo guerrero sonriendo mientras escribía las palabras: "Recuerda que Jesucristo...fue levantado de los muertos; ésta es la Buena Noticia que yo predico" (2 Timoteo 2:8).

Cuando las cosas se pongan difíciles, recuerda a Jesús. Cuando la gente no escuche, recuerda a Jesús. Cuando broten las lágrimas, recuerda a Jesús. Cuando la decepción sea tu patrón, recuerda a Jesús.

Recuerda a los enfermos que fueron sanados con sus manos callosas. Recuerda a los muertos que salieron de la tumba con un acento galileo. Recuerda los ojos de Dios que derramaron lágrimas humanas. Recuerda a Jesús, la razón por la que un prisionero pudo predicar la Buena Noticia justo antes de su ejecución; y la razón por la que nosotros podemos hablar acerca de la Buena Noticia a pesar de la crisis que estemos enfrentando.

UN ÚLTIMO PENSAMIENTO

Cuando llegan las malas noticias o los malos momentos, nuestra mente por lo general se espesa. Los recuerdos se pierden junto con todo lo demás. Si recuerdas algo durante tu peor momento, que sea esto: la buena noticia de que Jesucristo fue a la cruz por ti.

Que te alabe otro y no tu propia boca.

[Proverbios 27:2]

¡PRESUME DE ESO!

D emandar respeto es como perseguir a una mariposa. Persíguela, y nunca la atraparás. Siéntate, y quizá se pose en tu hombro. Los que hablan de su necesidad de ser respetados son personas con una cabeza mayor que su tamaño de sombrero. Sus esfuerzos por lanzar su posición aparecen como una vacía fanfarronería.

El filósofo francés Blaise Pascal preguntó: "¿Quieres que la gente hable bien de ti? Entonces nunca hables bien de ti". Quizá por eso la Biblia dice: "Que te alabe otro y no tu propia boca".

¿Sientes la necesidad de afirmación? ¿Necesita tu autoestima algo de atención? No tienes que dar pistas o presumir. Solo tienes que detenerte en la base de la cruz y recordar esto: el hacedor de las estrellas prefirió morir por ti antes que vivir sin ti. Y eso es un hecho. Así que si necesitas presumir, presume de eso.

UN ÚLTIMO PENSAMIENTO

¿Has estado alguna vez con personas que siempre hablan de sí mismas? ¿Qué siempre intentan quedar bien ante los demás? No seas uno de ellos. Tú tienes al Señor que te ama eternamente. Presume de ello, y deja que toda la otra jactancia sea para los demás.

Que el Señor les guíe el corazón a un entendimiento total y a una expresión plena del amor de Dios, y a la perseverancia con paciencia que proviene de Cristo.

[**2 Tesalonicenses 3:5**]

¡ÁNIMO!

La mayoría no siempre tiene razón. Si la mayoría hubiera gobernado, el pueblo de Israel nunca habría salido de Egipto. Se habrían quedado en esclavitud por votación. Si la mayoría hubiera gobernado, David nunca habría luchado contra Goliat. Sus hermanos habrían votado que se quedara con las ovejas. ¿Cuál es el punto? En vez de escuchar a la mayoría, debes escuchar a tu propio corazón y hacer lo que sabes que es correcto.

Dios dice que estás de camino a ser discípulo cuando puedes hacer el bien y mantener un corazón puro. "¿Quién puede estar en su lugar santo? Sólo el de manos limpias y corazón puro" (Salmos 24:3-4, nvi).

¿Alguna vez te preguntas si todo saldrá bien mientras tú lo hagas todo bien? ¿Alguna vez intentas hacer algo bien y sin embargo nada parece salir como lo habías planeado? Ánimo. Cuando la gente hace lo correcto, sin importar lo que diga la mayoría, Dios se acuerda.

UN ÚLTIMO PENSAMIENTO

Lo hacemos continuamente: levantamos nuestra mano o votamos para tomar una decisión o expresar una opinión. A veces, sin embargo, nuestro corazón no está de acuerdo con la decisión de la mayoría. ¿Es algo muy importante? Solo cuando la mayoría va en contra de las normas de Dios. Él es la mayoría de Uno.

Y yo le pediré al Padre, y él les dará otro Abogado Defensor, quien estará con ustedes para siempre.

[JUAN **14:16**]

NUESTRO SANTO AYUDADOR

Por la manera en que nos asustamos al vislumbrar el cambio, pareciera que estaban cayendo bombas.

"¡Sálvese quien pueda! ¡Llega la graduación!".

"¡Suban a las mujeres y los niños al autobús, y diríjanse al norte. Nuestra hamburguesería favorita va a cerrar!".

El cambio catapulta nuestras vidas, y cuando lo hace, Dios envía alguien especial para estabilizarnos. En la víspera de su muerte, Jesús les hizo a sus seguidores esta promesa: "Sin embargo, cuando el Padre envíe al Abogado defensor como mi representante —es decir, al Espíritu Santo—, él les enseñará todo y les recordará cada cosa que les he dicho". Les dejo un regalo: paz en la mente y en el corazón. Y la paz que yo doy es un regalo que el mundo no puede dar" (Juan 14:26-27).

Como una maestra saliente presentaría a su clase a su suplente, así Jesús nos presenta al Espíritu Santo. Y qué buen respaldo da. Jesús llama al Espíritu Santo su "representante". El Espíritu viene en el nombre de Cristo, con la misma autoridad y un poder idéntico.

No afrontamos solos los cambios. El Espíritu es nuestro santo Ayudador.

UN ÚLTIMO PENSAMIENTO

Así, ¿qué es exactamente el Espíritu Santo? Bueno, Él es... espíritu. Piensa en Él como piensas en Jesús: alguien que te ama, te guía, que lo da todo por ti. Alguien santo, de Dios y con Dios. Él es un maestro y amigo que nos da paz mental, ¡eso sí es un regalo!

Trabajen con entusiasmo, como si lo hicieran
para el Señor y no para la gente.

[EFESIOS 6:7]

TRABAJEN PARA AGRADAR A DIOS

¿**Q**ué tal si todo el mundo trabajara con Dios en mente? Imagínate que nadie trabajara para satisfacerse a sí mismo o para conseguir más dinero sino que todos trabajaran para agradar a Dios.

Muchas ocupaciones cesarían instantáneamente: tráfico de drogas, robos, prostitución, dirección de clubes nocturnos y casinos. Ciertas carreras, por naturaleza, no pueden agradar a Dios. Estas terminarían. Ciertas conductas también terminarían. Si estoy reparando un automóvil para Dios, no voy a cobrar en exceso a sus hijos. Si estoy pintando una pared para Dios, ¿piensas que voy a usar una pintura más fina para abaratar el trabajo? No.

Imagínate que todo el mundo trabajase como si Dios estuviera mirando. Cada maestro, esperanzado. Cada jefe, concienzudo. Cada oficial, cuidadoso. Cada entrenador, perspicaz. Cada vendedor, agradable. Cada abogado, habilidoso. Quizá trabajarías esforzándote un poco más, y hablando un poco más amablemente.

¿Imposible? No del todo. Lo único que necesitamos es que alguien comience una revolución mundial. Puede que tengamos que ser nosotros.

UN ÚLTIMO PENSAMIENTO

Dios **está** mirando lo que decimos y hacemos, no como un juez rígido sino como un Padre amoroso. Después de todo lo que ha hecho por nosotros, ¿nos perjudicaría intentar agradarle? ¿Poner una sonrisa en su rostro? Inténtalo. Verás que es el servicio más satisfactorio de todos.

No empleen un lenguaje grosero ni ofensivo. Que todo lo que digan sea bueno y útil, a fin de que sus palabras resulten de estímulo para quienes las oigan.

[EFESIOS **4:29**]

PALABRAS DE ÁNIMO

En muchos hogares el desánimo es el lenguaje que todos hablan. El hogar es una zona de guerra, y los guerreros tienen apodos como Estúpido, Idiota, Tonto y Dolor de cabeza. Las balas y la metralla contaminan su vida.

En otros hogares, las familias siguen el espíritu del tono occidental de "Hogar del espacio vital". Ahí, es muy raro oír una palabra de desánimo. La gente esconde sus heridas con sonrisas en sus rostros. Quizá la razón por la que apenas se oyen palabras de desánimo es porque apenas se habla. El silencio es mortal.

Otros hogares rebosan ánimo. Todos creen en el otro, apoyan al otro, edifican, refrescan. Palmadas en la espalda. Notas en las mochilas. Cartas de amor bajo la almohada. Corazones expresados. Oraciones.

¿En qué hogar preferirías vivir?

Tú puedes ser la primera persona en permitir que las flores con dulce aroma de amor florezcan en tu hogar. Comienza con devolver un comentario enojado con unas pocas palabras de ánimo.

UN ÚLTIMO PENSAMIENTO

Las palabras son poderosas. Si has estado en el otro lado de la hiriente crítica, sabes de lo que estoy hablando. ¿Transformará un comentario positivo a tu familia? Probablemente no, pero sigue intentándolo. Nadie puede resistirse al poder del ánimo.

Fue despreciado y rechazado: hombre de dolores, conocedor del dolor más profundo.

[IsAíAS 53:3]

NUNCA FUE MÁS HUMANO

La escena es muy simple; la reconocerás rápidamente. Una arboleda de olivos retorcidos. El terreno lleno de grandes piedras. Una muralla bajita de piedras. Una noche oscura, muy oscura.

¿Ves esa silueta solitaria? Tirada en el suelo. La cara manchada de tierra y lágrimas. Los puños golpeando la tierra dura. Los ojos abiertos con una mirada de temor. El cabello apelmazado con sudor salado. ¿Es sangre lo que tiene en su frente?

Es Jesús. Jesús en el huerto de Getsemaní (Lucas 22:44).

Vemos un Jesús agonizante, tirado y luchando. Vemos un "varón de dolores". Vemos un hombre luchando con el temor, luchando con los compromisos y anhelando alivio.

Ver a Dios así hace maravillas para nuestro propio sufrimiento. Dios nunca fue más humano que en ese momento. Dios nunca estuvo más cerca de nosotros que cuando sufrió. Como nosotros, fue despreciado y rechazado. Él entiende las agonías que sufrimos porque Él mismo ha pasado por ello.

UN ÚLTIMO PENSAMIENTO

A menudo decimos a los amigos que entendemos por lo que están pasando, pero ¿es cierto? A menos que tu propio padre haya perdido su trabajo, ¿cómo puedes saber cómo se siente una familia cuando de repente se queda sin salario? Sin embargo, Jesús sí entiende. Él ha sentido cada dolor que tengas, y está caminando contigo en los tuyos ahora mismo.

No, amados hermanos, no lo he logrado, pero me concentro sólo en esto: olvido el pasado y fijo la mirada en lo que tengo por delante, y así avanzo hasta llegar al final de la carrera para recibir el premio celestial al cual Dios nos llama por medio de Cristo Jesús.

[FILIPENSES 3:13-14]

AGUANTA EN LA CARRERA

En 1952, Florence Chadwick intentó nadar por las frías aguas del océano entre Isla Catalina y la costa de California. Ella nadó con un tiempo nublado y unos mares agitados durante quince horas. Sus músculos comenzaron a acalambrarse y su decisión se debilitó. Rogó que la sacaran del agua, así que los ayudantes la subieron al barco. Avanzaron unos minutos más, la neblina desapareció, y Florence descubrió que la orilla estaba a menos de media milla. "Solo podía ver la niebla", explicó después. "Creo que si hubiera podido ver la costa, lo habría conseguido".[5]

Echa una larga mirada a la orilla que te espera. No te dejes engañar por la niebla. La meta puede que esté a unas pocas brazadas. Dios puede estar, en este momento, levantando su mano para dirigir una canción de victoria. Los ángeles quizá se preparan, los santos se reúnen, los demonios tiemblan. ¡Aguanta ahí! Aguanta en el agua. Aguanta en la carrera. Aguanta en la lucha. Perdona, una vez más. Sé generoso, una vez más. Estudia para un examen más, anima a un amigo más, nada una brazada más.

UN ÚLTIMO PENSAMIENTO

Todos tenemos momentos en que nos confunde la "niebla" que esconde cosas buenas que están justo más allá de nuestros ojos. La próxima vez que estés en la niebla, saca tu Biblia, y enumera algunas de las promesas de Dios para ti. Quizá te espera un futuro mejor, lleno de Dios, en el horizonte.

Es mi deseo que experimenten el amor de Cristo, aun cuando es demasiado grande para comprenderlo todo. Entonces serán completos con toda la plenitud de la vida y el poder que proviene de Dios.

[EFESIOS 3:19]

NO FUE JUSTO; FUE AMOR

Te enojas cuando la vida no es justa. Cuando alguien se cuela en la fila. Cuando el entrenador favorece a un jugador en detrimento de otro. Cuando el que ha copiado recibe una buena calificación y tú no.

Pensando en ello, no fue justo cuando los clavos atravesaron las manos que formaron la tierra. Y no fue justo que el Hijo de Dios fuera obligado a oír el silencio de Dios. No fue justo, pero ocurrió.

Mientras Jesús estaba en la cruz, Dios se sentó en sus manos. Dio su espalda. Ignoró los gritos del inocente. Se sentó en silencio mientras los pecados del mundo eran colocados sobre su Hijo. Y no hizo nada mientras un grito retumbaba en el cielo negro: "Dios mío, Dios mío, ¿por qué me has desamparado?".

¿Estuvo eso bien? No. ¿Fue justo? No. ¿Fue amor? Sí. La vida quizá sea injusta, pero el amor de Dios por nosotros abruma la cosa más injusta en la que podamos pensar. Jesús conoce la injusticia. Él la venció con amor.

UN ÚLTIMO PENSAMIENTO

Piensa en las veces que te han tratado injustamente. Te enfurece un poco, ¿verdad? Te hace querer enseñarle a alguien alguna lección, ¿cierto? Pero piensa en cómo Jesús respondió al evento más injusto de la historia. ¿Estaba furioso? ¿Respondió con venganza? No. Su respuesta fue amor.

Pues Dios ofreció a Jesús como
el sacrificio por el pecado.

[ROMANOS 3:25]

"CRISTO MURIÓ POR MÍ"

B arrabás estaba en la cárcel por rebelión y asesinato, pero el gobernador romano dijo que soltaría a un prisionero. Cuando la multitud clamó que Jesús fuese ejecutado, Barrabás se convirtió en el preso perdonado. No se nos dice cómo respondió Barrabás al regalo de la libertad. Quizá se mofó por orgullo o la rehusó por vergüenza. No lo sabemos. Pero puedes decidir lo que harás con la tuya. Personalízalo.

Mientras la cruz sea el regalo de Dios para el mundo, te tocará pero no te cambiará. Por muy satisfactorio que resulte gritar: "¡Cristo murió por el mundo!", es más dulce aún susurrar: "Cristo murió por *mí*". "Él ocupó *mi* lugar en la cruz". "Él llevó *mis* pecados, *mi* frío y cruel corazón". "Mediante la cruz *me* reclamó, limpió y llamó". "Él sintió *mi* vergüenza y pronunció *mi* nombre".

Dale gracias a Dios por el día en que la gracia cayó sobre ti. Dale gracias a Jesús por dar su vida por la tuya, el mejor intercambio que harás jamás.

UN ÚLTIMO PENSAMIENTO

Haces intercambios continuamente. Con tus amigas, un par de pendientes por otros. Con el dependiente de la tienda, tus cincuenta dólares por su videojuego. Pocos de estos intercambios te cambiarán. Ninguno significará más que el que Jesús te ofrece: su vida en la tierra por tu vida en el cielo. Es el trato que no te debes perder.

Juan vio que Jesús se le acercaba y dijo:
¡Miren! ¡El cordero de Dios,
que quita el pecado del mundo!

[JUAN 1:29]

NO UN ACCIDENTE

Jesús nació crucificado. Siempre que recordaba quién era, también recordaba lo que tenía que hacer. La sombra con forma de cruz siempre se veía. Y los gritos de la gente prisionera del pecado siempre se oían.

Esto explica la determinación en su rostro mientras se dirigía a Jerusalén por última vez. Iba en su marcha de muerte (Lucas 9:51). Esto explica la firmeza de sus palabras: "El Padre me ama, porque sacrifico mi vida para poder tomarla de nuevo. Nadie puede quitarme la vida sino que yo la entrego voluntariamente en sacrificio" (Juan 10:17-18).

Así que llámalo como quieras: Un acto de gracia. El sacrificio de un mártir. Pero lo llames como lo llames, no lo llames un accidente. Las cosas no le "ocurrían" a Jesús. Siguiendo la voluntad de Dios, Él cambió nuestra historia. Era el plan de Dios desde el principio.

UN ÚLTIMO PENSAMIENTO

Nuestra vida puede parecernos a veces aleatoria. Las cosas, como dicen, ocurren. Pero no hay nada aleatorio en la muerte de Jesús en la cruz y lo que eso significa para nuestro futuro con Él. Nadie puede cambiar los planes de Dios.

Cuando vio a las multitudes, les tuvo
compasión, porque estaban confundidas y
desamparadas, como ovejas sin pastor.

[MATEO 9:36]

ÉL COMPRENDE

Yo no lo entiendo. Honestamente no puedo entenderlo. ¿Por
qué murió Jesús en la cruz? Oh, ya sé, ya sé. He oído las respuestas oficiales. "Para satisfacer la antigua ley". "Para cumplir
la profecía". Y estas respuestas están bien. Son correctas. Pero
hay algo más aquí. Algo muy compasivo. Algo anhelante. Algo
personal.

¿Qué es?

¿Podría ser que su corazón se rompió por todas las personas
que alzaban sus ojos de desesperación hacia el cielo oscuro y
clamaban el mismo "¿Por qué?". ¿Podría ser que su corazón se
rompía por los que sufren?

Le imagino inclinándose a los heridos. Le imagino escuchando. Imagino sus ojos llorosos y una mano atravesada enjugando
una lágrima. El que una vez también estuvo solo entiende.

UN ÚLTIMO PENSAMIENTO

La próxima vez que estés dolido o tambaleándote por un corazón roto, quizá estás ahí ahora mismo, habla de ello con Jesús.
Permítele enjugar tus lágrimas. Si alguien conoce el rechazo, la
traición, el dolor y un corazón que necesita ser curado, es Él.

Busquen el reino de Dios por encima de todo lo demás, y él les dará todo lo que necesiten.

[Lucas 12:31]

LO QUE NECESITAMOS

A veces a Dios le conmueve tanto lo que ve, que nos da lo que necesitamos y no simplemente lo que pedimos. Es algo bueno. ¿Pues quién pensaría jamás pedirle a Dios por lo que Él da? ¿Quién de nosotros se hubiera atrevido a decir: "Dios, ¿podrías ir a un instrumento de tortura como sustituto por cada error que haya cometido?". Y después tener la sangre fría de añadir: "Y después de que me perdones, ¿podrías prepararme un lugar increíble en el cielo para vivir contigo para siempre?".

Y si no fuese suficiente con eso: "¿Y podrías por favor vivir dentro de mí y protegerme y guiarme y bendecirme con mucho más de lo que pueda imaginar?". Honestamente, ¿tendríamos el valor de pedir eso?

Jesús ya sabe lo que necesitamos. Él sabe el costo de la gracia. Él ya sabe cuál es el precio del perdón. Lo es todo. Pero nos lo ofrece igualmente.

UN ÚLTIMO PENSAMIENTO

Dios es así. Pedimos que desaparezca el dolor después de una ruptura, y Él nos da una amigo para toda la vida con quien compartir todas nuestras luchas. Pedimos un día bueno, y Él nos ofrece vida eterna con Él. Más de lo que pedimos. Todo lo que necesitamos.

Ha resucitado tal como dijo que sucedería. Vengan,
vean el lugar donde estaba su cuerpo.

[MATEO 28:6]

LA TUMBA VACÍA

Seguir a Cristo demanda fe, pero no una fe ciega. Echa un vistazo a la tumba vacía. ¿Sabías que los oponentes de Cristo nunca desafiaron que estuviera vacía? Ningún fariseo ni soldado romano guió jamás a ningún grupo al lugar de su sepultura y declaró: "El ángel estaba equivocado. El cuerpo está aquí. Era todo un rumor".

Lo habrían hecho si hubieran podido. En semanas, los discípulos ocuparon todas las esquinas de Jerusalén, anunciando a un Cristo resucitado. ¿Qué forma más rápida para los enemigos de la iglesia de callarlos que producir un cuerpo frío e inerte? Pero no tenían cadáver que mostrar.

No es de extrañar que en Jerusalén hubiera un avivamiento. Cuando los apóstoles argumentaron lo de la tumba vacía, las personas miraban a los fariseos para negarlo. Pero ellos nunca lo hicieron. Como dijo hace mucho tiempo A. M. Fairbairn: "¡El silencio de los judíos es tan elocuente como el discurso de los cristianos!".

UN ÚLTIMO PENSAMIENTO

¿No se reduce todo a esto? Jesús dijo que resucitaría al tercer día. Fue crucificado públicamente en una cruz, su cuerpo fue sellado en una tumba. Y al tercer día, se levantó para reunirse de nuevo con sus amigos. ¿Necesita tu fe alguna cosa más?

Pues Dios hizo que Cristo, quien nunca pecó, fuera la ofrenda por nuestro pecado, para que nosotros pudiéramos estar en una relación correcta con Dios.

[2 Corintios 5:21]

EL SACRIFICIO DE DIOS

¿Cuándo fue la última vez que te sacrificaste? ¿Quizá dejaste de ver una película por la noche para hacer de cuidadora para una amiga? ¿O le diste tu sándwich a alguien que había olvidado el suyo? La mayoría de nuestros sacrificios no nos cuestan mucho. Dios, por el contrario, entregó lo que más quería.

Cuando Dios nos dio a su Hijo, su Hijo renunció al cielo. Intenta imaginarte ese sacrificio. ¿Qué tal si dejaras tu casa para ser un indigente o dejaras la raza humana para convertirte en un mosquito? ¿Sería eso comparable a que Dios se hiciera hombre?

Después está Cristo en la cruz. Aunque no tenía pecado, pagó el precio por nuestro pecado asumiéndolo sobre sí mismo. Siempre hemos sido pecadores, así que ¿puede alguno de nosotros entender este sacrificio?

Yo nunca he entregado a mi hija a personas malas. Puede que diera una parte de mí para ayudar a gente mala, pero ¿sacrificar a una de mis hijas? De ninguna manera. Aunque supiera que la volvería a ver, no lo haría. Pero Dios lo hizo. A mí me parece que Dios dio más de lo que jamás podríamos haber pedido.

UN ÚLTIMO PENSAMIENTO

Piensa en esto durante un minuto. ¿Podrías renunciar a tus seres queridos? Solo estar separado de ellos ya es doloroso. Después añade su terrible sufrimiento y dolor. Eso es sacrificio. Ese es el enorme e inagotable amor de Dios por nosotros.

Pues todo hijo de Dios vence a este mundo de maldad.

[1 JUAN 5:4]

HAZ LO CORRECTO

Te impacientas con tu propia vida, intentando entender el álgebra o controlar tu lengua, y en tu frustración comienzas a preguntarte dónde está el poder de Dios. Sé paciente. Dios está usando las dificultades de hoy para fortalecerte para mañana. Él te está *preparando*. El Dios que hace que crezcan todas las cosas también a ti te ayudará a crecer.

Piensa en el hecho de que Dios vive en ti. Piensa en el poder que te da vida. Saber que Dios está en ti puede cambiar los lugares a los que quieres ir y las cosas que quieres hacer hoy.

Haz lo correcto esta semana, sea lo que sea, cualquier cosa que se cruce en tu camino, cualquier problema y dilema que enfrentes, sencillamente haz lo correcto. Quizá nadie más hace lo correcto, pero tú haz lo correcto. Sé honesto. Toma una postura. Sé veraz. A fin de cuentas, al margen de lo que hagas, Dios hace lo correcto: Él te salva con su gracia.

UN ÚLTIMO PENSAMIENTO

Paciencia. Poder. Carácter. Es una combinación increíble. Mézclalo con una gran dosis de fe en un Dios dador de gracia, y serás un vencedor, de camino a cumplir su plan para ti. Solo recuerda que quizá no ocurra hoy.

"La paz sea con ustedes".

[JUAN 20:19]

JESÚS OFRECE PAZ

La iglesia de Jesucristo comenzó con un grupo de hombres aterrados en un segundo piso en Jerusalén.

Estuvieron con Jesús durante tres años, pero ahora que estaba crucificado, se juntaban en secreto, temerosos de que les identificasen como seguidores de Cristo. Eran soldados tímidos, guerreros reticentes, mensajeros sin palabras. Atreviéndose a soñar que el maestro les había dejado alguna palabra, algún plan, alguna dirección, regresaron. Pero poco se imaginaban ellos que su sueño más salvaje no era nada salvaje. Justo cuando alguien masculla: "Es inútil", oyen un ruido. Oyen una voz: "La paz sea con ustedes".

El traicionado buscó a sus traidores. ¿Qué les dijo? No fue: "¡Vaya grupo de fracasados!". No: "Ya se lo había dicho". No: "¿Dónde estaban cuando más los necesitaba?", ni mensajes parecidos. Simplemente una frase: "La paz sea con ustedes". Esa misma cosa que no tenían era lo que Él les ofrecía: paz.

Él nos ofrece hoy lo mismo.

UN ÚLTIMO PENSAMIENTO

¿Cuándo tienes más temor? ¿Cuando el maestro reparte el examen? ¿Cuando las personas populares pasan junto a ti? ¿Cuando piensas en el futuro? Incluso en tus momentos de más temor, Jesús está contigo, ofreciéndote una paz que no puedes encontrar en ningún otro lugar.

Si ustedes han sido compasivos, Dios será
misericordioso con ustedes cuando los juzgue.

[Santiago 2:13]

TAN SOLO ESTAR AHÍ

Nada puede sustituir a tu presencia. Los correos electrónicos están bien. Las llamadas son especiales. Pero estar ahí en carne envía un mensaje.

Cuando la esposa de Albert Einstein murió, su hermana Maja se mudó con él. Durante catorce años cuidó de él, facilitando con ello que su valiosa investigación continuara. En 1950 sufrió un paro cerebral y entró en coma. A partir de entonces, Einstein pasaba dos horas cada tarde leyéndole en voz alta. Ella no daba señales de entender sus palabras, pero él seguía leyendo. Si ella hubiera entendido algo con su gesto, habría entendido esto: él creía que ella merecía la pena su tiempo.

¿Crees en tu familia? Entonces haz acto de presencia. Asiste cuando tu hermano y tu hermana tengan partidos. ¿Crees en tus amigos? Entonces haz acto de presencia. Asiste a sus conciertos cuando toquen un solo y acompáñalos cuando estén enfermos. ¿Quieres sacar lo mejor de alguien? Entonces haz acto de presencia.

Después de todo, eso es lo que Jesús hizo. Cuando más lo necesitábamos, Él estuvo ahí, en carne propia.

UN ÚLTIMO PENSAMIENTO

¿Te das cuenta cuando la gente acude a tus ocasiones especiales? Claro que te das cuenta. ¿Se darán ellos cuenta cuando hagas lo mismo? Puedes estar seguro. Así que sé alguien en quien puedan confiar. Asiste, así como Dios hace acto de presencia en cada momento por nosotros.

[Dios] No nos castiga por todos nuestros pecados;
no nos trata con la severidad que merecemos.

[Salmos **103:10**]

EMPAPADO DE MISERICORDIA

¿**R**ealmente crees que no has hecho cosas que han lastimado a Cristo? ¿Alguna vez has sido deshonesto con su dinero? Eso es engañar. ¿Alguna vez has ido a la iglesia para que te vean en vez de verle a Él? Hipócrita. ¿Alguna vez has roto una promesa que le has hecho a Dios? ¿Alguna vez has usado mal su nombre?

¿No merecerías entonces ser castigado? Y sin embargo, aquí estás. Leyendo este libro. Respirando. Siendo testigo de amaneceres y oyendo balbucear a los bebés. Aún sigues viendo los cambios de estaciones. No hay latigazos en tu espalda ni ganchos en tu nariz o grilletes en tus pies. Aparentemente, Dios no ha tenido en cuenta tus errores.

Escucha. Tú no has sido salpicado con perdón. Tú no has sido manchado con gracia. No has sido ensuciado con amabilidad. Has sido *empapado* de ello. "El Señor es compasivo y misericordioso, lento para enojarse y está lleno de amor inagotable" (Salmos 103:8).

Estás sumergido en misericordia. Eres un pez en el océano de su misericordia. ¡Deja que eso te cambie!

UN ÚLTIMO PENSAMIENTO

A veces nos quejamos de que la vida no es justa, de que no recibimos lo que merecíamos. Eso está mal. Si alguien contara todos nuestros errores, todas nuestras faltas, todas nuestras ofensas contra Dios, no querríamos lo que merecemos. Estemos agradecidos de que Dios nos da en cambio misericordia.

Prométanme, oh mujeres de Jerusalén, por las gacelas y los ciervos salvajes, que no despertarán el amor hasta que llegue el momento apropiado.

[CANTAR DE LOS CANTARES 3:5]

DIOS ES SUFICIENTE

¿**P**uedo darte un consejo gratis? Respecto al romance y el amor: *ten cuidado.*

Antes de comenzar una exclusiva relación amorosa, mira bien a tu alrededor. Asegúrate de que este es el lugar que Dios tiene para ti. Y si sospechas que no lo es, sal de él. No quieras forzar que lo malo sea bueno. Ten cuidado.

Y hasta que surja el amor, deja que el amor de Dios sea suficiente para ti. Hay periodos en que Dios nos permite sentir la fragilidad del amor humano para que apreciemos la fuerza de su amor. ¿No hizo esto con David? Saúl se volvió contra él. Mical, su esposa, le traicionó. Jonatán y Samuel eran amigos de David, pero no pudieron seguirle al desierto. La traición y las circunstancias dejaron solo a David. Solo con Dios. Y como descubrió David, Dios fue suficiente. Por eso David escribió estas palabras en un desierto: "Tu amor inagotable es mejor que la vida misma... Tú me satisfaces más que un suculento banquete" (Salmos 63:3, 5).

UN ÚLTIMO PENSAMIENTO

Todos queremos ser amados. Y cuando ese chico tan bueno a quien has admirado durante tanto tiempo llega y te pide salir, ¿quién no estaría interesada? Solo ten cuidado. El encaprichamiento no es lo mismo que el verdadero amor. Deja que el genuino amor de Dios sea tu norma para cada relación.

¡Siempre cantaré acerca del amor inagotable del Señor!

[SALMOS **89:1**]

¿POR QUÉ ADORAR?

Durante nuestras vacaciones de verano me apunté a una clase de navegación. Como nunca entendí bien la diferencia entre sotavento, estribor y popa, le hice a la tripulación unas cuantas preguntas. Al rato, el capitán dijo: "¿Le gustaría llevarnos a casa?". Me aseguró que no tendría problemas. "Diríjase a ese peñasco", me dijo. "Ponga sus ojos y el barco en él".

Me resultaba difícil seguir la instrucción. Otras vistas captaban mi atención: la rica madera de caoba de cubierta, la rica espuma que se formaba en las olas. Quería mirarlo todo. Pero si miraba demasiado tiempo, me arriesgaba a perder el curso. El barco seguía su rumbo mientras yo ponía mis ojos donde teníamos que ir.

La adoración nos ayuda a hacer esto en la vida. Alza nuestros ojos del barco con sus juguetes y pasajeros y los pone "en las verdades del cielo, donde Cristo está sentado en el lugar de honor, a la derecha de Dios" (Colosenses 3:1). Si quieres navegar hasta casa, enfócate en el destino del cielo.

UN ÚLTIMO PENSAMIENTO

¿Alguna vez has intentado adorar no solo los domingos, sino todos los días? Durante toda la semana que viene, mira lo que ocurre si apartas algo de tiempo cada mañana a alabar a Dios. Dale gracias por todo lo que Él es y todo lo que hace en tu vida. Intuyo que te irá mucho mejor manteniendo el rumbo de tu vida.

Una persona buena produce cosas buenas
del tesoro de su buen corazón.

[MATEO **12:35**]

PERSONAS QUE CAMBIAN VIDAS

Enumera a los diez hombres más ricos del mundo. Nombra ocho personas que hayan ganado el premio Nobel o el premio Pulitzer.

¿Qué tal te ha ido? A mí no me fue bien tampoco. Con la excepción de los sabuesos de la cultura general, ninguno de nosotros recuerda los titulares del ayer demasiado bien. Es sorprendente lo rápido que olvidamos, ¿no crees? Y lo que he mencionado arriba no son logros de segunda categoría. Estos son los mejores en su campo. Pero el aplauso muere. Los premios se deslustran. Los logros se olvidan.

Este es otro examen. A ver qué tal te va en este. Nombra a diez personas que te hayan enseñado algo valioso. Nombra cinco amigos que te hayan ayudado en algún momento difícil.

¿Más fácil? Lo fue para mí también. ¿La lección? Las personas que cambian vidas no son quienes tienen credenciales, sino los que se interesan. "Queridos hijos, que nuestro amor no quede sólo en palabras; mostremos la verdad por medio de nuestras acciones" (1 Juan 3:18).

UN ÚLTIMO PENSAMIENTO

¿Cómo quieres que te recuerden por tu tiempo en este planeta? Puedes apilar todos los premios y logros que quieras, pero si quieres dejar un legado duradero, demuéstrale a alguien que te importa con palabras y hechos.

Aunque fue crucificado en debilidad,
ahora vive por el poder de Dios.

[2 Corintios 13:4]

LA INTERSECCIÓN DEL AMOR

La cruz. ¿Puedes girar en cualquier dirección sin ver una? Quizá encima de una capilla. Grabada en la lápida de un cementerio. Grabada en un anillo o colgada en una cadena. La cruz es el símbolo universal del cristianismo. "Él, cargando su propia cruz, fue al sitio llamado Lugar de la Calavera (en hebreo, *Gólgota*)" (Juan 19:17).

Una extraña decisión, ¿no crees? Es extraño que un instrumento de tortura se convirtiera en lo que representaría a un movimiento de esperanza.

¿Por qué es la cruz el símbolo de nuestra fe? Para encontrar la respuesta no busques más allá de la misma cruz. Su diseño no podía ser más simple. Un madero horizontal, y el otro vertical. Uno se extiende hacia fuera, como el amor de Dios. El otro apunta al cielo, como la santidad de Dios. Uno representa la anchura de su amor; el otro refleja la altura de su santidad. La cruz es la intersección. La cruz es donde Dios perdonó a sus hijos sin rebajar sus estándares.

UN ÚLTIMO PENSAMIENTO

¿Qué podría ser más ancho que el asombroso amor de Dios? ¿Qué podría ser más alto que su santidad? Cuando mires a la cruz, recuerda el horror de la crucifixión de Jesús. Pero recuerda también por qué lo hizo, y cómo su fin fue solo el comienzo.

Pues nuestras dificultades actuales son pequeñas y no durarán mucho tiempo. Sin embargo, ¡nos producen una gloria que durará para siempre y que es de mucho más peso que las dificultades!

[**2 Corintios 4:17**]

PREPARÁNDOTE

¿Quién puede encontrar un lugar en el rompecabezas de la vida para un niño devastado por el cáncer o una ciudad devastada por un terremoto?...¿Sirven para algún propósito esas experiencias?

Lo hacen si las vemos desde una perspectiva eterna. Tengo pruebas: tú en el vientre. En esa etapa antes de nacer, tus huesos se solidificaron, tus ojos se formaron, el cordón umbilical transportaba los nutrientes a tu cuerpo...¿para qué? El tiempo en el vientre te equipó para el tiempo en la tierra.

Algunas partes de tu cuerpo no se usaron antes de nacer. Te creció una nariz, pero no respiraba. Se desarrollaron los ojos, ¿pero podías ver? Pero ¿no estás contento de tenerlos ahora?

Ciertos capítulos de esta vida parecen innecesarios. Sufrimiento. Soledad. Enfermedad. Desamor. Pero ¿qué tal si esta tierra fuera el vientre? ¿Podrían estos desafíos servir para prepararnos para el mundo posterior? Como escribió Pablo: "Las dificultades que tenemos son pequeñas, y no van a durar siempre. Pero, *gracias a ellas*, Dios nos llenará de la gloria que dura para siempre" (2 Corintios 4:17, TLA).

UN ÚLTIMO PENSAMIENTO

No tendrás que mirar lejos para encontrar personas con problemas. Tú mismo quizá seas una de ellas. Anímate sabiendo esto: Dios no está malgastando tus tiempos difíciles.

MAYO

Tu palabra es una lámpara que guía mis pies y una luz para mi camino.

[SALMOS 119:105]

Así como el Señor los perdonó,
perdonen también ustedes.

[COLOSENSES 3:13, NVI]

SI LAS OFENSAS FUERAN CABELLOS

Si las ofensas fueran cabellos, todos pareceríamos osos. A fin de cuentas, ¿no son muchas? Cuando los amigos se burlan de tu vestido, sus insultos duelen. Cuando los maestros ignoran tu trabajo, su falta de atención duele. Cuando tu mamá te avergüenza, cuando tu novia te hace un desdén, cuando tu novio te deja, duele. Así pues, ¿cómo responderás?

Construye una cárcel de odio si quieres, donde cada ladrillo es una ofensa. Diséñala con una celda y un solo catre. (No atraerás compañeros de cuarto). Cuelga pantallas de video grandes en cada una de las cuatro paredes para que las imágenes grabadas de la ofensa se vean una y otra vez. ¿Atractivo? No, horrible. Te dejará amargado, doblado y enojado.

En su lugar, da la gracia que has recibido. No apruebas las obras de tu ofensor cuando lo haces. Jesús no aprobó tus pecados al perdonarte. La gracia no es ciega. Ve el dolor tal cual es. Pero la gracia escoge ver el perdón de Dios aún más. Donde falta la gracia, abunda la amargura. Donde abunda la gracia, crece el perdón.

UN ÚLTIMO PENSAMIENTO

En esta vida, el dolor es tan seguro como el sol del verano. No puedes evitarlo, pero puedes controlar lo que haces al respecto. Así que no dejes que la ofensa envenene tu corazón. Pídele a Dios que te ayude a perdonar. No se trata de olvidar las cosas malas, sino de recordar las cosas buenas.

El justo vivirá por la fe.

[ROMANOS 1:17, NVI]

EL AVIÓN EQUIVOCADO

En ese momento no me siento demasiado inteligente. Me acabo de bajar del avión equivocado que me llevó a la ciudad equivocada y me dejó en el aeropuerto equivocado. Fui al este en lugar del oeste y terminé en Houston en lugar de Denver.

No parecía el avión equivocado, pero lo era. Entré por la puerta equivocada, me dormí en el vuelo equivocado, y terminé en el lugar equivocado. ¿Conoces ese sentimiento?

Pablo dice que todos hemos hecho lo mismo. No con aviones y aeropuertos, sino con nuestra vida y Dios. Dice a los lectores romanos: "No hay ni un solo justo, ni siquiera uno" (Romanos 3:10). "Pues todos hemos pecado; nadie puede alcanzar la meta gloriosa establecida por Dios" (v. 23).

Todos estamos en el avión equivocado, dice. Todos nosotros. Gentiles y judíos. Ricos y pobres. Altos y bajos. Todas las personas han tomado el vuelo equivocado. Y necesitamos ayuda. Las soluciones erróneas son placer y orgullo; la solución correcta es Jesucristo (Romanos 3:21-26).

UN ÚLTIMO PENSAMIENTO

¿Has hecho alguna vez algún giro incorrecto y has terminado en el lugar equivocado? ¿Una sala, una clase, una fiesta? Algunas de nuestras decisiones y actitudes pueden ser giros equivocados también. Por eso necesitamos confiar en Jesús como nuestro piloto. Cuando Él está al volante, tenemos garantizado llegar al lugar correcto.

Pues yo te sostengo de tu mano derecha;
yo, el Señor tu Dios. Y te digo: "No tengas
miedo, aquí estoy para ayudarte".

[ISAÍAS **41:13**]

NINGÚN TEMOR

¿**P**odrías tener algo de valor? ¿Estás retrocediendo en lugar de levantarte? Entonces te pareces a uno de los discípulos de Jesús.

Tenemos que recordar que Pedro, Juan, Mateo y el resto eran hombres comunes que recibieron una tarea increíble. Antes de ser los santos expuestos en las vidrieras de las ventanas de las catedrales, eran los vecinos de otros, que intentaban ganarse la vida y criar a sus familias. No eran estudiantes destacados de los seminarios ni superhéroes de la fe. Luchaban por seguir a Jesús, a veces caminando literalmente sobre el mar, a veces fallando. Pero tenían un poco más devoción que miedo, y como resultado, hicieron cosas extraordinarias. Cosas que cambiaron el mundo: "Tú me los diste y ellos han obedecido tu palabra" (Juan 17:6, NVI).

¿A qué tienes miedo en este mundo? ¿Al fracaso? ¿A que alguien se ría de ti? Responde la gran pregunta de la eternidad y te darás cuenta de que los temores terrenales no son para nada temores.

UN ÚLTIMO PENSAMIENTO

No eres el primero en preguntarse si podrás hacerlo, o el primero en cuestionarse si seguir o no a Jesús. Los discípulos saben cómo te sientes. ¡Ellos literalmente caminaron con Dios y aun así tuvieron problemas! Pero vencieron su temor y le siguieron en la historia y en el cielo. Tú puedes hacer lo mismo.

¿No se dan cuenta de que su cuerpo es el templo del
Espíritu Santo, quien vive en ustedes y les fue dado
por Dios? Ustedes no se pertenecen a sí mismos.

[**1 CORINTIOS 6:19**]

TU CUERPO LE PERTENECE A DIOS

Vivirás para siempre en este cuerpo. Será diferente, eso sí. Lo
que ahora está torcido será enderezado. Lo que ahora no
está bien será arreglado. Tu cuerpo será distinto, pero no tendrás otro cuerpo. Tendrás este. ¿Cambia esto tu visión del mismo? Espero que sí.

Dios tiene una alta estima por tu cuerpo. Tú también deberías hacerlo. Olvídate de esos anuncios que dicen que necesitas
esta talla o llevar este otro maquillaje. Tan solo respeta el cuerpo que Dios te dio. No he dicho que lo adores, no he dicho que
lo muestres para conseguir la atención de otros, sino que lo respetes. A fin de cuentas, es el templo de Dios. Sé cuidadoso en
cuanto a cómo lo alimentas, lo usas y lo mantienes. No te gustaría que nadie ensuciase tu casa; Dios no quiere que nadie ensucie la de Él. A fin de cuentas, es suyo, ¿no es así?

UN ÚLTIMO PENSAMIENTO

Cuando aceptas la idea de que tu cuerpo le pertenece a Dios,
eso cambia las cosas. Es menos probable que lo llenes de patatas grasientas. Es más probable que hagas ejercicio. Eres más
consciente cuando muestras demasiada piel. Eres mejor evitando tomar riesgos alocados. Dios ve tu cuerpo como algo muy
valioso, junto con la persona que hay en él.

> Así es, todo lo demás no vale nada
> cuando se le compara con el infinito valor
> de conocer a Cristo Jesús, mi Señor.

[Filipenses 3:8]

ÉL LO HIZO POR TI

¿**Q**uieres saber lo mejor de la venida de Cristo? No que Aquel que cuelga las galaxias lo dejara todo para ser un carpintero, colgando jambas para un cliente gruñón que quería todo para ayer pero no podía pagar hasta mañana. No que rehusara defenderse cuando le culparon de cada pecado de cada patán y Jezabel desde Adán. No incluso que después de tres días en un oscuro agujero entrase en el amanecer de la Semana Santa con una sonrisa y un pavoneo y una pregunta para el modesto Lucifer: "¿Es este tu mejor golpe?".

Eso fue genial, increíblemente genial.

Pero ¿quieres saber lo más genial de Aquel que dejó la corona del cielo por una corona de espinos? Te doy una pista: te ama como a sí mismo. "¡Fíjense qué gran amor nos ha dado el Padre, que se nos llame hijos de Dios!" (1 Juan 3:1, nvi).

¿Lo más increíble? Lo hizo por ti. Solo por ti.

UN ÚLTIMO PENSAMIENTO

Tendemos a pensar que Cristo murió por la "humanidad", por los millones que han puesto su confianza en Él, por las masas desconocidas. Esa declaración es cierta, pero carece de lo personal. Jesús conoce y ama tu corazón como individuo. Él no entregó su vida solo por una multitud. La dio específicamente por ti.

Los ojos del Señor están sobre los que hacen
lo bueno, y sus oídos están abiertos
a sus oraciones.

[1 Pedro 3:12]

ORACIÓN: PRIVILEGIO Y PODER

Tú y yo vivimos en un mundo ruidoso. Conseguir la atención de alguien no es tarea fácil. Esa persona debe estar dispuesta a dejar todo de lado y escuchar: bajar la música, alejarse del monitor, doblar la esquina de la página y dejar el libro. Cuando alguien está dispuesto a silenciar todo lo demás para poder oírnos claramente, es un privilegio. Un raro privilegio, no cabe duda.

Sin embargo, tus oraciones son honradas en el cielo de esta forma. Dios deja todo lo que esté haciendo para oír tus pensamientos. Él deja a un lado todos los obstáculos para oír tu mensaje. Tus palabras son como un texto de máxima prioridad para el cielo. Van directamente al mismo trono de Dios.

Tus palabras hacen más que conseguir la atención de Dios. Tus oraciones en la tierra activan el poder de Dios en el cielo, y "tu voluntad, como en el cielo, así también en la tierra". Tus oraciones mueven a Dios para cambiar el mundo. Quizá no entiendas el misterio de la oración. No tienes que entenderlo, pero una cosa está clara: las acciones en el cielo comienzan cuando alguien ora en la tierra.

UN ÚLTIMO PENSAMIENTO

La oración es verdaderamente un misterio. Aunque Dios puede hacerlo todo, Él desea oír nuestros sueños y deseos, y nos permite influir para que su mano actúe en la historia. Cuando te ofrecen un privilegio así, ¿no crees que la oración es algo bueno?

Así que hemos dejado de evaluar a otros
desde el punto de vista humano.

[2 Corintios 5:16]

¿ETIQUETARLOS O AMARLOS?

Categorizar a otros crea distancia. Nos da una buena excusa para evitarlos.

Jesús tomó un enfoque totalmente distinto. Él siempre incluía a la gente, no los excluía. "Entonces la Palabra se hizo hombre y vino a vivir entre nosotros" (Juan 1:14). Jesús tocó a leprosos, amó a extraños y pasó tanto tiempo con invitados que la gente le llamaba "¡glotón y un borracho y es amigo de cobradores de impuestos y de otros pecadores!" (Mateo 11:19). El racismo no pudo apartarlo de la mujer samaritana; los demonios no pudieron apartarlo de los poseídos. Entre sus amigos de Facebook habría maquinadores económicos y mujeres de dudable reputación.

Dios nos llama a ser como Jesús, a cambiar la manera en que vemos a la gente. No a que les veamos como atletas o estudiosos, locales o extranjeros. No a etiquetar.

Veamos a las personas como nos vemos a nosotros mismos. Sin culpa, quizá. En proceso, eso seguro. En el transcurso de nuestra vida, tú y yo vamos a cruzarnos con personas expulsadas de la multitud de los "populares". Y tenemos que escoger. ¿Ignorarlos o rescatarlos? ¿Etiquetarlos o amarlos? Sabemos cuál es la opción de Jesús. Tan solo mira lo que hizo con nosotros.

UN ÚLTIMO PENSAMIENTO

¿Alguna vez te han etiquetado? Me imagino que no te hizo sentir muy bien. Cuando la gente te pone en una caja, deja de ver la verdadera persona que hay dentro de ti. ¿Conoces a alguien que esté en una caja ahora mismo? ¿Qué puedes hacer hoy para arrancar la etiqueta?

Siempre que se pone a prueba la fe, la constancia
tiene una oportunidad para desarrollarse.

[SANTIAGO 1:3]

PRUEBA

Hace un par de días, Denalyn y yo tuvimos un desacuerdo. Habíamos acordado vender nuestra casa, pero no nos poníamos de acuerdo en cuanto a cuál corredor de bienes raíces usar. Estuvimos dándole vueltas. Un buen día se convirtió en uno amargo. Llegó el momento de predicar en los servicios del domingo por la mañana. Le dije adiós a Denalyn rápidamente. "Hablaremos después de esto", dije.

Pero Dios quería tratar conmigo inmediatamente. El viaje a la iglesia es de solo cinco minutos, pero Dios no necesitó más para tocar mi conciencia. Era una prueba. ¿Me enojaría o me disculparía? ¿Ignoraría la tensión o me ocuparía de ella? Antes de comenzar el servicio, llamé a Denalyn, disculpándome por mi terquedad, y le pedí perdón. Después esa misma noche, nos pusimos de acuerdo sobre el corredor de bienes raíces, oramos y terminamos con ese asunto.

Si ves tus problemas como nada más que fastidios y dolores, te amargarás y enojarás. Pero si ves tus problemas como pruebas, usadas por Dios para su gloria y tu crecimiento, pasarás con buenas calificaciones.

UN ÚLTIMO PENSAMIENTO

Cada día, Dios nos prueba a través de personas, dolor o problemas. ¿Puedes identificar tus pruebas de hoy? ¿Amigos que actúan como patanes? ¿Maestros que nos dan demasiadas tareas? ¿El acné y un dolor de cabeza? ¿Una agenda sobrecargada? Sea lo que sea, recuerda que Dios tiene un propósito con tus problemas.

Se rebajó voluntariamente, tomando
la naturaleza de siervo.

[FILIPENSES **2:7**, NVI]

ENTREGA TU VIDA

Dios te dará una vida poco común si rindes tu vida común. "Si tratas de aferrarte a la vida, la perderás, pero si entregas tu vida por mi causa, la salvarás" (Mateo 16:25).

Jesús lo hizo. Él "se rebajó voluntariamente, tomando la naturaleza de siervo y haciéndose semejante a los seres humanos…se humilló a sí mismo y se hizo obediente hasta la muerte" (Filipenses 2:7-8, NVI).

Nadie en Nazaret le saludaba como el Hijo de Dios. No resaltó en su fotografía de clase de primaria, ni pidió una página con brillo en su anuario de la escuela. Los amigos le conocían como un carpintero, no como el que cuelga las estrellas. Su aspecto no hacía voltear la cabeza a nadie; su posición no le dio crédito alguno. "Se rebajó voluntariamente tomando naturaleza de siervo".

Dios busca a los que se comportan igual. Estas son las personas que Él usa para llevar a Cristo al mundo.

UN ÚLTIMO PENSAMIENTO

Entrégate. Ríndete. Sométete. Son palabras que resistimos, palabras que asemejamos al fracaso. Sin embargo, nada podría estar más lejos de la verdad. Es solo cuando dejamos la vida como la conocemos cuando descubrimos la verdadera vida, el plan glorioso que Dios desplegó.

Dichosos los de corazón limpio,
porque ellos verán a Dios.

[MATEO 5:8, NVI]

PUREZA HOY

El cielo no es un lugar para los impíos. "No se permitirá la entrada a ninguna cosa mala" (Apocalipsis 21:27). Todo el pecado que entenebrecía nuestros corazones será limpiado. Todos los comentarios afilados que llenaban nuestra mente se quedarán fuera. ¿Qué queda? Un hijo de Dios mejor, más brillante y más puro.

Pero esto es lo que ocurre: no tenemos que morir para disfrutar de algunas de las bendiciones del cielo aquí en la tierra. Lo que se necesita son mentes y cuerpos puros. "Huye de todo lo que estimule las pasiones juveniles. En cambio, sigue la vida recta, la fidelidad, el amor y la paz. Disfruta del compañerismo de los que invocan al Señor con un corazón puro" (2 Timoteo 2:22). ¿Ese chico fascinante en el segundo periodo? ¿Esas imágenes de mujeres en la internet? Aparta tu mirada y tus pensamientos en una nueva dirección. Dios quiere que los veas no como algo apetecible a los ojos sino como sus valiosos hijos.

¿Más fácil decirlo que hacerlo? Es cierto, pero el pago de la pureza hoy es paz mental y un corazón que está listo para el cielo.

UN ÚLTIMO PENSAMIENTO

Ya sea que codicies el cuerpo de alguien o su nuevo iPhone, la lujuria significa problemas. Cuanto más permitas que esos pensamientos revoloteen por ahí, más difícil es borrarlos de tu mente. Dios te ayudará. Persigue la pureza y disfrutarás de paz durante toda una vida, y más.

Pero si deseamos algo que todavía no tenemos,
debemos esperar con paciencia y confianza.

[ROMANOS 8:25]

UNA MAMÁ DEBE ESPERAR

Para María, la futura madre de Jesús, fue la sorpresa de su vida. El ángel Gabriel le dijo que se quedaría embarazada. El anuncio provocó un torrente de preguntas en su corazón. ¿Cómo se quedaría embarazada? ¿Qué pensaría la gente? ¿Qué diría su prometido, José? Gabriel le explicó parte, pero para comprobarlo por sí misma, tendría que esperar.

Esperar, bíblicamente hablando, no es suponer lo peor, preocuparse, hacer demandas o tomar el control. Tampoco es esperar sin hacer nada. Es un esfuerzo sostenido por estar enfocado en Dios mediante la oración y creyendo. Esperar es: "Quédate quieto en la presencia del Señor, y espera con paciencia a que él actúe" (Salmos 37:7).

Parece que es precisamente lo que hizo María. Y Dios actuó mientras ella esperaba. Envió un mensaje a José. Hizo que César dictara un decreto de censo. Guió a la familia a Belén. "Y sabemos que Dios hace que todas las cosas cooperen para el bien de los que lo aman" (Romanos 8:28). María aprendió una lección que todos nosotros haríamos bien en aprender, y es cómo mezclar la paciencia con una confianza total en Dios.

UN ÚLTIMO PENSAMIENTO

Las madres saben mucho acerca de la paciencia. La tuya tuvo que esperar meses para ver tu rostro (hoy podría ser un buen día para darle gracias por ello). Todos tenemos que esperar a veces. Así, ¿cómo lo haremos? ¿Estresado y listo para gritar? ¿O calmado y confiado, confiando en Dios? Sigamos el ejemplo de la madre de Jesús.

Un amigo es siempre leal.

[PROVERBIOS 17:17]

LO QUE HACEN LOS AMIGOS

Uno obtiene la impresión de que, para Juan, Jesús era por encima de todo un compañero fiel. ¿El Mesías? Sí. ¿El Hijo de Dios? Sin duda. ¿Hacedor de milagros? Eso también. Pero antes que nada, Jesús era un compañero. Alguien con el que podía ir de acampada, o a la bolera, o ir a contar las estrellas.

¿Qué haces tú con un amigo así? Bueno, es bastante sencillo. Estás con él. Quizá por eso Juan es el único de los doce que estuvo en la cruz. Llegó para decir adiós. Por su propia admisión no había llegado a comprenderlo todo aún, pero eso no importaba mucho. Lo que más le preocupaba era que su amigo estaba en problemas, y acudió para ayudar.

Al morir en la cruz, Jesús le pidió a Juan: "¿Puedes hacerte cargo de mi madre?". Juan debió decir que sí, porque "desde aquel momento ese discípulo la recibió en su casa" (Juan 19:27, NVI).

Por supuesto que lo hizo. Para eso están los amigos.

UN ÚLTIMO PENSAMIENTO

De todos sus amigos y discípulos, Juan fue a quien Jesús le encomendó el cuidado de su madre. ¿Eres tú ese tipo de amigo, alguien a quien le pueden confiar lo que otros más quieren? Si no, ¿qué puedes hacer para convertirte en ese tipo de amigo que siempre ama y siempre es de fiar?

¡Te alabo porque soy una creación admirable!

[SALMO **139:14**]

ALGO ESPECIAL

¿**C**ómo responderías a esta pregunta de múltiples opciones? Yo soy:

(a) una colisión fortuita de partículas.
(b) una evolución accidental de moléculas.
(c) materia fría en el universo.
(d) "una creación admirable".

No opaques tu vida no entendiendo esto: eres mucho más que una probabilidad estadística, más que un producto de tus genes y experiencia, más que una combinación de cromosomas heredados y traumas de la niñez. Más que un veleta del tiempo andante movida de un lado a otro por los fríos vientos del destino. Gracias a Dios puedes decir: "Tú creaste mis entrañas...¡Te alabo porque soy una creación admirable!...Mis huesos no te fueron desconocidos cuando en lo más recóndito era yo formado" (Salmos 139:13-15).

Gracias a tu Hacedor, ese "yo" es un yo especial.

UN ÚLTIMO PENSAMIENTO

Lee el Salmo 139. ¿Cómo rechaza la idea de que nuestra existencia es un accidente? ¿Qué dice sobre como deberíamos responder a nuestro Hacedor? Si te ha hecho un Dios que puede hacer todo esto, ¿qué dice eso de ti?

Ahora vemos todo de manera imperfecta,
como reflejos desconcertantes, pero luego
veremos todo con perfecta claridad.

[**1 Corintios 13:12**]

ESPEJITO, ESPEJITO

Espejito, espejito, ¿quién es el más fiel de todos?

Cuando estoy frente a un espejo, veo el rostro de un fracaso. Un hombre que decepcionó a su Hacedor. Otra vez. Prometí que no lo volvería a hacer, pero lo hice. Me quedé callado cuando debería haber sido valiente. Me senté cuando debería haberme puesto en pie. Si esta hubiera sido la primera vez, sería distinto, pero no lo es. ¿Cuántas veces puede caer alguien y esperar que le sujeten?

Tus ojos miran al espejo y ven lo mismo. Un fracaso. Alguien que no cumple las promesas. Pero cuando miras con los ojos de la fe, todo cambia. Miras en el espejo y ves a un rebelde llevando el anillo de gracia en tu dedo y el beso de tu Padre en tu rostro.

Tus ojos ven tus propios fallos. Tu fe ve a tu Salvador. Tus ojos ven tu culpa. Tu fe ve su sacrificio por ti.

UN ÚLTIMO PENSAMIENTO

Para el cristiano, lo que pueden ver los ojos no es la realidad completa. Por fuera vemos como cualquier otra persona o compañero de nuestros días, intentando saberlo todo. Pero si miramos más adentro, descubriremos mucho más: un Salvador dentro de nosotros, lleno de misericordia, poder y amor.

Y, dado que yo, su Señor y Maestro, les he lavado los
pies, ustedes deben lavarse los pies unos a otros.

[JUAN 13:14]

LAVAR LOS PIES DE JUDAS

La noche antes de su crucifixión, Jesús se levanta de una mesa,
toma una toalla y un cuenco de agua, y se prepara para lavar
los pies de todos los discípulos. ¿Incluso los pies de Judas?, preguntas. ¿El confabulador, rata egotista que vendió a Jesús por un
puñado de monedas? Jesús no le lavará los pies, ¿verdad? Espero
que no. Si lava los pies de *su* Judas, tú tendrás que lavar los pies
del tuyo. De *tu* traidor. Ese villano, esa escoria, que no sirve para
nada. El Judas de Jesús se fue con treinta monedas de plata. Tu
Judas se fue con tu reputación, idea, virginidad, confianza, mejor
amigo.

¿Y esperas que le lave los pies y le deje ir?

La mayoría de las personas no quieren. Usan la foto del villano como una diana para los dardos. La mayoría deja una olla de
ira a fuego lento. Pero tú no eres como "la mayoría". Mira tus
pies. Están mojados, empapados de gracia. Jesús ha lavado las
partes más sucias de tu vida. Los dedos de tus pies, empeines y
talones han sentido el cuenco frío de la gracia de Dios.

UN ÚLTIMO PENSAMIENTO

Imagínate al "villano" de tu vida, la persona que no puedes
soportar. ¿Podrías lavar sus pies, quizá no literalmente, pero
podrías mostrarle amabilidad y compasión? Eso es lo que hizo
Jesús, y lo que requiere de ti. Eso es gracia en acción.

Pero felices son los que tienen como
ayudador al Dios de Israel, los que han puesto
su esperanza en el Señor su Dios.

[Salmos **146:5**]

LLENO DE ESPERANZA

Si miras bien, durante mucho tiempo, encontrarás algo de lo que quejarte. Adán y Eva lo hicieron. Rodeados de todo lo que necesitaban, pusieron sus ojos en lo que no podían tener: el fruto prohibido. Encontraron algo de lo que quejarse.

¿Y qué hay de ti? ¿A qué estás mirando? ¿Al único fruto que no puedes comer? ¿O al millón que sí puedes? ¿A su plan o a tus problemas? ¿Es cada uno un regalo o un fastidio?

"Y ahora, amados hermanos, una cosa más para terminar. Concéntrense en todo lo que es verdadero, todo lo honorable, todo lo justo, todo lo puro, todo lo bello y todo lo admirable. Piensen en cosas excelentes y dignas de alabanza" (Filipenses 4:8).

Cuando vemos como Dios quiere que veamos, vemos la mano del cielo en medio de la enfermedad, al Espíritu Santo consolando un corazón roto. No vemos lo que se ve, sino lo invisible. Vemos con fe y sin carne, y como la fe lleva a la esperanza, somos personas llenas de esperanza. Porque sabemos que la vida es más que lo que el ojo alcanza a ver.

UN ÚLTIMO PENSAMIENTO

¿Qué te está molestando en estos momentos? Tómate un minuto para mirar más allá del problema. ¿Puedes ver la mano de Dios en él? ¿Puedes ver cómo Él podría usar tu lucha como parte de su plan? Piensa en lo que es excelente en tu vida. Ahora vuelve a mirar; hay esperanza en tu horizonte.

Los que encubren sus pecados no prosperarán, pero si los confiesan y los abandonan, recibirán misericordia.

[PROVERBIOS **28:13**]

HONESTO CON DIOS

Nuestro entrenador de béisbol del instituto tenía una regla muy seria contra el tabaco de mascar. Teníamos un par de jugadores conocidos por mascar a escondidas, y él quería que lo supiéramos. Consiguió nuestra atención, de acuerdo. Al poco tiempo todos lo habíamos probado. Una prueba segura de hombría era mascar un poco cuando pasaban la petaca en el banquillo. Yo acababa de entrar a duras penas en el equipo, y claro que no iba a fallar en esta prueba de hombría.

Un día acababa de poner un poco en mi boca cuando uno de los jugadores advirtió: "¡Viene el entrenador!". Como no quería que lo supiera, actué instintivamente y me lo tragué. Añadí un nuevo significado al versículo: "Mientras me negué a confesar mi pecado, mi cuerpo se consumió, y gemía todo el día" (Salmos 32:2). Pagué el precio por esconder mi desobediencia.

Mi cuerpo no estaba hecho para ingerir tabaco. Tu alma no fue creada para ingerir pecado.

¿Puedo hacerte una pregunta directa? ¿Estás escondiendo algún secreto a Dios? Recibe una señal de un repugnante jugador de tercera base. Te sentirás mejor si lo sacas fuera.

UN ÚLTIMO PENSAMIENTO

Echa un vistazo a tu vida durante las últimas veinticuatro horas, el último mes, el último año. ¿Hay algo que estés intentando esconder de Dios? Te das cuenta de que Él ya lo sabe todo. Él solo está esperando que lo confieses para poder perdonarte y bendecirte.

Les digo la verdad, todos los que escuchan mi mensaje y creen en Dios, quien me envió, tienen vida eterna.

[JUAN 5:24]

UNA OPCIÓN

Cuando aceptas a Dios como Creador, le admiras. Cuando reconoces su sabiduría, aprendes de Él. Cuando descubres su fortaleza, confías en Él. Pero solo le adoras cuando sabes que te ha salvado.

Es un asunto de "antes y después". Antes de tu rescate, podías fácilmente mantener a Dios distanciado de ti. Claro, Él era importante, pero también lo eran otras muchas cosas. Amigos. Familia. Calificaciones. Equipo de natación. El club de español.

Después llegó la tormenta…la rabia…la lucha…la falta de seguridad…La desesperanza se parecía a una niebla; tus rumbos desaparecieron. En tu corazón, sabías que no había salida. ¿Acudiste a tus amigos y familiares en busca de ayuda? Ellos solo pueden ayudarte en parte. ¿Confiar en tus talentos y habilidades? A la tormenta no le impresionó tu talento.

De repente, solo te quedaba un opción. La Única digna de tu amor y alabanza. Aquel que merece tu adoración. ¿Quién es? El único Dios.

UN ÚLTIMO PENSAMIENTO

Nada capta nuestra atención como una crisis. Cuando las familias se fracturan o cuando llega una enfermedad como el cáncer, de repente entendemos que hay pocos lugares donde acudir. Por tanto, ¿dónde acudimos? A Aquel que rescata. No esperes a que llegue una crisis para acudir a Dios. ¡Adóralo ahora!

> Así que usen todo su cuerpo como un instrumento para hacer lo que es correcto para la gloria de Dios.

[Romanos 6:13]

RESPETA EL CUERPO DE DIOS

Cuando se trata de nuestro cuerpo, la Biblia declara que no es nuestro. "Ustedes no se pertenecen a sí mismos, porque Dios los compró a un alto precio. Por lo tanto, honren a Dios con su cuerpo" (1 Corintios 6:19-20).

¿Usas tu cuerpo para llamar la atención? ¿Usas camisetas demasiado ceñidas y pantalones cortos demasiado cortos? No. Usa tu cuerpo para honrar a Dios. "Así que usen todo su cuerpo como un instrumento para hacer lo que es correcto para la gloria de Dios" (Romanos 6:13). Tu cuerpo es un instrumento de Dios, diseñado para su obra y para su propia gloria.

¿Usas tu cuerpo para placeres temporales con consecuencias a largo plazo? ¿Cenar rosquillas todas las noches? ¿Beber alcohol los fines de semana? No. Mantén el instrumento de Dios. Aliméntalo. Cuídalo. Dale descanso. Cuando Él necesite un instrumento robusto, un siervo que esté descansado para poder servir, con combustible suficiente para trabajar, alerta para pensar, que pueda encontrar uno en ti.

Tu cuerpo es la herramienta de Dios. Mantenla. Tu cuerpo es el templo de Dios. Respétalo. "Porque Dios los compró a un alto precio. Por lo tanto, honren a Dios con su cuerpo" (1 Corintios 6:20).

UN ÚLTIMO PENSAMIENTO

Si hay algo que podemos ver como nuestro, es nuestro propio cuerpo, ¿no es cierto? La Biblia dice lo contrario. Nuestros brazos, piernas, cerebros y ombligos, junto a todo lo demás, le pertenecen a Dios. Piensa en esto. Ora por ello. Quizá puedas comenzar a tratar tu casa de piel y huesos con más respeto.

Sin embargo, la sabiduría que proviene del cielo
es, ante todo, pura y también ama la paz; siempre
es amable y dispuesta a ceder ante los demás.

[SANTIAGO 3:17]

UNA CURA PARA LOS PROBLEMAS CARDIACOS

¿Está tu corazón lleno de ira y ansiedad? Jesús es tu cura.

Su corazón fue puro. Miles adoraron al Salvador; no obstante se contentó con vivir una vida sencilla. Le cuidaron las mujeres (Lucas 8:1-3); sin embargo nunca fue acusado de pensamientos lascivos; fue rechazado por las personas que Él creó, pero estuvo dispuesto a perdonarles antes incluso de que estos se lo pidieran. Pedro, que viajó con Jesús durante tres años y medio, lo describió como "el Cordero de Dios, que no tiene pecado ni mancha" (1 Pedro 1:19).

Su corazón era pacífico. Los discípulos se asustaron por tener que alimentar a miles, pero Jesús no. Él dio gracias a Dios por el problema. Los discípulos gritaron de temor en la tormenta, pero Jesús no. Él dormía tranquilamente. Pedro desenvainó su espada para luchar contra los soldados que llegaban a buscar a su maestro. Jesús no. Él alzó su mano para sanar. Su corazón estaba en paz.

Tú también puedes tener pureza y paz. Permite que Jesús obre en tu corazón. Es el Salvador que sabe bien qué hacer.

UN ÚLTIMO PENSAMIENTO

Algunos días parece que tus problemas son más permanentes que un tatuaje. Jesús es tu respuesta. Habla con Él. Ora a Él. Adórale. Él calmará y limpiará tu corazón. Cuando termine, tú y Jesús estarán listos para afrontar juntos esos problemas.

Todo el que vive en mí
y cree en mí jamás morirá.

[JUAN **11:26**]

QUIEN QUIERA

Me encanta oír decir a mi esposa "todo aquel". A veces detecto mi aroma favorito saliendo de la cocina: pastel de fresa. Enseguida estoy junto al recipiente de puro placer recién horneado. Sin embargo, he tenido que aprender a retener mi tenedor hasta que Denalyn dé permiso. "¿Para quién es?", pregunto. Ella puede romper mi corazón. "Es para una fiesta de cumpleaños, Max. ¡No lo toques!". O puede abrir la puerta al deleite. "Para quien quiera".

¿Quién no forma parte del *quien quiera*? La palabra derriba de un golpe las barreras raciales y dinamita las clases sociales. Sobrepasa los límites del género y va más allá de las antiguas tradiciones. "A cualquiera que me reconozca delante de los demás, yo también lo reconoceré delante de mi Padre que está en el cielo" (Mateo 10:32, NVI). "*Cualquiera* que hace la voluntad de Dios es mi hermano, mi hermana y mi madre" (Marcos 3:35, NVI). "*El que crea* y sea bautizado será salvo, pero el que no crea será condenado" (Marcos 16:16, NVI).

Perdemos mucho en la vida: amigos, sueños, oportunidades. Perdemos en el amor. Pero nunca perdemos nuestro lugar en la lista de "quien quiera" de Dios.

UN ÚLTIMO PENSAMIENTO

Todos esos "cualquiera" de la Biblia deberían crear un cuadro en nuestra mente. Ahí está Jesús, no muy lejos. Está sonriendo, a nosotros. Sus ojos brillan con amabilidad. Sus brazos están abiertos del todo, dándonos la bienvenida. Ahora nos está haciendo señas para que nos acerquemos. ¿Lo puedes ver? ¿Irás?

Mi gran aspiración siempre ha sido predicar la Buena Noticia donde nunca antes se ha oído el nombre de Cristo.

[ROMANOS 15:20]

PREDICAR LA BUENA NOTICIA

La salvación no es el tema más cómodo para una comida. No oyes a menudo: "¿Me puedes dar una servilleta, y por cierto, vas a ir al cielo o al infierno?". Sin embargo, Dios cuenta contigo para predicar su Buena Noticia.

No tienes que ponerte un collar de clérigo en el cuello o predicar largos y aburridos sermones para ser un ministro. Según Pablo, los ministros hablan del evangelio en cualquier lugar donde van y de lo que Dios está haciendo en sus vidas. No siempre es fácil vivir y hablar de tu fe, pero tu valentía ahora puede marcar la diferencia en la eternidad.

Cuando llegues al cielo, me pregunto si Cristo podrá decirte estas palabras: "Estoy muy orgulloso de que me dejaste usarte. Gracias a ti, otros están aquí hoy. ¿Te gustaría conocerlos?". Amigos, vecinos, e incluso familiares, todos darán un paso al frente.

¿Eres un ministro? Claro que sí. ¿Estás marcando la diferencia? Por supuesto.

UN ÚLTIMO PENSAMIENTO

¿Crees que no tienes influencia sobre tus amigos? ¡Vuelve a pensarlo! Ellos te escuchan y observan cada uno de tus movimientos. Si tú eres creyente y ellos no, no es el momento de mantenerlo en secreto. Háblales de tu amor por Dios, y respáldalo con tus acciones.

Según lo que el Señor le asignó a cada uno.

[**1 Corintios 3:5, nvi**]

DECISIONES

Tienes dos opciones pero solo puedes tomar una decisión. ¿Trabajas este verano para tus padres o para tu tía en la costa? ¿Trabajas con un ministerio juvenil en los barrios pobres o haces un viaje corto de misiones a México? ¿Campamento de música o campamento de jóvenes? ¿Cómo decidir?

Como un piloto antes de despegar, yo siempre hago mi repaso previo al vuelo antes de cualquier viaje a lo desconocido. Me hago tres preguntas: *¿A dónde me ha llevado Dios antes?* Recuerdo todos los lugares a los que Dios me envió en el pasado, las experiencias que viví, las culturas que experimenté, los estilos de vida que descubrí. Dios usa experiencias del pasado para vencer los problemas actuales. *¿Qué personas y lugares me emocionan?* Todos tenemos diferentes pasiones y cargas. A algunos les gusta trabajar en países extranjeros. A otros les gusta ayudar a sus vecinos. *¿En qué soy bueno?* Todos tenemos al menos un talento único, y esperamos hacer eso que sabemos hacer, bien.

Una vez repasada tu lista, habla de ello con Dios. Él te ayudará a decidir. ¡Después estarás listo para volar!

UN ÚLTIMO PENSAMIENTO

Cuando tengas que tomar una gran decisión, escucha atentamente a Dios. Su camino siempre es el indicado. Si no tienes una fuerte inclinación por ir en una dirección en concreto, puede significar que cualquier opción está bien. Aprendemos de las nuevas aventuras y oportunidades sin importar dónde nos lleven.

Para los hombres es imposible —aclaró Jesús, mirándolos fijamente—, mas para Dios todo es posible.

[MATEO **19:26**, NVI]

PABLO, SUPERHÉROE

Mira por un agujerito en la prisión y ve a Pablo por ti mismo: encorvado y frágil, encadenado al brazo de un guardia romano mientras espera el juicio. Contempla al apóstol de Dios. Sin un céntimo. Sin familia. Sin propiedades. Con poca vista y desgastado.

Pablo no es ni Superman, ni Batman, ni Spiderman. Él no se parece en nada a un superhéroe.

Tampoco suena como uno de ellos. Se presentó a sí mismo como el peor pecador de la historia. Era un asesino de cristianos antes de ser un líder cristiano. A veces su corazón estaba tan cargado, que Pablo apenas si podía escribir una página. "¡Soy un pobre desgraciado! ¿Quién me libertará de esta vida dominada por el pecado y la muerte?" (Romanos 7:24).

Solo el cielo sabe cuánto meditó la pregunta antes de encontrar el valor de desafiar la lógica y escribir: "¡Gracias a Dios! La respuesta está en Jesucristo nuestro Señor" (Romanos 7:25). Pablo se convirtió en un superhéroe de la fe cristiana solo cuando puso su fe y confianza en Cristo.

UN ÚLTIMO PENSAMIENTO

¿Admiras los héroes de ficción en los libros de cómics y en las pantallas de cine? Ellos muestran poderes y hacen buenas obras que la gente real solo puede contentarse con soñar. Sin embargo, tú sí tienes la oportunidad de ser un súper héroe. Cuando unes tu vida a Jesús, conectas con un poder que hace que los superhéroes inventados parezcan aburridos.

Pues los dones de Dios y su llamado son irrevocables.

[ROMANOS **11:29**]

CONFÍA EN TU DESTINO

Tendemos a definirnos por nuestros desastres. No cometas este error. ¿Crees que lo has perdido todo? No esa así. "porque las dádivas de Dios son irrevocables, como lo es también su llamamiento" (Romanos 11:29, NVI).

Así es como funciona. Tu novio te deja. Todas esas promesas de llevarte al baile de fin de curso se derritieron el momento en que él conoció a otra chica del equipo de atletismo. Ahora te sientes más aplastada que una basura debajo de una apisonadora. Ese patán. Ese holgazán. Esa inútil alga de estanque. Te sientes tentada a vengarte. Pero ¡espera! Tienes una garantía. Dios te está llamando a una vida diferente. Y por eso decides meditar en tu destino. "Soy hija de Dios. Mi vida es más que esta vida…más que este corazón roto. Esta es la promesa de Dios, y a diferencia de esa excusa penosa de chico, Dios no romperá una promesa".

Bingo. Acabas de redefinir tu vida según el diccionario de Dios. Acabas de confiar en tu destino.

UN ÚLTIMO PENSAMIENTO

¿Hay algo peor que una promesa rota? Nos deja sintiéndonos traicionados y golpeados. Dios no hará eso por ti. Él tiene un plan para tu vida y te ha dado talentos para ayudarte a que lo logres. Sigue tras Él y encontrarás el futuro para el que fuiste creado.

¡Den gracias al Señor, porque él es bueno!
Su fiel amor perdura para siempre.

[1 Crónicas 16:34]

EL CORAZÓN AGRADECIDO

En un banquete, a un soldado herido le dieron el regalo de una casa gratis. Estuvo a punto de caerse redondo por la gratitud. Saltó a la plataforma con su única pierna buena y abrazó al presentador. "¡Gracias! ¡Gracias! ¡Gracias!". Abrazó al guitarrista de la banda y a la corpulenta señora de la fila del frente. Dio gracias al camarero, a los otros soldados y luego de nuevo al presentador. Antes de terminar la noche, ¡me dio gracias a mí! Y yo no había hecho nada.

¿No deberíamos nosotros estar igual de agradecidos? Jesús está construyendo una casa para nosotros (Juan 14:2). Nuestro título de propiedad es un poquito más cierto que el del soldado.

Y Dios nos da mucho más. Trillones de diamantes brillan en el cielo cada noche. *Gracias, Dios.* Un milagro en los músculos permite que nuestros ojos lean estas palabras y tu cerebro las procese. *Gracias, Dios.* Valientes hombres y mujeres, como el soldado herido, luchan por nuestra libertad. *Gracias, Señor.* El corazón agradecido es como un imán, con una gran amplitud durante todo el día, reuniendo razones para estar agradecidos.

UN ÚLTIMO PENSAMIENTO

Damos muchas cosas por sentadas. El tejado que tienes sobre tu cabeza y la almohada que tienes debajo. Comida para compartir y amigos que se interesen. Siempre deberíamos dar gracias a Dios por estas cosas. Incluso aunque tengamos una mala semana, sabemos cómo termina la historia. Deberíamos estar agradecidos por una morada reservada en el cielo.

Capturamos los pensamientos rebeldes y enseñamos a las personas a obedecer a Cristo.

[**2 Corintios 10:5**]

GESTIONA TUS PENSAMIENTOS

Tienes que admitirlo, algunos de nuestros corazones están llenos de basura. Cuando cualquier contienda llama a la puerta, la dejaremos entrar sin problema alguno. La ira aparece y la dejamos entrar. La venganza necesita un lugar donde quedarse, así que dejamos que se asiente. La pena quiere tener una fiesta, y nosotros le decimos donde está la cocina. La lujuria llama al timbre y preparamos el cuarto de invitados. ¿Acaso no sabemos decir que no?

Muchos no. Para la mayor parte, la gestión de los pensamientos es, bueno, algo en lo que no se piensa. Pensamos mucho en el manejo del tiempo, del peso, de la carga de temario, de la piel. Pero ¿qué hay del manejo de los pensamientos? ¿No deberíamos estar igual de preocupados por gestionar nuestros pensamientos como gestionamos las demás cosas?

La Biblia dice: "Concéntrense en todo lo que es verdadero, todo lo honorable, todo lo justo, todo lo puro, todo lo bello y todo lo admirable. Piensen en cosas excelentes y dignas de alabanza" (Filipenses 4:8). ¿Otra manera de decirlo? No dejes que entre la basura.

UN ÚLTIMO PENSAMIENTO

¿En qué has estado pensando últimamente? ¿Controlas tus pensamientos, o tus pensamientos te controlan a ti? Toda clase de basura está llamando a la puerta de tu mente, intentando entrar y acomodarse como si fuera su casa. Mantén la puerta cerrada pensando en lo que es verdadero y puro y dale a Dios la llave.

Bendigan a quienes los persiguen. No los maldigan,
sino pídanle a Dios en oración que los bendiga.

[ROMANOS **12:14**]

ENCUENTRA LO BUENO EN LO MALO

Sería difícil encontrar algo peor que Judas. Algunos dicen que era un hombre bueno con una estrategia fallida. Yo no me creo eso. La Biblia dice: "Judas...era un ladrón" (Juan 12:6). El hombre era un bandido. De algún modo pudo vivir en presencia de Dios y experimentar los milagros de Cristo y no ser cambiado.

Al final decidió que prefería tener dinero que un amigo, así que vendió a Jesús por treinta piezas de plata. Judas era un canalla, un mentiroso, un holgazán. ¿Cómo podría verle alguien de otra forma?

Yo no lo sé, pero Jesús lo hizo. Solo a centímetros de la cara de su traidor, Jesús le miró y le dijo: "Amigo mío, adelante, haz lo que viniste a hacer" (Mateo 26:50). Lo que Jesús vio en Judas como digno de ser llamado amigo, no me lo puedo imaginar. Pero sé que Jesús no miente, y en ese momento vio algo bueno en un hombre muy malo.

Jesús modeló lo que debemos hacer a los que nos ofenden, porque Él hace lo mismo contigo y conmigo.

UN ÚLTIMO PENSAMIENTO

Te aseguro que puedes pensar en algunas personas por las que no sientes mucho aprecio. Personas que te han acosado y ofendido. Personas a las que nunca llamarías "amigos". Sin embargo, Jesús ama a esas mismas personas. Él las mira y, a pesar de sus defectos, ve lo bueno en ellas. Quizá nosotros también podamos.

El Señor es mi pastor; tengo todo lo que necesito.

[SALMOS **23:1**]

NECESITAMOS UN PASTOR

Las ovejas no son inteligentes. Tienden a extraviarse por arroyos tumultuosos buscando agua, después su lana, con el agua, se vuelve pesada y se ahogan. Necesitan un pastor que las dirija hacia "arroyos tranquilos" (Salmo 23:2). No tienen defensas naturales: ni garras, ni cuernos, ni colmillos. Son vulnerables. Las ovejas necesitan un pastor con una "vara y cayado" que las proteja (v. 4). No tienen un sentido de la dirección. Necesitan a alguien que las guíe por "sendas correctas" (v. 3).

Igual ocurre con nosotros. Nos gusta hablar de lo inteligentes que somos, de lo fuertes que somos, de lo independientes que somos. Pero nosotros también tendemos a ser arrastrados por aguas que debíamos haber evitado. No tenemos defensa contra el malvado león que ruge buscando alguien a quien devorar. Nosotros, también, nos perdemos.

Necesitamos un pastor. Necesitamos un pastor que cuide de nosotros y nos guíe. Y tenemos Uno.

UN ÚLTIMO PENSAMIENTO

¿No hay días en los que te sientes tan tonto e indefenso como una oveja? Moviéndote, pero sin saber bien hacia dónde vas. Sintiendo los problemas, pero sabiendo que es demasiado tarde. Las calificaciones, el talento y la popularidad no ayudan mucho en esos momentos. Solo un Pastor lo hará.

Todo el que hace la voluntad de Dios es mi
hermano y mi hermana y mi madre.

[Marcos 3:35]

FAMILIA

Quizá te sorprenda saber que Jesús tenía una familia. La tenía, y quizá te sorprenda saber que su familia no era perfecta, ni mucho menos. Así era. Si tu familia no te aprecia, ánimo; tampoco apreciaban a Jesús. Cristo mismo dijo: "Un profeta recibe honra en todas partes menos en su propio pueblo y entre sus parientes y su propia familia" (Marcos 6:4).

Hubo un tiempo en que los hermanos y hermanas de Jesús andaban con Él en público. No porque estuvieran orgullosos de Él, sino porque se avergonzaban de Él. "Cuando sus familiares oyeron lo que sucedía, intentaron llevárselo. 'Está fuera de sí', decían" (Marcos 3:21). Los hermanos de Jesús pensaban que su hermano era un lunático. ¡Estaban avergonzados!

¿Quizá conoces ese sentimiento? ¿Quizá tu familia está más avergonzada que complacida, más loca que amable? No puedo decirte que tu familia al final lo entenderá o te bendecirá, pero sé que Dios sí. Deja que Dios te dé lo que tu familia no te da. Si tu familia terrenal no te apoya, deja que tu familia celestial ocupe su lugar.

UN ÚLTIMO PENSAMIENTO

No podemos escoger a nuestros familiares. Si tu padre es un patán, puedes ser el mejor hijo del mundo y aun así no te lo dirá. Es un juego injusto con reglas injustas. Jesús no jugó a eso, y tú tampoco deberías. Ocupa tu lugar en la familia de Dios. Acéptalo no solo como Señor y Salvador, sino también como tu Padre.

Oh Dios, ¿por qué nos has rechazado tanto tiempo?

[SALMOS **74:1**]

DIOS NOS INVITA A PREGUNTAR

Tomás llegó con dudas. ¿Le había rechazado Cristo? Moisés tenía sus reservas. ¿Realmente le había dicho Dios que se fuera a casa? Job tuvo sus luchas. ¿Le había evitado Dios? Pablo tuvo sus momentos difíciles. ¿Le había abandonado Dios?

No. Dios nunca rechaza al corazón sincero. Las preguntas difíciles no dejan a Dios mudo. Él nos invita a que examinemos.

Quizá te estés preguntando por qué Dios parece mantenerse al margen cuando ocurren muchas cosas tan terribles. Por qué permite la tentación. Por qué pareció desaparecer el mes pasado cuando lo necesitabas. Si puedes *realmente* confiar y creer en Él.

Anótalo. Dios nunca rechaza al que le busca honestamente. "Si necesitan sabiduría, pídansela a nuestro generoso Dios" (Santiago 1:5). Ve a Dios con tus peticiones. Lee su Palabra. Si eres paciente, Él te señalará las respuestas que buscas. El premio será una fe más profunda, más rica y más fuerte.

UN ÚLTIMO PENSAMIENTO

Cualquier maestro te dirá que las preguntas son parte del proceso de aprendizaje. Así que no te preocupes si le haces preguntas a Dios, ¡Él sabe cómo manejarlo! Una fe madura no llega con la edad. Llega buscando y creciendo en Jesús día a día.

JUNIO

Pues las cosas que ahora podemos ver
pronto se habrán ido, pero las cosas que no
podemos ver permanecerán para siempre.

[2 CORINTIOS 4:18]

Nosotros somos el barro y tú, el alfarero.
Todos somos formados por tu mano.

[ISAÍAS **64:8**]

TU CORAZÓN PUEDE CAMBIAR

Dios quiere que seamos como Jesús.

¿No son eso buenas noticias? No estás estancado con la personalidad que tienes hoy. No estás condenado a ser un "gruñón". Eres alterable. Aunque estés preocupado cada día de tu vida, no tienes que preocuparte durante el resto de tu vida. ¿Qué ocurriría si hubieras nacido esnob? No tienes que morir siendo así.

¿Dónde conseguimos la idea de que no podemos cambiar? ¿De dónde salieron frases tales como: "Yo tiendo a preocuparme por naturaleza" o "Siempre seré pesimista. Soy así"? ¿Diríamos eso de nuestro cuerpo? "Por naturaleza tiendo a tener una pierna rota. No puedo hacer nada al respecto". Claro que no. Si nuestro cuerpo no funciona bien, buscamos ayuda. ¿No deberíamos hacer lo mismo con nuestro corazón? ¿No deberíamos buscar ayuda para nuestras actitudes amargadas? ¿No podemos solicitar tratamiento para nuestras acciones egoístas?

Por supuesto que podemos. Jesús puede cambiar nuestro corazón. Él quiere que tengamos un corazón como el suyo.

UN ÚLTIMO PENSAMIENTO

¿Alguna vez te has frustrado contigo mismo? ¿Desearías poder ajustar tu actitud? Jesús es tu respuesta. Si lo dudas, recuerda que Él cambió el mundo entero. Si puede hacer eso, ¿no crees que puede cambiarte a ti?

¡Esta es la batalla del Señor!

[1 SAMUEL 17:47]

INTENTA DERRIBAR A TU GIGANTE

David corre hacia el ejército para encontrarse con Goliat (1 Samuel 17:48). Goliat echa hacia atrás su cabeza de la risa, lo justo para que su casco se mueva un poco hacia atrás y deje al descubierto un cuadradito de carne. David ve la diana y aprovecha el momento. Gira su onda. La piedra sale despedida a gran velocidad por el aire hacia la cabeza; Goliat cae al suelo y muere. David saca la espada de Goliat de su vaina, hace una brocheta de filisteo y le corta su cabeza.

Quizá pienses que David sabía cómo *descabezar* a este gigante. ¿Cuándo fue la última vez que tú hiciste lo mismo? ¿Cuánto tiempo ha pasado desde que corriste hacia tu desafío? Tendemos a retirarnos, escondernos tras un montón de tareas o a escabullirnos en la distracción de la fiesta de la vida. Durante un tiempo nos sentimos seguros, cómodos, pero después se acaba el trabajo o se termina la fiesta, y oímos de nuevo a Goliat. Estridente. Grandilocuente.

Intenta una táctica distinta. Apresúrate hacia tu gigante con un alma empapada en Dios. *¿Gigante de depresión? Tú no me vencerás. Gigante de alcohol, drogas, inseguridad…vas a caer.* ¿Cuánto tiempo hace desde que cargaste tu onda e intentaste derribar a tu gigante?

UN ÚLTIMO PENSAMIENTO

A veces es el valiente quien sale victorioso. Quizá no te sientas demasiado valiente en ese momento, pero Dios marcará la diferencia. Pídele nuevas fuerzas, valentía, poder para tirar al gigante en tu vida. Tú puedes hacerlo, ¡vamos!

¡Tú guardarás en perfecta paz
a todos los que confían en ti;
a todos los que concentran
en ti sus pensamientos!

[Isaías 26:3]

FIJA TUS PENSAMIENTOS EN DIOS

Los Goliat aún deambulan por nuestro mundo. Desastres. Engaño. Enfermedad. Divorcio. Depresión. Desafíos gigantes aún se pavonean y contonean, aún roban el sueño y bloquean el gozo. Pero no pueden dominarte. Tú sabes cómo lidiar con ellos. Tu enfrentas gigantes enfrentando primero a Dios.

Pablo, el apóstol, escribió: "Oren en el Espíritu en todo momento y en toda ocasión. Manténganse alerta y sean persistentes en sus oraciones" (Efesios 6:18). La oración generó los éxitos de David. ¿Cómo sobrevivir a una vida de fugitivo en las cuevas? David lo hizo con oraciones como esta: "¡Ten misericordia de mí, oh Dios, ten misericordia! En ti busco la protección. Me esconderé bajo la sombra de tus alas hasta que haya pasado el peligro. Clamo al Dios Altísimo, a Dios, quien cumplirá su propósito para mí" (Salmos 57:1-2).

Marca bien esta promesa: "¡Tú [Dios] guardarás en perfecta paz a todos los que confían en ti; a todos los que concentran en ti sus pensamientos!" (Isaías 26:3). Dios no sólo promete paz, sino paz perfecta. ¿A quién? A aquellos que tienen la mente "concentrada" en Dios. Olvídate de un examen ocasional. La paz se les promete a los que fijan sus pensamientos y deseos en el Rey.

UN ÚLTIMO PENSAMIENTO

Dios escucha cada oración de los hijos que ama, pero ¿qué tipo crees que le agrada más? ¿Las palabras aleatorias y fugaces, tipo olas: "Hola Dios, ¿cómo estás?", o conversaciones íntimas, en profundidad, sentados sin prisa? Pablo dice: "Sean persistentes en sus oraciones". A mí me parece un buen consejo para el pueblo de Dios.

Mi antiguo yo ha sido crucificado con Cristo.
Ya no vivo yo, sino que Cristo vive en mí.
Así que vivo en este cuerpo terrenal confiando
en el Hijo de Dios, quien me amó y
se entregó a sí mismo por mí.

[GÁLATAS 2:20]

ENTRÉGALE A DIOS TUS MANOS

Tienes que terminar de escribir una redacción. Un solo de trompeta que practicar. Una papelera que vaciar. Dicho en pocas palabras, tienes cosas que hacer.

Igual que Dios. Las abuelas necesitan abrazos. Los presos necesitan compañía. Los hambrientos necesitan alimentos. Los estudiantes estresados necesitan esperanza. Dios tiene trabajo que hacer, y Él usa nuestras manos para hacerlo.

Lo que la mano es para el guante, el Espíritu es para el cristiano. Dios entra en nosotros. A veces, apenas lo notamos. Otras veces, no podemos dejar de notarlo. Dios mete sus dedos en nuestras vidas, centímetro a centímetro reclamando el territorio que es legalmente suyo.

¿Tu lengua? Él la reclama para su mensaje, ¿Tus pies? Él los llama para sus propósitos. ¿Tu mente? Él la hizo y quiere usarla para su gloria. ¿Tus ojos, tu rostro y manos? A través de ellos Él llorará, sonreirá y tocará. Él tiene trabajo que hacer. Dale a Dios tus manos (y el resto de tu ser) y obsérvalas cambiar vidas.

UN ÚLTIMO PENSAMIENTO

Dios no se conforma con usar parte de ti para lograr sus propósitos. ¿Para qué sirve la mitad de un martillo? Él quiere todo tu corazón, toda tu mente, toda tu fe, para que puedas participar totalmente y Él pueda terminar sus perfectos y maravillosos planes.

Dedíquense a la oración con una mente
alerta y un corazón agradecido.

[COLOSENSES 4:2]

¿POR QUÉ PREOCUPARSE?

Dos palabras resumen la opinión de Cristo de la preocupación: *irrelevante* e *irreverente*.

"¿Acaso con todas sus preocupaciones pueden añadir un solo momento a su vida?" (Mateo 6:27). Por supuesto que no. La preocupación es irrelevante. No cambia nada. ¿Cuándo fue la última vez que resolviste un problema preocupándote por él? Imagínate a alguien que dice: "Voy retrasado con mis tareas, así que he decidido preocuparme para ponerme al día. Y sabes, ¡ha funcionado! Unas cuantas noches sin dormir, un día de vómitos y frotándome las manos y, gloria a la preocupación, las tareas terminadas aparecieron en mi escritorio".

¡No funciona! La preocupación no cambia nada. Tú no añades un día a tu vida ni un poco de vida a tu día preocupándote. Tus anhelos ansiosos te producen dolor de estómago, y nada más.

El noventa y dos por ciento de nuestras preocupaciones son innecesarias. No solo la preocupación es irrelevante, y no produce nada; la preocupación es irreverente, y es una falta de confianza en Dios.

UN ÚLTIMO PENSAMIENTO

Lee las palabras de Jesús en Mateo 6:25-31. ¿No nos está diciendo que Dios nos dará lo que necesitemos nos preocupemos o no? ¿No nos está diciendo que deberíamos enfocarnos en el hoy y que preocuparse por el mañana es energía perdida? Mostremos nuestra fe y dejemos atrás la preocupación.

Entonces, ¿qué hago con Jesús, llamado el Mesías?

[MATEO **27:22**]

DOS OPCIONES

Pilato, el gobernador romano que se vio ante un prisionero que decía ser un rey, tenía una pregunta. Es la pregunta que resuena a lo largo de la historia: "¿qué hago con Jesús, llamado el Mesías?" (Mateo 27:22).

Quizá tú, como Pilato, tienes curiosidad por este Jesús. ¿Qué haces con un hombre que afirma ser Dios y a la vez odia la religión? ¿Qué haces con un hombre que se llama a sí mismo Salvador pero condena el sistema? ¿Qué haces con un hombre que conoce el lugar y el tiempo de su muerte pero accede a ir igualmente?

Tienes dos opciones. Puedes rechazarlo. Esa es una opción. Puedes, como han hecho muchos, decidir que la idea de que Dios se convierta en carpintero es demasiado extraña, y alejarte.

O puedes aceptarlo. Puedes viajar con Él. Puedes escuchar su voz entre los cientos de voces y seguirle.

UN ÚLTIMO PENSAMIENTO

¿Qué harás con Jesús? Tienes la curiosidad suficiente para leer este devocional. Quizá ya has hablado de tu fe en Cristo, pero aún retienes algo. No puedes seguir así. ¿Rechazarlo? ¿O aceptarlo del todo? Es la hora de escoger.

Miren con cuánto amor nos ama nuestro Padre que
nos llama sus hijos, ¡y eso es lo que somos!

[1 JUAN 3:1]

¿QUIÉN SOY YO?

La vida puede ser muy confusa. Descubrir qué se supone que debes hacer. Descubrir para qué eres bueno (y no tan bueno). Encontrar lo que crees. Puede dejarte la cabeza dando vueltas más rápido que un tiovivo. Comienzas a preguntarte: *¿Pero quién soy yo?*

Permíteme decirte quién eres. De hecho, déjame proclamar quién eres. Eres parte de la familia de Dios y heredarás su reino con Cristo (Romanos 8:17). Eres eterno, como un ángel (Lucas 20:36). Tienes una corona que durará para siempre (1 Corintios 9:25). Eres un sacerdote santo (1 Pedro 2:5), una valiosa adquisición (Éxodo 19:5).

Pero más que cualquier otra cosa, más importante que cualquier título o posesión, es el simple hecho de que eres un hijo de Dios. "¡y eso es lo que somos!" (1 Juan 3:1). Como resultado, si algo es importante para ti, es importante para Dios. Le perteneces a Él.

UN ÚLTIMO PENSAMIENTO

Tenemos muchos papeles que desempeñar. Hijo o hija. Hermano o hermana. Estudiante. Amigo. Compañero de cuarto. A la vez hay uno que sobresale por encima del resto: hijo de Dios. Este es el papel que te da tu estatus. Esta es la parte que te da paz y amor para siempre. Nunca olvides quién eres.

Deben ser compasivos,
así como su Padre es compasivo.

[Lucas **6:36**]

CURAR EL ABURRIMIENTO

Te apuesto a que has usado esta frase una o dos veces: "Mamá, me aburro". Hay días en que la vida parece una lata. Cuando los maestros hablan mucho. Cuando lo más emocionante que hacer es ver cómo el reloj marca un minuto más.

¿Quieres una cura para el aburrimiento? Haz algo estrafalario. Una obra de caridad no remunerada. Haz una obra que no te puedan pagar. Estoy hablando de limpiar el jardín de una vecina anciana cuando no esté en casa. Lavar el automóvil de tu papá cuando esté de viaje. Invitar a ese chico que no tiene amigos a jugar contigo a los videojuegos. Invitar a la chica nueva al grupo de jóvenes de tu iglesia. Llevar galletas a un preso o vagabundo.

Jesús dijo: "Deben ser compasivos, así como su Padre es compasivo" (Lucas 6:36). Cuando veas el gozo que resulta de tu regalo de amor y tiempo, hará desaparecer tu aburrimiento y lo reemplazará por asombro.

UN ÚLTIMO PENSAMIENTO

Lo gracioso de estar aburrido es que el enfoque está todo en ti y en cómo te sientes. Cuando te atreves a hacer una buena obra por alguien, eso cambia el foco de atención. Comienzas a notar lo que ocurre a tu alrededor en vez de dentro de ti. Eso no es aburrido. Es emocionante.

El Señor detesta el camino de los perversos,
pero ama a quienes siguen la justicia.

[PROVERBIOS **15:9**]

EL FUEGO DE LA IRA

Quizá la herida es antigua. Tu padre abusó de ti. Un maestro te faltó al respeto. Un amigo te traicionó. Y estás enojado. O quizá la herida es reciente. El amigo que te debe dinero se acaba de comprar una bicicleta nueva. El novio que te hizo tantas promesas la semana pasada se ha olvidado de pronunciar tu nombre. Y te duele.

Una parte de ti está hecha pedazos, y la otra parte está amargada. Una parte de ti quiere llorar, y otra parte quiere luchar. Hay un fuego ardiendo en tu corazón. Es el fuego de la ira.

Y tienes enfrente una decisión. "¿Apago el fuego, o lo avivo? ¿Lo supero o tomo venganza? ¿Lo suelto o guardo rencor? ¿Dejo sanar mis heridas o dejo que el dolor se convierta en odio?".

Odiar está mal. La venganza es mala. Pero lo peor de todo es que sin perdón, lo único que queda es amargura.

UN ÚLTIMO PENSAMIENTO

Probablemente conoces a alguien cuya ira se ha convertido en amargura. ¿Cómo es esa persona? ¿Más gruñona que divertida? ¿Más palabras que cortan en lugar de valentía? ¿Así quieres ser tú? Entrégale tu corazón partido a Dios. Deja que se apague el fuego. Perdona.

Pero todo el que se mantenga firme hasta el fin será salvo.

[MATEO 10:22]

TERMINA

¿Estás a punto de rendirte? Por favor, no lo hagas. ¿Estás desanimado con tu futuro? Aguanta. ¿Estás cansado de hacer el bien? Hazlo un poco más. ¿Eres pesimista con la lealtad de tus amigos? Dales otra oportunidad. ¿No tienes comunicación con tus padres? Inténtalo una vez más.

Recuerda: los que terminan no son los que no tienen heridas o cansancio, todo lo contario. Son como los boxeadores, golpeados y sangrando. La madre Teresa dijo: "Dios no nos llamó a tener éxito, sino a ser fieles". El luchador, como nuestro Maestro, está herido y lleno de dolor. Como Pablo, quizá esté atado y golpeado, pero continúa.

La tierra prometida, dice Jesús, espera a los que perseveran. No es solo para los que hacen las vueltas de la victoria, o beben champán. No señor. La Tierra Prometida es para los que sencillamente aguantan hasta el final. Tu llegada dará comienzo a una celebración como ninguna otra.

UN ÚLTIMO PENSAMIENTO

Dios honra a los que terminan. Job sufrió terribles pérdidas y miseria pero nunca perdió su fe, y Dios le bendijo casi sin medida. Lo mismo se podría decir de José y de innumerables más. ¿Las dificultades te hacen querer abandonar? No cedas. No te imaginas lo que Dios tiene esperando para los que terminan.

La vida no se mide por cuánto tienen.

[Lucas **12:15**]

LA CÁRCEL DEL QUERER

¿Estás en la cárcel? Lo estás si te sientes mejor cuando tienes más y peor cuando tienes menos. Lo estás si el deleite está cerca, a un logro más, o a una reforma más. Si tu felicidad viene de algo que depositas, conduces, bebes, digieres o descargas, entonces sé realista: estás en la cárcel, la cárcel del querer.

Esa es la mala noticia. La buena noticia es que tienes un visitante. Y tu visitante tiene un mensaje que puede sacarte de ella. Dirígete a la sala de recepción. Toma asiento en la silla, y mira al otro lado de la mesa al escritor de salmos: David. Él te hace señas para que te acerques. "El Señor es mi pastor; tengo todo lo que necesito" (Salmos 23:1).

Es como si dijera: "Lo que tengo en Dios es mayor que lo que no tengo en la vida".

¿Crees que tú y yo podríamos aprender a decir lo mismo?

UN ÚLTIMO PENSAMIENTO

Nacemos queriendo. De bebés, queremos leche, queremos atención, queremos que nos cambien de pañal, ¡y lo queremos ya! Pero a medida que crecemos, aprendemos que lo que queremos no es lo mismo que lo que necesitamos. La fe deja atrás el querer. Dios suple la necesidad.

Sólo él es mi refugio, mi lugar seguro;
él es mi Dios y en él confío.

[SALMO 91:2]

DIOS ESCRIBIÓ TU HISTORIA

¿**R**ealmente te han ocurrido cosas malas? Tú y Dios quizá tengan definiciones distintas de la palabra *malas*. Quizá tu diccionario lo define como "grano en la nariz" o "mal examen en geometría". "Papá, ¡esto es realmente malo!", dices. Papá, que tiene algo más de experiencia, piensa distinto. Él entiende que ese grano pasa.

Lo que tú y yo podríamos calificar de verdadero desastre, Dios quizá lo evalúa como un problema tipo grano que pasará. Él ve tu vida como tú ves una película después de haber leído el libro. Cuando algo malo sucede, tú sientes que falta el aire en el cine. Todos jadean por la crisis de la pantalla. Pero tú no. ¿Por qué? Tú has leído el libro. Sabes que el bueno sale del lío en el que está. Dios ve tu vida con la misma confianza. Él no solo ha leído tu historia…Él la escribió.

UN ÚLTIMO PENSAMIENTO

Vuelve a pensar en tu último día malo. ¿Cuán malo fue? ¿Lo recordarás dentro de cinco años? ¿De diez? Tus problemas son reales, eso lo entiendo, pero quizá te ayude el recordar que Dios ha visto el resto de tu historia, y tiene un final feliz.

El camino de Dios es perfecto.

[SALMOS **18:30**]

LA CURA PARA LA DECEPCIÓN

Cuando Dios no hace lo que queremos, no es fácil. Nunca lo ha sido. Nunca lo será. Pero la fe es la convicción de que Dios sabe más que nosotros sobre esta vida y que nos ayudará en ella. Nuestra decepción se cura arreglando nuestras expectativas.

Me gusta la historia acerca del amigo que fue a la tienda de mascotas en busca de un periquito cantarín. Parece que vivía solo y su casa estaba demasiado silenciosa. El dueño de la tienda tenía precisamente el ave para él, así que el hombre la compró.

Al día siguiente, el hombre llegó a casa del trabajo y se encontró con una casa llena de música. Fue a la jaula para alimentar al pájaro y se dio cuenta por primera vez de que el periquito tenía solo una pata. Se sintió engañado al haberle vendido un ave con una sola pata, así que llamó y se quejó.

"¿Qué quiere?, le respondió el dueño de la tienda, "¿un pájaro que cante o un pájaro que baile?". Buena pregunta para los tiempos de decepción.

UN ÚLTIMO PENSAMIENTO

Somos muy parecidos al hombre con el nuevo periquito. Conseguimos lo que necesitamos, y después nos quejamos por ello. ¿Te está proveyendo Dios? ¿Te ha dado esperanza para hoy y esperanza para el cielo? Evitaremos la decepción si confiamos en que Dios nos da lo que necesitamos.

Jesús los llamó: Vengan, síganme.

[MATEO 4:19]

LA PALABRA FAVORITA DE DIOS

Las invitaciones nos hacen sentir especiales. Ya sea una tarjeta en el correo pidiéndonos asistir a una fiesta de cumpleaños o una oferta especial para ir al baile, una invitación es un momento para celebrar.

Nuestro Dios es un Dios que invita. Él invitó a María a tener a su Hijo, a los discípulos a ser pescadores de hombres, a la mujer que cometió adulterio a comenzar de nuevo, y a Tomás a tocar sus heridas. Dios es el Rey que prepara el palacio, pone la mesa e invita a su súbditos a entrar. De hecho, parece que su palabra favorita es *Vengan*.

"*Vengan*, vamos a hablar de estas cosas. Aunque tus pecados sean como la grana, pueden ser blancos como la nieve". "Todos los sedientos, *vengan* y beban". "*Vengan* a mí, todos los que estén trabajados y cargados, y yo les haré descansar".

Dios es un Dios que invita. Él te está pidiendo, ahora mismo, que hables con Él para que se conozcan mejor. ¿Qué dices?

UN ÚLTIMO PENSAMIENTO

Las invitaciones de Dios siguen llegando. Él te pide que lo mires. Te pide que leas su Palabra y veas si es cierto lo que dice. Te pide que le des tu corazón. Te pide que cada día seas más como Cristo. Te pide que estés con Él para siempre. Cada invitación es increíble. ¿No vas a decir que sí?

Hijos míos, escuchen cuando su padre los corrige.
Presten atención y aprendan buen juicio.

[PROVERBIOS 4:1]

UNA LECCIÓN DE UN PADRE

Un padre da muchas lecciones a sus hijos. Una de las más importantes para mí llegó casi al final de la vida de mi padre. Se acababa de jubilar. Él y mamá habían ahorrado un dinero y habían hecho sus planes. Querían visitar todos los parques nacionales en su caravana. Entonces llegó el diagnóstico de esclerosis lateral amiotrófica (la enfermedad de Lou Gehrig), una cruel enfermedad degenerativa de los músculos.

En ese entonces, mi esposa Denalyn y yo estábamos preparándonos para hacer obra misionera en Brasil. Cuando recibimos la noticia, me ofrecí para cambiar mis planes. Al fin y al cabo, ¿cómo podía dejar el país mientras él se estaba muriendo? La respuesta escrita de papá fue inmediata. "Respecto a mi enfermedad y tu salida a Río, esa es realmente una respuesta fácil para mí, y es esta: 'VE'... No tengo temor a la muerte ni a la eternidad... así que no te preocupes por mí. Solo 'VE'. Agrádalo a Él".

Papá me recordó que ante los problemas e incluso la muerte, sigue habiendo solo una respuesta. Sé valiente. Agrada a Dios. La lección de mi padre era que hacer la voluntad del Padre siempre es lo más importante.

UN ÚLTIMO PENSAMIENTO

¿Cuáles son las lecciones que te han dado tus padres? Si puedes, ¿por qué no les das gracias hoy por su guía? Mientras estás en ello, da gracias a tu Padre celestial por su guía también, y acuérdate de seguir agradándolo.

Sin embargo, los hiciste un poco menor que
Dios y los coronaste de gloria y honor.

[SALMOS 8:5]

CORRIGE LA VISIÓN DE TI MISMO

¿**E**res demasiado duro contigo mismo? ¿Esperas demasiado de ti? ¿Sientes que no puedes hacer nada bien? ¿Tienes una pobre visión de ti mismo?

Recuerda que tu identidad no está en lo que haces sino en lo que eres. Eres hijo de Dios, creado por el Maestro para sus planes y su gloria. Cuando te ves con sus lentes, tu "no puedo hacer nada" se convierte en "todo lo puedo hacer por medio de Cristo" (Filipenses 4:13). Dios es mayor que tu timidez, tus temores a ser rechazado, tus errores pasados. Él quiere que te acerques a otros en su nombre. Quizá no lo ves aún, pero Él te está preparando para cambiar el mundo.

Pertenecer totalmente a Dios significa deshacerse de cualquier sentimiento de inseguridad. Eres parte de su familia, creado para desempeñar un papel en un futuro santo, y Él no comete errores.

UN ÚLTIMO PENSAMIENTO

Quizá no estás a la altura de tus normas. Quizá tu desempeño últimamente no ha sido el mejor. A Dios no le preocupa eso. Él te ama y valora porque te creó. Él tiene planes para ti que no te puedes ni imaginar. Confía en Él. Ámalo. Él dio su vida por algo precioso: tú.

Porque ustedes tienen un solo Maestro, el Mesías.

[MATEO 23:10]

SIMPLIFICA TU FE

Hay algunos que se posicionan entre tú y Dios. Hay algunos que sugieren que la única manera de llegar a Dios es a través de ellos. Está el gran maestro que tiene la última palabra en cuanto a enseñanza bíblica. Está el padre que debe bendecir tus actos. Está el líder espiritual que te dirá lo que Dios quiere que hagas. El mensaje de Jesús para la complicada religión es quitar estos mediadores, "porque ustedes tienen un solo Maestro, el Mesías" (Mateo 23:10).

No está diciendo que no necesites maestros, ancianos o consejeros. Está diciendo, sin embargo, que todos somos hermanos y hermanas y tenemos el mismo acceso al Padre. Simplifica tu fe al buscar a Dios por ti mismo. No se necesitan ceremonias confusas. No se necesitan rituales misteriosos. No son necesarios los complicados canales de mando o los niveles de acceso.

¿Tienes una Biblia? Puedes estudiar. ¿Tienes una mente? Puedes pensar. ¿Tienes un corazón? Puedes orar. Y Dios lo recibe con una bienvenida.

UN ÚLTIMO PENSAMIENTO

Es una de las maravillosas paradojas de la fe cristiana, el increíble y transformador poder de un sencillo mensaje. Jesús nos pide que confesemos nuestros pecados y que creamos en Él. Tener una relación con Él es muy sencillo. Estudia su Palabra. Piensa en lo que significa. Habla con Él en oración.

Estuve desnudo, y me dieron ropa.

[MATEO **25:36**]

LO QUE HACE EL AMOR

¿**Q**ué tal si recibieras el privilegio de María? ¿Qué tal si Dios mismo estuviera entre tus brazos siendo un bebé recién nacido? ¿Harías lo que ella hizo? "Lo envolvió en tiras de telas" (Lucas 2:7). El bebé Jesús, aún mojado del vientre, fue vestido y cuidado. Así que esta madre hizo lo que cualquier madre haría; hizo lo que el amor hace: ella le cubrió.

¿No quisieras tener la oportunidad de hacer lo mismo? Pues tienes una. Estas oportunidades salen a tu encuentro cada día. El vagabundo tiritando en la esquina, ¿podrías darle tu abrigo? El marginado solitario dos grados por debajo de ti, ¿podrías ofrecerle una palabra de ánimo?

Jesús dijo: "Estuve desnudo, y me dieron ropa...Les digo la verdad, cuando hicieron alguna de estas cosas al más insignificante de estos, mis hermanos, ¡me lo hicieron a mí!" (Mateo 25:36, 40). Puedes cubrir cualquier cosa con amor.

UN ÚLTIMO PENSAMIENTO

Si alguien te entregase un bebé tiritando de frío, por supuesto que lo cubrirías y cuidarías de él. Pero no siempre podemos ver el frío que la gente siente por dentro. Casi todos los que ves están temblando por algún tipo de herida. Cuando cuidas de ellos, también estás cuidando de Jesús.

El Señor me llamó desde antes que naciera; desde
el seno de mi madre me llamó por mi nombre.

[ISAÍAS **49:1**]

SACAR EL BIEN

Christine Caine fue abandonada, sin nombre, por la madre
y el padre que la concibieron y dieron a luz. ¿Podría haber
algo peor? En verdad, sí. Abusaron sexualmente de ella algunos
miembros de su nueva familia. Convirtieron su infancia en una
horrible historia de un encuentro tras otro. Doce años de fea
maldad.

No obstante, lo que ellos pretendieron que fuera para mal,
Dios lo usó para bien. Christine escogió enfocarse en la promesa de su Padre celestial y no en las heridas de su pasado. Años
después, cuando oyó de los apuros de las niñas atrapadas en la
industria de las esclavas sexuales, supo que tenía que responder.
Esta niña sin nombre, de la que abusaron, se dispuso a rescatar
a chicas de su época sin nombre y que sufrían abusos. Ahora
viaja por todo el mundo reuniéndose con gabinetes, presidentes
y parlamentarios. El plan de Satanás para destruirla finalmente
la fortaleció en su decisión de ayudar a otras. Con Dios como su
ayudante, verá la esclavitud sexual arrodillada.[6]

Ningún mal está fuera del alcance de Dios. Él sacará algo bueno también de tu embrollo. Ese es su trabajo.

UN ÚLTIMO PENSAMIENTO

De una forma y otra, tú has visto el mal. Sabes lo que el diablo
puede hacer, pero el llamado de Dios en ti es mayor que la
mayor estrategia de Satanás. Confía en el poder y la promesa
del Señor. Que esto fortalezca tu decisión de vencer el mal y
cumplir su plan para sacar un bien increíble.

Entrega al Señor todo lo que haces;
confía en él, y él te ayudará.

[SALMOS 37:5]

ÉL SUPLE NUESTRAS NECESIDADES

Dios está comprometido a suplir nuestras necesidades. Pablo nos dice que un hombre que no alimenta a su propia familia es peor que un incrédulo (1 Timoteo 5:8). ¿Cuánto más no cuidará un Dios santo de sus hijos? Al fin y al cabo, ¿cómo podemos llevar a cabo su misión para nosotros a menos que nuestras necesidades sean suplidas? ¿Cómo podemos enseñar o ayudar o hablar a otros de Jesús a menos que nuestras necesidades básicas están cubiertas? ¿Nos alistaría Dios en su ejército y no nos daría de comer? Por supuesto que no.

"Y ahora, que el Dios de paz...los capacite con todo lo que necesiten para hacer su voluntad" (Hebreos 13:21). ¿No ha sido respondida ya esa oración en nuestra vida? Quizá no hayamos tenido una fiesta, pero ¿no hemos tenido comida siempre? (Sí, las comidas del comedor de la escuela cuentan como comidas). Quizá no hubo un banquete, pero al menos hubo pan. Y muchas veces hubo mucho más que eso. Dios cuida de nosotros todos los días.

UN ÚLTIMO PENSAMIENTO

¿Qué tal si escribieras una lista de todo lo que quisieras? Sé honesto, ¿acaso no sería la lista de papel más larga que tú? ¿Y qué hay de lo que necesitamos? Una lista mucho más corta. Comida. Techo. Abrigo. Amor. Dios sabe exactamente lo que necesitamos, y está comprometido a dárnoslo.

Me complace hacer tu voluntad, Dios mío, pues
tus enseñanzas están escritas en mi corazón.

[SALMOS 40:8]

¿QUÉ ENCIENDE TU CORAZÓN?

¿**Q**uieres conocer la voluntad de Dios para tu vida? Entonces responde a esta pregunta: ¿Qué enciende tu corazón? ¿Los huérfanos olvidados? ¿Las naciones no alcanzadas? ¿El cinturón de pobreza? ¿Las fronteras más lejanas? ¡Honra el fuego que hay en tu interior!

¿Te apasiona cantar? ¡Entonces canta! ¿Te gusta la administración? ¡Administra! ¿Te conmueven los enfermos? ¡Trátalos! ¿Te dueles por los perdidos? ¡Enséñales! Quizá tu sueño es ser buceador, bailarina, veterinario, ventrílocuo. ¡Ve a por ello!

Siendo joven yo sentí el llamado a predicar. No estaba seguro de si estaba leyendo bien la voluntad de Dios para mí, y busqué el consejo de un ministro al que admiraba. Su consejo sigue sonando alto y claro. "No prediques", me dijo, "a menos que *tengas que* hacerlo". Mientras meditaba en sus palabras encontré mi respuesta: "Tengo que hacerlo. Si no lo hago, el fuego me consumirá".

Puede que Dios sea la fuente de tu pasión. ¿Cuál es el fuego que te consume?

UN ÚLTIMO PENSAMIENTO

Tus dones y sueños no son aleatorios. Dios nos da a cada uno habilidades únicas y deseos para nuestro futuro. Lo que parece ridículo o poco práctico para alguien puede ser exactamente lo que Dios haya planeado para ti. Si Él abre la puerta, no tengas miedo de entrar por ella.

A todos los que salgan vencedores y me obedezcan hasta el final: Les daré autoridad sobre todas las naciones.

[APOCALIPSIS 2:26]

¿QUÉ TAL SI DIOS NO ESTUVIERA AQUÍ?

Piensa por un momento en esta pregunta: ¿Qué tal si Dios no estuviera aquí en la tierra? Si piensas que la gente puede ser cruel ahora, imagínate si no tuviéramos la presencia de Dios. Si crees que somos brutales los unos con los otros ahora, imagínate el mundo sin el Espíritu Santo. Si piensas que hay soledad, desesperación y culpa ahora, imagínate la vida sin el toque de Jesús.

¿Cómo serían tus familiares y amigos si Él no estuviera moldeando su carácter? ¿Cómo estarías *tú*? Sin perdón. Sin esperanza. Sin actos de bondad. Sin palabras de amor. No más comida dada en su nombre. No más canciones cantadas para su alabanza. No más obras hechas en su honor. Si Dios retirase a sus ángeles, su gracia, su promesa de la eternidad y a sus siervos, ¿cómo sería el mundo?

En una palabra, el infierno.

Demos gracias a Dios ahora y cada día porque Él está aquí con nosotros.

UN ÚLTIMO PENSAMIENTO

¿Cómo es tu imaginación? ¿Alguna vez has inventado historias y mundos en tu mente? Me gusta pensar que tengo una buena imaginación, pero hay algunas cosas que preferiría no imaginar. Una es un mundo sin Dios. Estoy agradecido de no tener que pensar en ello. Apuesto a que tú también lo estás.

"He encontrado en David, hijo de Isaí,
a un hombre conforme a mi propio corazón;
él hará todo lo que yo quiero que haga".

[Hechos 13:22]

EL CORAZÓN QUE A DIOS LE ENCANTA

Dios llamó a David "un hombre conforme a mi propio corazón". Uno podría leer la historia de David y preguntarse qué vio Dios en él. Esta hombre cayó tantas veces como se levantó, tropezó tanto como conquistó. Derribó a Goliat pero miró con lujuria a Betsabé, desafió a los que se burlaban de Dios en el valle pero se unió a ellos en el desierto. Pudo dirigir ejércitos pero no pudo dirigir a su familia. David furioso. David lloroso. Sediento de sangre. Hambriento de Dios.

¿Un hombre conforme a mi propio corazón? Que Dios le viera de esta forma nos da esperanza a todos. Las personas que consiguen las mejores calificaciones encuentran la historia de David un tanto decepcionante. El resto la encontramos alentadora. Todos montamos en la misma montaña rusa. Alternamos entre caídas en picado y encogidas del estómago, filetes salados y tostadas quemadas.

Necesitamos la historia de David. Algunos ven la ausencia de milagros en su historia. No se abrió el mar Rojo, ni hubo carrozas de fuego, ni Lázaros muertos que caminasen. No hubo milagros. Pero hay uno. David es uno. El Dios que hizo un milagro con David está preparado para hacer uno contigo.

UN ÚLTIMO PENSAMIENTO

¿Te identificas con David? Quizá no con la parte del rey, pero probablemente con el patrón de éxito y después tropiezo que vemos en su vida. Sus acciones no siempre generaron aplausos, pero su corazón estaba por lo general en el lugar correcto. Pon tu corazón en Dios y estarás bien.

Entonces...al perdonar todos nuestros pecados. Él anuló el acta con los cargos que había contra nosotros y la eliminó.

[Colosenses 2:13-14]

EL DON QUE LLAMAMOS GRACIA

Todas las religiones del mundo pueden encajar en dos categorías: legalismo o gracia. Tú eres salvo por tus obras o eres salvo por el regalo de la muerte de Cristo.

Un legalista cree que la fuerza suprema detrás de la salvación eres tú. Si miras bien, hablas bien y perteneces al grupo correcto, serás salvo. La responsabilidad no recae en Dios; reside en ti. ¿El resultado? Todo parece muy bonito por fuera. La forma de hablar es buena y el paso es verdadero. Pero si miras con detenimiento, si escuchas con atención, verás que falta algo. ¿Qué es? El gozo. ¿Qué hay? Temor. (De no hacer lo suficiente). Arrogancia. (Porque has hecho suficiente). Fracaso. (Al haber cometido un error).

La vida espiritual no es un esfuerzo humano. No es un examen para el que estudiar o un título que obtener. No logras la salvación sacando puntos de más. Tu vida de fe está arraigada y coordinada por el Espíritu Santo. Cada logro espiritual está creado y vigorizado por Dios, incluyendo la salvación, ese regalo al que llamamos gracia.

UN ÚLTIMO PENSAMIENTO

Va contra todo lo que nos han enseñado. Si quieres algo grande, algo importante, tienes que trabajar por ello, ¿verdad? No esta vez. El logro más importante de todos, un asiento reservado en el cielo, no se puede ganar. Es el mayor regalo de todos.

Pues al Padre le da mucha
felicidad entregarles el reino.

[Lucas **12:32**]

A ÉL LE ENCANTA DAR

A Dios le encanta dar. Él "da a todos generosamente sin menospreciar a nadie" (Santiago 1:5, NVI). Él nos *inunda* de amor (1 Juan 3:1). Él es rico en "bondad…tolerancia…y paciencia" (Romanos 2:4, NVI). Él fue "generoso y lleno de gracia" (1 Timoteo 1:14) y "no se puede describir con palabras" (2 Corintios 9:15). Convirtió unos cuantos panes y peces en comida para alimentar a cinco mil personas, convirtió el agua en vino en una boda, y colmó el barco de Pedro con peces, dos veces. Sanó a todos los que buscaron sanidad, enseñó a todos los que querían instrucción, y salvó a todos los que aceptaron el regalo de la salvación.

Imagínatelo en el centro del círculo, con una enorme sonrisa en su rostro, enseñándote el último paso de baile. Cuando Dios da, baila de gozo. Él empieza a tocar y dirige el desfile del dar.

Dios dispensa su bondad no con cuentagotas sino con un surtidor. Uno sencillamente no puede contenerlo todo. Así que déjalo brotar. Derramarse. Rebosar. Brotar. Y disfruta de la inundación.

UN ÚLTIMO PENSAMIENTO

Hoy, intenta dar un regalo inesperado a alguien que conozcas. Podría ser esa bufanda que le gusta a tu hermana o recoger la habitación de la que tu mamá no deja de hablar. Observa la sonrisa que produce en su rostro. Observa el placer que produce en ti. Es un diminuto destello del gozo que siente Dios cuando te da.

Esto significa que todo el que pertenece
a Cristo se ha convertido en una persona nueva.
La vida antigua ha pasado,
¡una nueva vida ha comenzado!

[2 CORINTIOS 5:17]

"PODEMOS ARREGLARLO"

Una de mis tareas como Boy Scout era construir una cometa. Una de mis bendiciones como Boy Scout era tener un papá que construía cometas. Hicimos una obra maestra con la intención de que "bailara" por los cielos: roja, blanca y azul, y con forma de caja. Lanzamos nuestro modelo sobre el viento de marzo. Pero tras unos minutos, mi cometa entró en una corriente descendente y cayó en picado. Hice todo lo posible por mantenerla elevada. Pero fue demasiado tarde.

Imagínate a un niño de doce años pelirrojo con el corazón roto junto a su cometa recién estrellada. Imagínate a un hombre robusto con la piel rojiza poniendo su mano sobre el hombro del niño. Mi papá revisó el montón de palitos y papel y me aseguró: "Está bien. Podemos arreglarlo". Yo le creí. ¿Por qué no? Él lo dijo con autoridad.

Lo mismo hace Cristo. A todos aquellos cuyas vidas se parecen a una cometa estrellada, Él les dice: "Está bien. Podemos arreglarlo". Ánimo. Tienes la bendición de contar con un Salvador que construye vidas.

UN ÚLTIMO PENSAMIENTO

Dios le dijo una vez a Jeremías: "son en mis manos como el barro en las manos del alfarero" (Jeremías 18:6, NVI). Él es el maestro de la restauración de pedazos rotos y vidas bastas. Confía en Él. Su mano está sobre tu hombro. Él está listo para comenzar a trabajar.

Y le hablarán a la gente acerca de mí en todas
partes: en Jerusalén, por toda Judea, en Samaria
y hasta los lugares más lejanos de la tierra.

[Hechos 1:8]

DIFUNDE LA NOTICIA

El alto de la esquina, ese es Pedro. Galilea determinó su mar-
cado acento. Las redes de pescar endurecieron sus manos.
La terquedad lo caracterizaba. El hombre escogido para liderar
la siguiente gran obra de Dios sabe más de lubinas y cubiertas
de barco que de la cultura romana o los líderes egipcios. Y sus
amigotes: Andrés, Santiago, Natanael. ¿Tienen una educación
formal?

De hecho, ¿qué tienen? ¿Humildad? Discutieron por quién
sería el principal ayudante de Jesús. ¿Te suena a teología? Pedro
le dijo a Jesús que no fuera a la cruz. ¿Lealtad? Cuando Jesús
fue arrestado, huyeron. Sin embargo, míralos seis semanas después. Meditando en la última comisión de Jesús: "Serán mis testigos…hasta los confines de la tierra" (Hechos 1:8, nvi).

Ustedes montañeses serán mis testigos. *Ustedes* amigos sin
educación y sencillos serán mis testigos. *Ustedes* que antes me
llamaban loco, que dudaron de mí en el aposento alto. *Ustedes*
serán mis testigos.

Le hablaba a los discípulos y a nosotros también.

UN ÚLTIMO PENSAMIENTO

Hay una razón por la cual Jesús eligió los doce discípulos.
Estos hombres no eran los populares e intelectuales. Si piensas
que necesitas un entrenamiento especial para difundir las Buenas Nuevas, reconsidera. Él quiere que uses lo que tienes para
hablar de Él. Ya estás preparado.

Velen y oren para que no cedan ante la tentación.

[MARCOS 14:38]

SIN PARTICIPAR DE SU VENENO

José tenía veintisiete años cuando enfrentó una gran tentación sexual. Cuando sus hermanos le vendieron como esclavo, probablemente pensaron que le esperaba un trabajo duro y una muerte prematura. En cambio, un egipcio llamado Potifar puso a José a cargo de su casa. La gente le observaba, incluida la señora de Potifar. Enseguida, empezó a actuar: "Acuéstate conmigo" (Génesis 39:7, NVI).

Lejos de casa, rechazado por su familia, estresado del trabajo, José podía haberlo justificado. Y tú también. Has sido tirado, golpeado y estás quemado. Pocos amigos y menos soluciones. Un amigo te envía un mensaje: "Ven a verme esta noche". O un amigo te da una cerveza. Un compañero de clase te ofrece algo de droga. Las excusas surgen como malas hierbas después de una lluvia de verano. *Nadie se dará cuenta. No me atraparán. No haré daño a nadie.* Salvo que no es cierto. Habrás lastimado a la gente que se preocupa por ti. Y ya no hablemos de Dios. Ni de ti mismo.

José rechazó la oferta de la señora de Potifar. No quiso participar de su veneno. Ponte en el lugar de José y haz tú lo mismo.

UN ÚLTIMO PENSAMIENTO

Las tentaciones llegan a nuestras vidas de muchas formas. Algunas son obvias. Algunas engañosas. Cuando veas que una te está susurrando, haz lo que hizo Jesús y repite versículos de la Biblia. O simplemente sigue el consejo de Proverbios 3:7: "Teme al Señor, y aléjate del mal". La tentación no puede apropiarse de ti si no te alcanza.

—Padre —dijo Jesús—, perdónalos,
porque no saben lo que hacen.

[LUCAS 23:34, NVI]

NUESTRO CRISTO COMPASIVO

¿**A**lguna vez te has preguntado cómo se guardó Jesús de contraatacar a la multitud que lo mató? ¿Alguna vez te has preguntado cómo se controló? Esta es la respuesta. Es esta frase: "porque no saben lo que hacen". Léela despacio. Es como si Jesús viese a esa multitud sedienta de sangre, hambrientos de muerte no como asesinos, sino como víctimas. Es como si viera en sus rostros no odio, sino confusión. Es como si les considerase no como una turba organizada, sino como Él mismo dijo, como "ovejas sin pastor" (Marcos 6:34, NVI).

"Porque no saben lo que hacen". Cuando piensas en ello, ellos no lo sabían. Estaban enojados por algo que no podían ver así que la pagaron, de entre todas las personas, con Dios.

Quizá conozcas a alguien así. Alguien que quiere lastimarte, lleno de ira y odio. Quizá puedes ver a esta personas como Jesús. Alguien perdido, una oveja sin pastor. Alguien que no sabe lo que está haciendo. Alguien a quien Dios ama.

UN ÚLTIMO PENSAMIENTO

Cuando alguien te insulta, te grita, o incluso intenta golpearte, es muy duro contenerse y no contraatacar. El truco es ver lo que hay detrás del ataque. ¿Es temor? ¿Falta de fe? ¿Tan solo ignorancia? Cualquiera que sea el caso, Jesús ama a esa persona tanto como te ama a ti.

> Si confesamos nuestros pecados a Dios, él
> es fiel y justo para perdonarnos nuestros
> pecados y limpiarnos de toda maldad.
>
> [1 JUAN 1:8-9]

UNA CONFESIÓN HONESTA Y COMPLETA

Confiesa. Admite. Reconoce. Habla. Todas estas palabras significan lo mismo, ¿pero qué significan exactamente?

Confesar no es decirle a Dios algo que no sabe. Eso es imposible. Confesar no es quejarse. Si tan solo repito mis problemas y aflicciones, me estoy quejando. La confesión no es culpar. Señalar con el dedo a otros sin que ningún otro dedo me señale a mí me hace sentir bien, pero no produce sanidad.

La confesión es mucho más. La confesión es una confianza radical en la gracia. Una declaración de nuestra confianza en la bondad de Dios. Si nuestro entendimiento de la gracia es pequeño, nuestra confesión será pequeña: reacia, vacilante, incompleta, enterrada en excusas y cualificaciones. Tú sabes el tipo. "Oye, hermana, perdóname por leer tu diario, pero tú no deberías haberlo dejado abierto sobre tu cama".

La gracia salvaje, rebosante, por el contrario, crea una confesión honesta y completa. Como la del hijo que se llevó el dinero de su herencia, se fue de casa, y lo malgastó todo, y regresó avergonzado diciendo: "Padre, he pecado contra el cielo y contra ti, y ya no soy digno de que me llamen tu hijo" (Lucas 15:21).

UN ÚLTIMO PENSAMIENTO

Has metido la pata; a todos nos ha pasado. ¡Ahora no es el momento de callarse! Llévaselo a Dios. Confiesa cada detalle, no porque Él no lo sepa, sino porque tú necesitas sacarlo. Ya lo sé, es duro, pero confía en Él. Su perdón transformador está justo a la vuelta de la esquina.

JULIO

Paz en la mente y en el corazón.
Y la paz que yo doy es un regalo
que el mundo no puede dar.
Así que no se angustien ni tengan miedo.

[JUAN 14:27]

Podemos hacer nuestros planes, pero el
Señor determina nuestros pasos.

[PROVERBIOS **16:9**]

¿QUIÉN ESTÁ AL MANDO?

¿Te imaginas lo que habría ocurrido si tus padres hubieran accedido a cada una de tus peticiones cuando tenías seis años? Tu cuarto estaría inundado de juguetes. Tu estómago estaría hinchado de todo el helado.

¿Te imaginas el caos si Dios te concediera cada una de tus peticiones hoy?

"Pues Dios *escogió* salvarnos por medio de nuestro Señor Jesucristo y no derramar su enojo sobre nosotros" (1 Tesalonicenses 5:9).

Observa el destino de Dios para tu vida: salvación.

El deseo más hondo de Dios es que tú alcances tu destino. Su itinerario incluye paradas que animan tu viaje. Él frunce el ceño con las paradas que te desvían. Cuando su plan supremo y tu plan terrenal chocan, se debe tomar una decisión. ¿Quién está al mando en este viaje?

Si Dios tiene que decidir entre tu satisfacción terrenal y tu salvación celestial, ¿cuál deseas que escoja?

Yo también.

UN ÚLTIMO PENSAMIENTO

¿Cuándo fue la última vez que realmente quisiste algo y no te sucedió; quizá ayer? ¿Cómo manejaste ese momento? Quizá te ayude recordar que Dios tiene un plan para nosotros que no siempre lo podemos ver. Él está al mando, y eso es bueno.

Estas pruebas los hacen ser partícipes con
Cristo de su sufrimiento, para que tengan
la inmensa alegría de ver su gloria.

[**1 PEDRO 4:13**]

SUFRIMIENTO CON UN PROPÓSITO

Es difícil ver sufrir a las personas que quieres. Quizá tu mejor amiga está aterrada porque sus padres se están divorciando. Quizá la madre de otro amigo está luchando con un cáncer. ¿Qué les puedes decir?

Diles que Dios usa las dificultades para su gloria. Los últimos tres años de la vida de mi padre estuvieron marcados por la ELA (esclerosis lateral amiotrófica). Un mecánico con salud se convirtió en un paralítico en cama. Perdió su voz y sus músculos, pero nunca perdió su fe. Los visitantes se daban cuenta. No tanto en lo que dijo sino más en lo que no dijo. Nunca se enojó exteriormente ni se amargó, sino que Jack Lucado sufrió con dignidad.

Su fe guió a otro hombre a la fe. Después del funeral de mi papá, este hombre me buscó y me dijo que por el ejemplo de mi padre se había convertido en un seguidor de Jesucristo.

¿Permitió Dios la enfermedad de mi padre solo por ese motivo? Sabiendo el valor que tiene para Dios un alma, no me sorprendería. E imaginándome cómo será el cielo, sé que mi padre no se está quejando.

UN ÚLTIMO PENSAMIENTO

Puede que no siempre lo veamos o entendamos, pero Dios es capaz de sacar cosas buenas de nuestro dolor y dificultades. Nosotros tampoco podemos ver, hoy, cómo bendice en el cielo a los que sufren y permanecen fieles mientras están en la tierra. Confía en que la recompensa es mucho mayor que el dolor.

Has sido fiel en administrar esta pequeña
cantidad, así que ahora te daré muchas más
responsabilidades. ¡Ven a celebrar conmigo!

[**MATEO 25:21**]

PEQUEÑAS COSAS

¿Te acuerdas de José y de la señora de Potifar? Cuando José rechazó sus insinuaciones, la esposa del amo se inventó una historia e hizo que metieran a José en la cárcel. El carcelero puso a José a cargo de sus compañeros de celda. José se pudo haber sentado en un rincón y mascullado: "Ya he aprendido la lección. No haré nada para nadie". Pero no se quejó, no criticó. Él mostró un espíritu dispuesto con los prisioneros. Incluso interpretó sus sueños. Pequeñas cosas, realmente. Pero Dios se dio cuenta.

Dios está viendo cómo manejas también las pequeñas cosas. Si eres fiel con unas cuantas cosas, Él te pondrá sobre muchas (Mateo 25:21). Dios permitió que José ascendiese a una posición de poder, donde su sabiduría salvaría las vidas de miles. La recompensa del buen trabajo son trabajos mayores.

¿Aspiras a grandes cosas? Brilla en las cosas pequeñas. Aparece a tiempo. Termina tu trabajo pronto. No te quejes. Deja que otros se quejen en la esquina de la celda. Pero tú no. Tú sabes cómo Dios moldea a sus siervos. El prisionero de hoy puede convertirse en el primer ministro de mañana. Cuando recibas una tarea, acéptala.

UN ÚLTIMO PENSAMIENTO

A los grandes artistas y compositores se les recuerda por sus extensas y asombrosas obras. Miguel Ángel y el techo de la Capilla Sixtina. Beethoven y su Quinta Sinfonía. Sin embargo, cada obra maestra fue creada mediante la repetida excelencia de un solo brochazo o una sola nota. La grandeza se encuentra en las pequeñas cosas.

"Vengan a mí todos los que están cansados y
llevan cargas pesadas, y yo les daré descanso".

[MATEO 11:28]

DEPENDE DE JESÚS

A menudo celebramos nuestra independencia como indivi-
duos y como nación, pero la independencia en nuestra fe significa no tener fe. Seguir a Jesús significa depender de Él.

Mientras puedas llevar tus cargas solo, no necesitas alguien
que las lleve. Mientras tu situación no produzca dolor, no recibirás consuelo. Y mientras puedas tomarle o dejarle, también
podrás dejarle porque no le tomarás de todo corazón. Cuando
Jesús es una entre muchas opciones, deja de ser una opción.

Pero cuando tú estás lleno de tristeza y dolor por tus errores,
cuando admites que no tienes otra opción que entregarle todos
tus problemas, y cuando verdaderamente no hay otro nombre
a quien puedas recurrir, entonces adelante. Cuéntale todos tus
problemas. Entrégale a Él todos tus problemas. Él está esperando en medio de la tormenta con la respuesta que necesitas. Tú
puedes (debes) depender de Él.

UN ÚLTIMO PENSAMIENTO

El Día de la Independencia ha sido desde hace mucho tiempo
una fiesta nacional. Pero para ti y para mí, cada día es "Día de
Dependencia" de Jesús. Él es quien necesitamos cuando todo
a nuestro alrededor se desmorona. Él es quien tiene el hoy y el
mañana en sus manos. Él es nuestra única opción.

No dejen que el mal los venza, más bien
venzan el mal haciendo el bien.

[ROMANOS 12:21]

LAS MATEMÁTICAS DE DIOS

El capitán Sam Brown estaba sirviendo en Afganistán cuando un explosivo improvisado convirtió su Humvee en un coctel Molotov. Antes de que Sam perdiera el conocimiento, vio un destello de su rostro chamuscado en el espejo. No se reconocía a sí mismo.

Cuando conocí a Sam en 2011, había sufrido decenas de operaciones. El gráfico del dolor no tenía un número lo suficientemente alto como para registrar la agonía que sentía. Sin embargo, en medio del horror, apareció la belleza. Reunió el valor de invitar a salir a su nutricionista, Amy Larsen. Los dos siguieron viéndose. Sam hablaba con Amy de la misericordia de Dios y la guió a Cristo. Poco después se casaron. Y mientras escribo estas palabras, son padres de un bebé varón de siete meses. Sam dirige un programa de ayuda a soldados heridos.

El estrés físico y emocional les ha pasado factura en su matrimonio a veces. No obstante, Sam y Amy han llegado a la convicción de que las matemáticas de Dios funciona diferente a las nuestras: *Guerra + a punto de morir + rehabilitación agónica = familia maravillosa y esperanza de un futuro brillante.* En la mano de Dios, el daño es finalmente un bien.

UN ÚLTIMO PENSAMIENTO

Todos vivimos experiencias que son parecidas a las de Sam Brown: la calma interrumpida por una explosión, dejándonos heridos, incapaces de reconocernos. ¿Quién puede ver un futuro brillante en esos momentos? Dios puede. Desesperación + Dios = increíbles posibilidades.

Con su amor calmará todos tus temores. Se
gozará por ti con cantos de alegría.

[Sofonías 3:17]

AMOR ILIMITADO

A varios cientos de metros debajo de mi silla hay un lago, una caverna subterránea de agua cristalina conocida como el acuífero de Edwards. Los tejanos del sur conocemos bien este acuífero. Sabemos su longitud (280 kilómetros). Conocemos su trazado. Sabemos que el agua es pura. Fresca. Riega granjas, riega campos, llena piscinas y sacia la sed.

Pero a pesar de todo lo que sabemos, hay algo esencial que no sabemos. No sabemos cuál es su tamaño. ¿La profundidad de la caverna? Un misterio. ¿Número de litros? Sin medida.

"Calculamos", dijo un conservacionista de agua. "Intentamos medir, ¿pero la cantidad exacta? Nadie lo sabe".

¿Trae a tu mente alguna otra piscina sin medida? Podría ser. No una piscina de agua sino una piscina de amor. El amor de Dios. Un acuífero fresco. Puro como la nieve de abril. Un trago satisface la garganta sedienta y ablanda el corazón reseco. Empapa una vida en el amor de Dios, y ve cómo emerge limpiada y cambiada. Conocemos el impacto del amor de Dios.

¿Pero el volumen? Ninguna persona lo ha medido jamás.

UN ÚLTIMO PENSAMIENTO

El amor de Dios no tiene límite. ¿Crees que quieres a tu perro? Dios te ama más. ¿Crees que te gusta la pizza de salchichas y champiñones? Dios supera eso. ¿Crees que amas a tus amigos, a tus padres, a tu hermano y hermana? Dios te ama incluso más que eso. Reconócelo: a Dios no le superas amando.

Así que acerquémonos con toda confianza
al trono de la gracia de nuestro Dios.

[HEBREOS 4:16]

VENGA TU REINO

J esús nos dice: "Ora de la siguiente manera: Padre nuestro que estás en el cielo, que sea siempre santo tu nombre. Que tu reino venga pronto" (Mateo 6:9-10).

Cuando dices: "Que tu reino venga pronto", estás invitando al Mesías mismo a caminar en tu mundo. "¡Ven, rey mío! Ocupa tu lugar como nuestro gobernante. Está presente en mi corazón. Está presente en mi clase. Ven a mi familia. Sé el Señor de mis amistades, de mis temores y mis dudas". Esta no es una petición débil; es una súplica valiente el que Dios ocupe cada rincón de tu vida. Es decir que entiendes que los entrenadores, maestros, directores y presidentes no tienen la última autoridad. Solo Él.

¿Quién eres tú para pedir una cosa así? ¿Quién eres tú para pedirle a Dios que tome el control de tu mundo? Eres su hijo, ¡por el amor de Dios! Y por eso puedes pedir confiadamente.

UN ÚLTIMO PENSAMIENTO

¿Alguna vez te has preguntado cómo deberías hablar con Dios? Lee Mateo 6:5-14. Es una instrucción específica sobre cómo deberías orar. Cuando hables con Él, invítalo a reinar en tu vida como tu Rey. Sé valiente en tu petición. Al fin y al cabo, tu Rey lo manda así.

Nunca digas a tu prójimo: "Vuelve más tarde; te ayudaré mañana", si hoy tienes con qué ayudarlo.

[PROVERBIOS 3:28, NVI]

AHORA, NO DESPUÉS

Cuando Jesús aparece en la orilla de Betsaida, deja el mar de Galilea y entra en un mar de humanidad (Marcos 6:34). Recuerda que acaba de cruzar el mar para alejarse de las multitudes. Anhela relajarse con sus seguidores. Lo que menos necesita es otra multitud de miles de personas que enseñar y sanar. Pero su amor por la gente es mayor que su necesidad de descanso.

A menudo nosotros postergamos las cosas, dejando los deberes o las tareas del hogar para después. También posponemos servir a otros. Sin embargo, la Biblia nos dice: "No niegues un favor a quien te lo pida, si en tu mano está el otorgarlo" (Proverbios 3:27, NVI). ¿Has dado seguimiento al chico con el que oraste la semana pasada? ¿Has visitado a tu abuelo, a quien prometiste ir a ver el mes pasado?

¿Te imaginas a Jesús diciendo a las multitudes: "Regresen mañana, y entonces les sanaré"? Él vio la necesidad y la atendió en ese momento. Ese es un enfoque sabio también para ti y para mí.

UN ÚLTIMO PENSAMIENTO

Cuando posponemos las cosas, por lo general termina generando estrés y dolor no solo a nosotros mismos sino también a las personas que nos rodean. Eso ocurre con las tareas y las citas. También se aplica a las relaciones. Cuando el Espíritu Santo te inquieta para que ayudes o animes a alguien, no esperes. Trata con ello en ese momento, tal y como Jesús hizo.

> Después de ser levantado de los muertos,
> iré delante de ustedes a Galilea.
>
> [MATEO 26:32]

LA ÚNICA EXPLICACIÓN

¿**R**ecuerdas el temor de los seguidores de Cristo cuando lo arrestaron? Corrieron, asustados como gatos en una perrera.

Pero adelanta el tiempo cuarenta días. Esos traidores se han convertido en una fuerza de furia que transforma vidas. Pedro está predicando en el mismo lugar donde Cristo fue arrestado. Los seguidores de Cristo desafían a los enemigos de Cristo. Azótalos y adorarán. Enciérralos y lanzarán un ministerio en las cárceles. Eran tan valientes después de la resurrección como cobardes eran antes de la misma.

Debe de haber una explicación. ¿Avaricia? No conseguían dinero con ello. ¿Poder? Le daban todo el mérito a Cristo. ¿Popularidad? La mayoría murió por sus creencias.

Solo queda una explicación: un Cristo resucitado y su Espíritu Santo. La valentía de estos hombres y mujeres se forjó en el fuego de la tumba vacía. Tú puedes pedir esa misma valentía. Ya sea que estés dando un informe oral sobre Rumanía o hablándole al mundo de Cristo, su fortaleza está siempre contigo.

UN ÚLTIMO PENSAMIENTO

Nadie hace un regreso como Cristo. Las antiguas estrellas del rock y jugadores a veces nos sorprenden con una actuación que parece más allá de sus años, pero resucitar de los muertos está reservado solo para Jesús. La próxima vez que necesites valentía para regresar, recuerda lo que hizo Cristo. Su poder está en ti.

Danos cada día el alimento que necesitamos.

[Lucas 11:3]

DALE A ESTE DÍA UNA OPORTUNIDAD

Mi amigo y yo fuimos a montar en bicicleta por los montes. A los pocos minutos de comenzar la ruta comencé a cansarme. A la media hora me dolían los muslos y mis pulmones jadeaban como una ballena varada. Apenas podía empujar los pedales. No aspiro al Tour de Francia, pero tampoco soy un novato, y sin embargo me sentía como si lo fuera. Tras cuarenta y cinco minutos tuve que bajarme y recuperar el aliento. Fue entonces cuando mi compañero se dio cuenta del problema. ¡Los dos frenos traseros estaban rozando mi rueda trasera! Las gomas del freno competían con cada golpe de pedal.

¿No hacemos nosotros lo mismo? La culpa nos presiona por un lado. El temor nos roza por el otro. No es de extrañar que estemos tan cansados. Saboteamos nuestro día, preparándolo para el desastre, jaloneando junto a los problemas de ayer, descargando los problemas de mañana. El remordimiento del pasado, el estrés del futuro. No le estamos dando una oportunidad al día.

¿Qué podemos hacer? Esta es mi propuesta: consulta a Jesús. Entrégale tu día para que lo supervise. "Danos cada día el alimento que necesitamos" (Lucas 11:3). Deja el ayer atrás. Deja que llegue el mañana. Dale una oportunidad a este día.

UN ÚLTIMO PENSAMIENTO

A veces te sientes como si el mundo y sus problemas te aplastaran. No levantes esa carga, ¡es demasiado pesada! Pídele a Dios que provea lo que necesitas para hoy. Deja que Él se preocupe por el resto. Cuando lo hagas, disfrutarás mucho más de tu viaje.

"Cuando hicieron alguna de estas cosas
al más insignificante de éstos, mis
hermanos, ¡me lo hicieron a mí!".

[MATEO 25:40]

VER A DIOS

Cuando San Francisco de Asís rechazó la riqueza para buscar a Dios en la simplicidad, se quitó su manto y salió de la ciudad. Pronto encontró a un leproso junto al camino. Le pasó por el lado, y luego se detuvo y regresó y abrazó al hombre enfermo. Francisco después continuó su viaje. Tras unos pasos volvió a darse la vuelta para mirar al leproso, pero ya no había nadie.

Durante el resto de su vida, creyó que el leproso era Jesucristo. Quizá tenía razón.

Jesús vive en los olvidados. Ha establecido su residencia en los ignorados. Se ha hecho una mansión en medio de los enfermos. ¿Conoces a alguien que haya sido marginado, ignorado o que esté enfermo? ¿Una vecina anciana? ¿Un adolescente que parece que no tiene amigos? ¿La mamá de una amiga, que está luchando con un cáncer? Si quieres ver a Dios, debes ir entre los quebrantados y afligidos, y allí lo verás.

UN ÚLTIMO PENSAMIENTO

Lee las palabras de Jesús en Mateo 25:31-46. Pareciera que Cristo está alrededor de nosotros. Si nos está diciendo que el vagabundo extraño junto al camino es Jesús, ¿qué deberíamos hacer la próxima vez que le veamos?

Así también Cristo murió en sacrificio
una sola vez y para siempre, a fin de quitar
los pecados de muchas personas.

[HEBREOS 9:28]

NECESITAMOS UN SALVADOR

Tú no puedes perdonarme mis pecados, ni yo puedo perdonarte los tuyos. Dos niños en un charco de barro no se pueden limpiar el uno al otro. Necesitan alguien que esté limpio. Alguien sin mancha.

Nosotros también necesitamos alguien que nos limpie. Por eso necesitamos un salvador.

Intentar llegar al cielo por nuestra propia bondad es como intentar llegar a la luna en un rayo de luna; bonita idea, pero inténtalo a ver qué ocurre.

Escucha. Deja de intentar ocuparte de tu propia culpa. No puedes hacerlo. No hay manera. Ni con drogas, o drama, o grandes calificaciones, o una asistencia a la iglesia intachable. Lo siento. No me importa lo malo que seas. No puedes ser lo suficientemente malo para olvidarlo. Y no me importa lo bueno que seas. No puedes ser lo suficientemente bueno para vencerlo.

Necesitas a Aquel que vino a la tierra específicamente por ti. Necesitas al Único que puede lavar todos los errores con un baño santo. Necesitas un Salvador.

UN ÚLTIMO PENSAMIENTO

¿Puedes hacer una carrera cada vez que bateas? ¿Puedes lanzar un pase de *touchdown* cada vez que lo intentes? ¿Puedes hacer un pleno en la bolera cada vez que lances? Nadie lo consigue. No podemos actuar lo suficientemente bien para ganarnos el perdón. Así que no lo intentes. Dios envió una solución. Un Salvador.

> No en que nosotros hayamos amado a Dios, sino
> en que él nos amó a nosotros y envió a su Hijo
> como sacrificio para quitar nuestros pecados.
>
> [1 JUAN 4:10]

EL SUEÑO DE DIOS

¿Qué grandes obras has intentado? ¿Presentarte para batir el récord de la escuela sobre la pista? ¿Ganar el concurso estatal de deletreo? ¿Organizar un reparto de comida en varias escuelas? ¿Bailar durante veinticuatro horas seguidas?

Cuando se trata de nuestra relación con Dios, hemos intentado llegar a la luna pero apenas hemos conseguido despegar del suelo. Intentamos cruzar a nado el Atlántico, pero no pudimos sobrepasar el arrecife. Hemos intentado escalar el Everest de la salvación, pero aún tenemos que salir del campamento base, así que mucho menos empezar a subir la pendiente. La búsqueda es sencillamente demasiado grande. No necesitamos más suministros, o músculo, o técnica; necesitamos un helicóptero.

¿No lo oyes acercarse?

"Dios nos ha mostrado cómo podemos ser justos ante él" (Romanos 3:21). Tenemos que entender esta verdad. El sueño más alto de Dios no es hacernos ricos, no es hacernos exitosos, populares o famosos. El sueño de Dios es que seamos justos ante Él.

UN ÚLTIMO PENSAMIENTO

Todos soñamos con grandes triunfos en algún momento u otro. Obras que nos hagan famosos, incluso leyendas, ¡aunque sea en nuestro vecindario! Dios tiene sueños diferentes, sin embargo. Él quiere que tú y yo, sus hijos, estemos cerca de Él eternamente.

Más bien, revístanse ustedes del Señor Jesucristo.

[**ROMANOS 13:14**, NVI]

VISTE EL CARÁCTER DE CRISTO

Vestirse puede simbolizar carácter. La Biblia a menudo describe nuestra conducta como la ropa que vestimos. Pedro nos insta: "revestíos de humildad" (1 Pedro 5:5, RVR60). David habla de gente malvada que se viste para "maldecir" (Salmos 109:18).

¿De qué carácter te estás vistiendo? ¿Quién eres cuando nadie está mirando? ¿Ajustas tu armario de carácter para encajar con la multitud con la que estás, o eres la misma persona en cada situación? La gente con un carácter bueno es fiel, veraz, fiable, amable, amistosa y respetuosa sin importar con quién esté o dónde esté.

¿Cómo es esto? La vida de Jesús. El carácter de Cristo nunca cambió, incluso cuando sufrió la ejecución. Sabemos que Jesús llevó una túnica "la cual no tenía costura y había sido tejida de arriba a abajo en una sola pieza" (Juan 19:23). Iba a juego con su carácter. Sin costura. Coordinado. Unificado. Era como su túnica: la perfección ininterrumpida. El modelo perfecto para nosotros.

UN ÚLTIMO PENSAMIENTO

¿Estás vistiendo con el carácter de Cristo? Si no, ponte la Palabra de Dios cada mañana. Cuando acudir a la Biblia se convierte en algo tan rutinario como vestirse, encontrarás que tu carácter hace juego con el modelo de Jesús.

Honra a tu padre y a tu madre…para que te vaya bien.

[EFESIOS 6:2-3, NVI]

HONRA A TUS PADRES

Padres. Han controlado tu vida durante mucho tiempo. Lo siguen haciendo. Pero ahora eres mayor, más sabio y más maduro. Necesitas que se alejen un poquito. Quieres honrarlos, pero ¡te están volviendo loco!

Yo soy hijo y padre, así que veo las dos caras de la moneda. Como hijo, yo también quería más libertad y la oportunidad de tomar mis propias decisiones. Como padre, entiendo el temor de que nuestros hijos tomen malas decisiones y anhelo protegerlos del mal de este viejo mundo. Por tanto, ¿qué puedes hacer?

La Biblia dice: "Hijos, obedezcan en el Señor a sus padres, porque esto es justo" (Efesios 6:1, NVI). Mientras tu mamá y tu papá no te pidan algo que vaya en contra de los deseos de Dios, estás llamado a obedecer. Duro a veces, pero cierto.

Esto no significa que no puedas hablar con ellos sobre tus preocupaciones y frustraciones. Ellos hace tiempo fueron adolescentes. Si les picas con amabilidad durante un poco de tiempo, quizá se acuerden, y te suelten un poquito más.

UN ÚLTIMO PENSAMIENTO

Obedecer a tus padres no siempre es fácil cuando no estás de acuerdo con sus decisiones. Lo sé. Esta es otra manera de verlo: Dios te dio a tu mamá. Él te proveyó a tu papá. Cuando tú les obedeces y agradas, estás haciendo su voluntad. Estás obedeciendo y agradando a Dios.

A fin de que, así como reinó el pecado en
la muerte, reine también la gracia.

[**ROMANOS 5:21**, NVI]

VENCER LA CULPA CON LA GRACIA

Satanás nunca se calla. El apóstol Juan le llamó el acusador: "Pues el acusador de nuestros hermanos—el que los acusa delante de nuestro Dios día y noche— ha sido lanzado a la tierra" (Apocalipsis 12:10). Él hace que la gente extienda su veneno. Los amigos sacan a la luz tu pasado: "¿Te acuerdas esa vez que hiciste trampa en un examen?". Los predicadores proclaman mucha culpa y poca gracia: "No estás a la altura de las normas de Dios". Tus padres poseen una agencia de viajes que se especializa en viajes de culpabilidad: "¿Por qué no creces ya?". "¿Acaso te vas a morir por trabajar un poco más?". "Podías ser muy bonita. ¿Cuándo vas a perder un poco de peso?".

Jesús vence la culpa del diablo con la gracia. Tú eres quien tu Creador dice que eres: *Espiritualmente vivo. Conectado a Dios. Conocedor de tu potencial. Un hijo honrado.*

Recuerda que cuando Dios te mira, ve primero a Jesús. Todo se reduce a esta decisión: ¿Confías más en tu Abogado o en tu Acusador?

UN ÚLTIMO PENSAMIENTO

Palabras, palabras, palabras...nos bombardean con ellas todos los días. Mensajes de amigos. Clases de los maestros. Anuncios en la internet. Letras en el iPod. ¿Alguna vez te has sentido agobiado? Intenta sintonizar con una sola voz, la que más vale. Es la que susurra gracia.

Dios es mi fortaleza firme,
y hace perfecto mi camino.

[2 SAMUEL 22:33]

"SÍ, TÚ PUEDES"

Hay dos tipos de pensamientos que compiten continuamente por ganar nuestra atención. Uno dice: "Sí, tú puedes". El otro dice: "No, no puedes". Uno dice: "Dios te ayudará". El otro miente: "Dios te ha dejado". Uno proclama las fortalezas de Dios; el otro enumera tus fracasos. Uno intenta levantarte; el otro busca destrozarte.

Y esta es la buena noticia: tú elijes a qué voz escuchas. ¿Por qué escuchar a los burladores? ¿Por qué prestar atención a sus voces? ¿Por qué poner atención a cerebros de guisante y objetantes cuando puedes, con el mismo oído, escuchar la voz de Dios?

Una joven lucha contra su ansiedad memorizando largas secciones de las Escrituras. Un joven desconecta la internet después de revisar su correo electrónico para no ser tentado por la pornografía. Una estudiante se cansa de sus amigas negativas y chismosas y comienza a comer con compañeras de clase a las que apenas conoce.

Haz oídos sordos a las viejas voces. Abre bien tus ojos a las nuevas decisiones.

UN ÚLTIMO PENSAMIENTO

La decisión es siempre nuestra. Dios no nos obliga a creer en Él, ni nos hace escucharle. Siempre tenemos la opción de acudir a Él o a las tentadoras voces que nos rodean. Yo voto por su voz. ¿Qué te está diciendo ahora mismo?

La verdadera humildad y el temor del Señor
conducen a riquezas, a honor y a una larga vida.

[PROVERBIOS **22:4**]

PIENSA MENOS DE TI MISMO

Dios odia la arrogancia. Él odia ver a sus hijos caer. Dios odia
lo que el orgullo produce en sus hijos. No es que no le guste
la arrogancia, es que la aborrece. ¿Podría decirlo más claro que
como lo dijo en Proverbios 8:13: "yo aborrezco el orgullo y la
arrogancia" (NVI)? Y después, unos pocos capítulos más adelante: "El Señor aborrece a los arrogantes" (16:5, NVI).

Tú no querrás que Dios haga eso. Es mucho más sabio des-
cender de la montaña que caerse de ella.

Persigue la humildad. Humildad no significa que pienses
menos de ti mismo, sino que pienses menos en ti. "Ninguno se
crea mejor de lo que realmente es. Sean realistas al evaluarse
a ustedes mismos, háganlo según la medida de fe que Dios les
haya dado" (Romanos 12:3).

Resiste el lugar de la fama. "Más bien, ocupa el lugar más
humilde, al final de la mesa. Entonces, cuando el anfitrión te
vea, vendrá y te dirá: "¡Amigo, tenemos un lugar mejor para ti!".
Entonces serás honrado delante de todos los demás invitados"
(Lucas 14:10).

¿No prefieres que te promuevan en vez de que te releguen?

UN ÚLTIMO PENSAMIENTO

Humildad. Pensar menos en ti. Cuando tienes la bendición de
recibir un montón de regalos por tu cumpleaños, acuérdate
de aquellos que no tienen esa bendición. Cuando te ganes un
lugar en el equipo de la escuela, consuela a los que lo intentaron y no lo consiguieron. Dios aborrece el orgullo, pero ama a
los humildes.

A menos que nazcas de nuevo, no
puedes ver el reino de Dios.

[JUAN 3:3]

NUEVO NACIMIENTO

Jesús hizo una seña a su invitado para que se sentara. Nicodemo lo hace e inicia la conversación más famosa de la Biblia: "Rabí—le dijo—, todos sabemos que Dios te ha enviado para enseñarnos. Las señales milagrosas que haces son la prueba de que Dios está contigo" (Juan 3:2).

Nicodemo comienza con lo que "sabe". *He hecho mis deberes*, le da a entender. *Tu obra me impresiona*. Nicodemo espera una charla hospitalaria. Dios está contigo. Jesús no menciona el estatus VIP de Nicodemo, sus buenas intenciones o sus credenciales académicas. Para Jesús, no importan. Simplemente hace esta proclamación: "A menos que nazcas de nuevo, no puedes ver el reino de Dios" (v. 3).

Contempla el Gran Cañón de las Escrituras. Nicodemo está de pie en un lado, Jesús en el otro, y Cristo no se anda con rodeos en cuanto a sus diferencias. Nicodemo vive en una tierra de buenos esfuerzos y duro trabajo. Dale tu mejor esfuerzo a Dios, dice su filosofía, y Dios se encarga del resto.

¿La respuesta de Jesús? Tu mejor esfuerzo no sirve. Tus obras no funcionan. Tus mejores esfuerzos no significan nada. A menos que decidas vivir tu vida para Cristo, no puedes ni tan siquiera ver lo que Dios trama.

UN ÚLTIMO PENSAMIENTO

Unirse a Jesús no consiste en intentarlo con muchas ganas o amontonar puntos extra. Se trata de nuestro nuevo nacimiento, de confesar todo pecado y decidir creer en Él y seguirlo. Intentamos complicarlo, pero es así de sencillo. Nuevo nacimiento. Nueva vida.

Con Dios, todo es posible.

[MARCOS 10:27]

¿DIOS EN UNA CAJA?

Cuando piensas en Dios, no intentes reducirlo a tu limitada imaginación. No le pongas en una caja. Él es mucho más que eso.

Nuestras preguntas demuestran lo poco que le entendemos: ¿Cómo puede estar Dios en todos los sitios a la vez? (¿Quién dice que Dios esté atado a un cuerpo?) ¿Cómo puede Dios oír todas las oraciones que le llegan? (Quizá sus oídos son diferentes a los nuestros). ¿Cómo puede Dios ser Padre, Hijo y Espíritu Santo? (¿Podría ser que el cielo tiene una física distinta de la tierra?) Si la gente aquí en la tierra no nos perdona, ¿cuánto más somos culpables delante de un Dios santo?) (Oh, justo lo contrario. Dios es siempre capaz de darnos gracia cuando los humanos no podemos, Él la inventó).

En el instante en que comienzas a pensar que *Dios no haría…Dios no hará…Dios no podrá*, detente y vuelve a pensar. Él es mayor, más fuerte, más poderoso y más amoroso de lo que nunca comprenderás. ¿Le has puesto en la caja más grande que eres capaz de imaginar? Olvídalo. Nunca encajará en ella.

UN ÚLTIMO PENSAMIENTO

Estamos acostumbrados a medir nuestro mundo con números. Siete clases al día. Dos metros de alto. Dos mil canciones en el iPod. Pero ¿podemos medir los granos de arena de una playa? ¿Las estrellas del cielo? ¿Los planetas del universo? Imposible. ¿Podemos medir a Dios? De nuevo imposible. Él nunca podrá ser reducido a un número.

El amor que tengan unos por otros será la prueba
ante el mundo de que son mis discípulos.

[JUAN 13:35]

PISADAS

Ve como un niño sigue a su papá por la nieve. Se estira para pisar donde pisó su padre. No es una tarea fácil. Sus pequeñas piernas se estiran todo lo posible para que sus pies puedan caer en las pisadas de su padre. El padre, viendo lo que hace su hijo, sonríe y comienza a dar pasos más cortos, para que el hijo le pueda seguir.

Es un cuadro del discipulado. En nuestra fe seguimos los pasos de alguien. Un padre, un maestro, un héroe; ninguno de nosotros es el primero en recorrer ese camino. Todos tenemos a alguien a quien seguimos.

En nuestra fe dejamos huellas para guiar a otros. Una hermana pequeña, un amigo, un nuevo cristiano. Ellos nos miran con admiración. Ven que tenemos algo que ellos quieren y necesitan. Hacemos todo lo posible para ayudarles a que nos sigan. Nadie se debería quedar atrás y tener que hacer el camino solo.

UN ÚLTIMO PENSAMIENTO

Tendrás muchas oportunidades en la vida de discipular a alguien, de mostrarle el camino hacia Jesús. Intenta aprovechar cada una de ellas. Ningún esfuerzo es más importante. ¿Quién te está mirando hoy, listo para caminar en tus pisadas?

Pero para Dios todo es posible.

[MATEO **19:26**]

DIOS PUEDE MANEJARLO

La naturaleza es el taller de Dios. El cielo es su currículum. El universo es su tarjeta de visita. ¿Quieres saber quién es Dios? Mira lo que ha hecho. ¿Quieres conocer su poder? Echa un vistazo a su creación. ¿Sientes curiosidad por su fortaleza? Visita su dirección: Avenida del cielo con mil millones de estrellas n. 1.

Nuestra atmósfera de pecado no puede alcanzarlo. La línea del tiempo de la historia no puede contenerlo. El cansancio de nuestro cuerpo no le afecta.

Lo que a ti te controla no le controla a Él. Lo que te aflige a ti no le aflige a Él. Lo que te fatiga, a Él no. ¿Le preocupa a un águila el tráfico? No, ya que se eleva por encima. ¿Le preocupa a la ballena un huracán? Claro que no, se zambulle por debajo. ¿Está el león nervioso por el ratón que se dirige directamente hacia él? No, le da un pisotón. ¡Cuánto más Dios es capaz de volar por encima, zambullirse por debajo y pisar los problemas de la tierra!

¿Crees que Él puede manejar nuestros diminutos problemas? Por supuesto que puede. Él es Dios.

UN ÚLTIMO PENSAMIENTO

Lee el primer capítulo de Génesis. ¿Qué clase de ser puede crear...todo? Alguien espiritual. Alguien santo. El único Dios. Intentamos pensar en Él en términos humanos, pero no podemos comprenderlo del todo. Él siempre ha estado ahí. Y siempre será más que suficiente para ti y para mí.

¡Quédense quietos y sepan que yo soy Dios!

[SALMOS **46:10**]

DIOS TRABAJA MIENTRAS ESPERAS

No nos gusta esperar. Somos la generación ¡arre! Le fruncimos el ceño a la persona que lleva once artículos en la fila de compra de diez artículos. Damos golpecitos con los dedos mientras se descarga la canción o el microondas calienta el burrito. "Vamos, vamos". Queremos una tableta de abdominales en diez minutos y el arroz de un minuto en treinta segundos. No nos gusta esperar. Ni en el doctor, ni en el tráfico, ni la pizza.

¿Tampoco en Dios?

Quizá estés esperando una nueva habitación, un nuevo trabajo, un nuevo amigo, una nueva dirección. Si es así, esto es lo que debes saber. *Mientras tú esperas, Dios trabaja.* "Mi Padre aun hoy está trabajando", dijo Jesús (Juan 5:17, NVI). Dios nunca juguetea con sus dedos gordos. Nunca se detiene. No tiene vacaciones. Descansó el séptimo día, pero regresó al trabajo el octavo día y no ha parado desde entonces. Solo porque tú estés ocioso, no supongas que Dios también lo está. Él sabe lo que necesitas y cuándo lo necesitas.

UN ÚLTIMO PENSAMIENTO

El mundo es la sala de espera de Dios. Esperamos que nos dé, nos sane, nos ayude. Y como no podemos ver lo que está haciendo, nos impacientamos. Pero como un director de orquesta que prepara a todos los actores y prepara el escenario, Dios está preparando eventos según su perfecto plan. Tan solo espera y ve.

Dios Padre los conocía y los eligió
desde hace mucho tiempo.

[1 PEDRO 1:2]

TÚ ERES LA PRIMERA OPCIÓN

Tú eres hijo de Dios. Él te vio, te escogió y te situó. "Ustedes no me eligieron a mí, yo los elegí a ustedes" (Juan 15:16). Antes de ser carnicero, panadero o informático; varón, hembra, asiático o de color, eres hijo de Dios. ¿Repuesto o sustituto? Difícilmente. Tú eres su primera opción.

Este no siempre es el caso en la vida. Un novio una vez se acercó a mí, justo minutos antes de oficiar su boda, y me dijo: "Usted no era mi primera opción". "¿No lo era?". "No, el predicador que quería no pudo hacerlo". "Oh". "Pero gracias por sustituirle". "Claro, cuando quieras". Pensé en firmar el certificado matrimonial con la palabra: "Sustituto".

Tú nunca oirás esas palabras de Dios. Él te escogió. Te seleccionó porque quiso. Entró en el salón de subastas donde estabas y proclamó: "Este hijo es mío". Y te compró con "la preciosa sangre de Cristo, el Cordero de Dios, que no tiene pecado ni mancha" (1 Pedro 1:19).

Recuérdalo. Tú eres la primera opción de Dios, ahora y para siempre.

UN ÚLTIMO PENSAMIENTO

En la escuela primaria, ¿alguna vez te alineaste frente a dos capitanes que escogían a los jugadores para el partido? ¿Alguna vez te sentiste humillado porque te escogieron el último? No te ocurrirá con Dios. Él es el máximo capitán, y Él siempre te escoge el primero.

Todo lo puedo en Cristo que me fortalece.

[Filipenses **4:13**]

EL PAYASO QUE REBOTA

Yo tenía unos ocho años cuando, en la fiesta de un vecino, conocí al payaso que rebota. Tenía forma de pera, más estrecho por arriba que por abajo. Inflado y como si fuera estúpido. Era igual de alto que yo. No hacía música al tocar un botón ni decía frases al tirar de la cuerda. No hacía nada, salvo esto: rebotar.

Al tumbarlo, se volvía a poner de pie. Si le pegabas con un bate, si le pegabas en la nariz, si le dabas con un palo en un costado, siempre se caía, pero no por mucho tiempo. Hacíamos todo lo posible por tirar al payaso. Un puñetazo tras otro, cada uno más enfático. Ninguno tuvo éxito. Solo después aprendí el secreto de Estúpido: un contrapeso de dos kilos en su base.

La vida también se nos presenta con una furia de puños veloces: gancho de derecha de rechazo, directo de izquierda de pérdida. Ahí fuera es un golpeteo. Nosotros también necesitamos un contrapeso. Resulta que tenemos uno. No un trozo de hierro, sino una profunda fe sentida en el poder y la autoridad de Dios.

UN ÚLTIMO PENSAMIENTO

Cuando te está llegando un puñetazo tras otro, solo ponerte en pie es todo un reto, mucho menos rebotar. Pero tienes un arma secreta. Tú sabes quién tiene el poder, quién está al mando. Tú sabes quién gana al final. Así que no seas un payaso. Pide la ayuda de Dios, y rebota.

Y les aseguro que estaré con ustedes
siempre, hasta el fin del mundo.

[MATEO 28:20, NVI]

ÉL SE NOS DA A SÍ MISMO

Se cuenta la historia de un hombre en un safari africano en la jungla más profunda. El guía que iba con él tenía un machete e iba cortando las alta maleza y los espesos hierbajos. El viajero, cansado y sudoroso, preguntó frustrado: "¡¿Dónde estamos? ¿Sabe usted dónde me lleva? ¿Dónde está el camino?!". El experimentado guía se detuvo y, mirando al hombre, le respondió: "Yo soy el camino".

Nosotros hacemos las mismas preguntas, ¿no es así? Le preguntamos a Dios: "¿Dónde me llevas? ¿Dónde está el camino?". Y Él, como el guía, no nos lo dice. Oh, quizá nos da una pista o dos, pero eso es todo. Si lo hiciera, ¿acaso lo entenderíamos? ¿Comprenderíamos cuál es nuestra localización? No, como el viajero, ignoramos por completo el trazado de esta jungla. Así que en vez de dar una respuesta, Jesús nos da un regalo mucho mayor. Él nos da a sí mismo.

UN ÚLTIMO PENSAMIENTO

¿Alguna vez has estado en un *tour* con un guía horrible, uno de los que hacen una decena de chistes malos en cada parada? A veces no es el destino lo que hace que un viaje sea memorable, sino la calidad de tu compañía en el viaje. Nunca encontrarás un guía mejor que Cristo.

¡Te daré gracias porque…eres mi salvación!

[SALMOS 118:21, NVI]

¡VIVE PERDONADO!

Nada produce tanto temor como no ser consciente de la misericordia. Si no has aceptado el perdón de Dios, estás destinado al temor. Nada puede librarte de la constante conciencia de que has menospreciado a tu Creador y has desobedecido su instrucción. Ninguna pastilla, discurso motivacional o posesión puede tranquilizar el corazón del pecador. Podrás mitigar el temor, pero no podrás deshacerte de él. Solo puede hacerlo la gracia de Dios.

¿Has aceptado el perdón de Cristo? Si no, hazlo. "Pero si confesamos nuestros pecados a Dios, él es fiel y justo para perdonarnos nuestros pecados y limpiarnos de toda maldad" (1 Juan 1:9). Tu oración puede ser tan simple como esta: *Amado Padre, necesito tu perdón. Admito que me he apartado de ti. Por favor perdóname. Pongo mi alma en tus manos y mi confianza en tu gracia. Oro en el nombre de Jesús, amén.*

Tras recibir el perdón de Dios, ¡vive perdonado! Cuando Jesús te hace libre, eres verdaderamente libre.

UN ÚLTIMO PENSAMIENTO

¿Qué significa que Jesús nos libere? ¿Qué significa vivir perdonado? Es saber que has admitido tus errores ante Dios. Es dejar atrás el temor y la culpa. Es encontrar paz en su plan. Es confiar en Él y hablar y vivir la verdad cada día.

La paz de Dios cuidará su corazón y su
mente mientras vivan en Cristo Jesús.

[FILIPENSES 4:7]

PERFECTA PAZ

Una vida vivida para Dios es una vida que puede estar llena de paz. No una paz aleatoria, debilucha, terrenal, sino *su* paz. Importada del cielo. Dios te ofrece la misma tranquilidad que llena su trono.

¿Crees que Él lucha con la ansiedad? ¿Crees que Él se frota sus manos o pide a los ángeles antiácidos? Claro que no. Un problema no es más reto para Dios que una ramita para un elefante. Dios tiene una paz perfecta porque Dios tiene un poder perfecto.

Y Él te ofrece su paz. Una paz que "cuidará su corazón y su mente mientras vivan en Cristo Jesús" (Filipenses 4:7). Pablo usa aquí una metáfora militar. Los filipenses, viviendo en una ciudad guarnición, estaban acostumbrados a los centinelas romanos que mantenían su vigilancia. Para que algún enemigo pudiera entrar, primero tenía que pasar por los guardias. Dios te hace la misma oferta. Su paz sobrenatural te da sombra, guardando con ello tu corazón.

UN ÚLTIMO PENSAMIENTO

Lee Filipenses 4:4-7. Pablo nos está diciendo que le contemos a Dios *todas* nuestras preocupaciones y peticiones. Solo cuando se las entreguemos a Él tendremos una mente y un corazón calmados. Existe la paz, y la paz *perfecta*. Escoge la que viene del Creador.

Escucha las instrucciones de Dios
y guárdalas en tu corazón.

[Job 22:22]

EL LENGUAJE DE DIOS

No existe un lenguaje que Dios no vaya a hablar. Lo cual nos lleva a una pregunta agradable. ¿En qué lenguaje te está hablando? No me refiero al francés o al alemán, sino al drama diario de tu vida.

Hay veces en que Él habla "el lenguaje de plenitud". ¿Está tu estómago lleno? ¿Está tu armario bien repleto? ¿Tienes un pequeño tintineo en el bolsillo? No estés tan orgulloso de lo que tienes que no te deje ver lo que tienes que oír. ¿Podría ser que tengas tanto para que puedas dar mucho?

¿O qué hay del "lenguaje del dolor"? Este es un dialecto que intentamos evitar. Pero tú y yo sabemos lo claro que Dios habla en los pasillos y las camas de los hospitales. Cuando estamos en problemas, sus palabras parecen tener un nuevo sentido y urgencia. ¿Te está diciendo Dios algo a través de tus problemas?

Dios habla todos los lenguajes, incluido el tuyo. ¿En qué lenguaje te está hablando Dios?

UN ÚLTIMO PENSAMIENTO

Quizá no oigamos la voz audible de Dios, pero Él encuentra muchas otras formas de hablarnos. ¿Cómo te habla a ti? ¿Tienes un fuerte sentimiento de sus deseos cuando oras? ¿Sientes que está arreglando acontecimientos de tu vida? Sea lo que sea, aprende su lenguaje para que puedas conocer su voluntad.

Recuerda, oh Señor, tu compasión y tu amor inagotable, que has mostrado desde hace siglos.

[SALMOS **25:6**]

NUESTRO ABBA

Recientemente, mi hija Jenna y yo pasamos varios días en la antigua ciudad de Jerusalén. Una tarde, mientras salíamos por una puerta, nos encontramos detrás de una familia judía ortodoxa: un padre y sus tres hijas pequeñas. Una de las hijas, de solo cuatro o cinco años, se cayó unos pasos detrás y no podía ver a su padre. "Abba", le gritó. Él la vio e inmediatamente tomó su mano.

Cuando cambió el semáforo, él guió a sus tres hijas en el cruce. En medio de la calle, se agachó y la tomó en sus brazos mientras continuaban su viaje.

¿No es eso lo que todos necesitamos? ¿Un Abba que oiga cuando le llamamos? ¿Que tome nuestra mano cuando somos débiles? ¿Que nos guíe por las frenéticas intersecciones de la vida? ¿No necesitamos todos un Abba que nos cargue en sus brazos y nos lleve a casa? Todos necesitamos un Padre.

UN ÚLTIMO PENSAMIENTO

¿Tuviste este tipo de papá, uno que siempre escuchaba cuando le pedías ayuda, uno que te dirigió con disposición por algunos de tus momentos más difíciles? ¿O tu padre estaba demasiado ocupado o distante para preocuparse? No importa. Todos tenemos un Padre celestial que nos toma en sus brazos. Podemos llamarle Abba.

Dios nos ha llamado a vivir vidas santas, no impuras.

[1 TESALONICENSES 4:7]

NO ENCIENDAS LA CERILLA

La internet es una gran herramienta, pero tiene peligros ocultos. La pornografía es uno de ellos.

Para muchas, muchas personas, este es un gran problema. Piensan que unas cuantas miraditas no harán daño a nadie. Creen que pueden detenerse cuando quieran. Para los que pueden, las imágenes no queridas seguirán impresas en su mente. Para los que no pueden, acaba de nacer una adicción.

No puedes jugar con fuego y no quemarte. Así que no enciendas la cerilla. La Biblia nunca dice que *batallemos* contra el pecado sexual, *luchemos* contra el pecado sexual…no, nuestro llamado es "¡huyan del pecado sexual" (1 Corintios 6:18). Solo porque una chica se vista para llamar tu atención, no tienes por qué mirar. Solo porque aparezcan imágenes, no tienes por qué verlas. ¡Cubre tus ojos y guarda tus pensamientos! Vivirás mañana los pensamientos que toleres hoy. Usa esto para tu propia ventaja. ¿Quieres buenas relaciones mañana? Piensa en las fortalezas de tus amistades hoy. ¿Quieres tener más fe mañana? Medita hoy en la Palabra de Dios. Tú eres lo que piensas.

UN ÚLTIMO PENSAMIENTO

Los chicos son visuales. Así es como Dios nos hizo. Así que chicas, ayúdennos escogiendo la modestia en lugar del atrevimiento en sus armarios. Y chicos, si tienen un problema con la pornografía, cuéntenselo a alguien que pueda ayudarles a tratar con ello. Cuanto más esperes, más difícil es escapar.

AGOSTO

También nos alegramos al enfrentar pruebas y
dificultades porque sabemos que nos ayudan a
desarrollar resistencia. Y la resistencia desarrolla
firmeza de carácter, y el carácter fortalece
nuestra esperanza segura de salvación.

[ROMANOS 5:3-4]

Él los mantendrá firmes hasta el final, para que estén libres de toda culpa el día que nuestro Señor Jesucristo vuelva.

[**1 Corintios 1:8**]

DIOS NO HA TERMINADO CONTIGO

Dios no ha terminado aún contigo. Sí, tú quizá creas que sí, quizá pienses que has llegado a tu tope y que tu carácter y tu fe ya no se desarrollarán más, que nunca tendrás más de lo que tienes ahora, que nunca conseguirás mucho. Quizá pienses que Dios tiene a alguien mejor en mente para las tareas importantes. Si es así, vuelve a pensar en ello.

"Y estoy seguro de que Dios, quien comenzó la buena obra en ustedes, la continuará hasta que quede completamente terminada el día que Cristo Jesús vuelva" (Filipenses 1:6). ¿Has visto lo que Dios está haciendo? Un buena obra en ti. ¿Has visto cuándo terminará? Cuando Cristo Jesús vuelva.

Aún no puedes saber lo que Dios está haciendo y lo que hará contigo. Él sigue moldeándote por dentro para darle gloria por fuera. No te imaginas las maravillas que ha planeado. Dios no ha terminado aún contigo.

UN ÚLTIMO PENSAMIENTO

Piensa en algunas de las grandes sorpresas que has tenido en tu vida. Quizá fue el regalo de Navidad que pensabas que tu familia no se podía permitir o el viaje misionero al extranjero que nunca pensaste que harías. Dios tiene más sorpresas felices preparadas para ti, tanto en quien eres como en lo que harás. Permítele hacer su maravillosa obra.

¡Ya no sigas enojado! ¡Deja a un lado tu ira! No
pierdas los estribos, que eso sólo trae daño.

[SALMOS 37:8]

TRATA CON TU IRA

ra. Es fácil definirla: el ruido de tu alma. *Ira.* El irritante invisible del corazón. *Ira.* El implacable invasor del silencio. Cuanto más suena, más nos desesperamos.

Quizá estás pensando: *Tú no tienes una idea de lo difícil que ha sido mi vida.* Y tienes razón, no lo sé. ¿Abuso? ¿Traición? ¿Rechazo? ¿Ignorado? No conozco tu historia. Pero tengo una idea clara de lo miserable que será tu futuro si no tratas con tu ira.

Examina el mundo de los airados, y encontrarás un tumor de amargura: negro, amenazante, maligno. El cáncer del espíritu. Sus fibras fatales trepan por el corazón y lo arruinan. El ayer no lo puedes cambiar, pero tus reacciones al ayer sí. El pasado no lo puedes cambiar, pero tu respuesta a tu pasado sí. La Biblia tiene la respuesta: "Líbrense de toda amargura, furia, enojo… Por el contrario, sean amables unos con otros, sean de buen corazón, y perdónense unos a otros, tal como Dios los ha perdonado a ustedes por medio de Cristo" (Efesios 4:31-32).

UN ÚLTIMO PENSAMIENTO

Cuando alguien te lastima, es natural enojarse. Pero si te quedas enojado, te haces daño a ti mismo. Cuando perdonas, no estás diciendo que estuvo bien lo que te ocurrió, sino que estás diciendo que no vas a dejar que eso destroce el resto de tu vida.

Vengan, adoremos e inclinémonos. Arrodillémonos delante del Señor, nuestro creador.

[Salmos 95:6]

ADORACIÓN: ES PERSONAL

Adoración. En dos mil años no hemos averiguado cómo hacerlo. Seguimos luchando por encontrar las palabras correctas en oración. Aún seguimos balbuceando con las Escrituras. No sabemos cuándo arrodillarnos. No sabemos cuándo levantarnos. No sabemos cómo orar. La adoración es difícil.

Por esa razón, Dios nos dio los Salmos: un libro de alabanza para el pueblo de Dios. Esta colección de himnos y peticiones está unida por un hilo conductor: un corazón hambriento de Dios. Algunos salmos son desafiantes. Otros reverentes. Algunos son para ser cantados. Otros son para leerlos en oración. Algunos son intensamente personales. Otros están escritos como si todo el mundo los usara.

La variedad misma debería recordarnos que la adoración es personal. No existe ninguna fórmula secreta. Lo que a ti te mueve podría ser un camino sin salida para otro. A algunos nos gusta alzar las manos. Otros cerramos los ojos y meditamos en silencio en Dios. Cada uno adora de forma distinta. Pero todos deberíamos adorar.

UN ÚLTIMO PENSAMIENTO

¿Es la adoración incómoda para ti? Quizá se deba a que estás intentando hacerlo de la manera "correcta". Lee los Salmos. Mira todas las formas distintas en que la gente alaba a Dios. Él aprecia todas las formas en las que tú decidas honrarlo.

Nada en toda la creación podrá jamás
separarnos del amor de Dios.

[**ROMANOS 8:39**]

ERES ALGO ESPECIAL

Tú quieres saber cuánto durará el amor de Dios. No solo el domingo de resurrección cuando tu camisa está remetida y tu cabello arreglado. No cuando te sientes positivo, animado y listo para acabar con el hambre en el mundo. No entonces. Tú sabes cómo se siente Él contigo en esos momentos. Incluso *tú* te sientes bien contigo mismo en esos momentos.

Quieres saber cómo se siente Él acerca de ti cuando golpeas a todo lo que se mueve, cuando tus pensamientos están al nivel de tus sentimientos, cuando tu lengua está tan afilada que puedes cortar las piedras. ¿Cómo se siente contigo en esos momentos?

¿Hay algo que pueda separarnos del amor que Cristo nos tiene?

Dios respondió nuestra pregunta antes de hacerla. Para que viéramos su respuesta, encendió el cielo con una estrella. Para que la oyésemos, llenó la noche con un coro. Para que la creyésemos, hizo lo que ningún hombre había soñado jamás. Se hizo carne y vino a vivir entre nosotros. Puso su mano sobre el hombro de la humanidad y dijo: "Tú eres algo especial".

UN ÚLTIMO PENSAMIENTO

Nada nos separará del amor de Dios. Su agarre sobre ti es mayor que el pegamento más fuerte. No importa lo que digas, pienses o hagas, no puedes escapar de su amor. Él te ve y sonríe. Serás especial para Él para siempre.

Pues los sufrimientos ligeros y efímeros que ahora padecemos producen una gloria eterna.

[2 CORINTIOS 4:17, NVI]

SOLO UN MOMENTO

Si los granos de arena midieran tu vida espiritual y tu vida terrenal, ¿cuál sería el resultado? El cielo sería todos los granos de tierra de cada playa de la tierra, y más. La vida terrenal sería una centésima parte de un grano de arena. ¿Necesitas una frase para resumir la duración de tu vida en la tierra? Inténtalo: "Un momento".

¿No fue esa la frase que escogió Pablo? "Pues los sufrimientos ligeros y *efímeros* que ahora padecemos producen una gloria eterna que vale muchísimo más que todo sufrimiento" (2 Corintios 4:17, NVI). El apóstol había sido "azotado innumerables veces y enfrenté la muerte en repetidas ocasiones". Él escribe: "En cinco ocasiones distintas, los líderes judíos me dieron treinta y nueve latigazos. Tres veces me azotaron con varas. Una vez fui apedreado. Tres veces sufrí naufragios. Una vez pasé toda una noche y el día siguiente a la deriva en el mar" (2 Corintios 11:23-25). Esto, en palabras de Pablo, son sufrimientos ligeros que durarán solo un momento.

¿Qué ocurriría si adoptásemos la misma actitud hacia la vida? ¿Qué pasaría si viésemos nuestros momentos difíciles como un grano de arena y viéramos el cielo como playas interminables?

UN ÚLTIMO PENSAMIENTO

Todos *tendremos* problemas. Jesús ya nos lo dijo. Y nos *lastimarán*. No hay duda al respecto. Pero en una semana, un mes, un año, y mucho más desde la perspectiva del cielo, apenas te acordarás del estrés y el dolor. Aguanta. Lo que queda es mucho mejor.

Si un soldado te exige que lleves su equipo por un kilómetro, llévalo dos. Dale a los que te pidan y no des la espalda a quienes te pidan prestado.

[MATEO 5:41-42]

LA SOCIEDAD DEL SEGUNDO KILÓMETRO

Jesús creó lo que podríamos llamar la Sociedad del segundo kilómetro. Él presentó una nueva opción. Servir a los que te odian; perdonar a los que te ofenden. Toma el lugar más bajo, no el más alto; busca servir, y no ser servido. No pagar con la misma moneda, sino con amabilidad.

Los soldados romanos podían obligar legalmente a los ciudadanos a llevar la carga de un soldado durante un kilómetro.[7] Solo con una simple orden, los soldados podían sacar a un agricultor de su campo o a un mercader de su tienda.

En tal caso, Jesús dijo: "Da más de lo que te pidan". Al final del kilómetro, sigue con la carga. Sorprende al soldado diciendo: "No he hecho por ti lo suficiente. Voy a recorrer otro kilómetro". Haz más de lo que te exijan. ¡Y hazlo con gozo y gracia!

¿Cómo puedes formar parte de la Sociedad del segundo kilómetro? Cuando tus padres te pidan limpiar la cocina, recoge también tu cuarto. Cuando tu hermana te robe tu mejor camiseta, ofrécele dos más. Les sorprenderás. Harás sonreír a Jesús.

UN ÚLTIMO PENSAMIENTO

Recorrer el segundo kilómetro podría parecer una tarea desagradable. No lo es. Cuanto más lo hagas, más disfrutarás de las reacciones de sorpresa de aquellos a los que sirvas sin que lo esperen. Más importante aún, cada kilómetro calentará tu propio corazón y te acercará un poco más a Jesús.

Cuando...creyeron, fueron marcados con el
sello que es el Espíritu Santo prometido.

[EFESIOS 1:13, NVI]

SELLADOS CON EL ESPÍRITU

Un alma sellada por Dios está a salvo.

Durante un tiempo corto en la universidad, trabajé en una planta de aspiradoras. Armábamos las aspiradoras por completo. El último paso en la línea de ensamblaje era "sellar y mandar". En este punto, la empresa había invertido horas y dólares en las máquinas. Así que poníamos especial atención a la hora de proteger su producto. Ellos lo momificaban en papel de burbujas de aire, lo aseguraban con Styrofoam, envolvían la caja con precinto difícil de romper, marcaban el destino en la caja, y las metían atadas en el camión. Esa máquina estaba segura.

Pero comparado con el cuidado de Dios hacia sus hijos, los trabajadores cargaban aspiradoras sin proteger en la parte trasera de un pick up. Dios nos sella con su mayor fuerza: su Espíritu. Él nos mete en un traje de armadura espiritual, nos rodea de ángeles y Él mismo viene a morar en nosotros. Ni siquiera el presidente goza de este nivel de seguridad.

Cristo pagó un precio demasiado alto para dejarnos desprotegidos. "Recuerden que él los identificó como suyos, y así les ha garantizado que serán salvos el día de la redención" (Efesios 4:30). Te puedes resbalar, y sin duda lo harás, pero nunca dejarás de estar seguro.

UN ÚLTIMO PENSAMIENTO

¿Cuál es tu posesión más valiosa? ¿Tu computadora portátil? ¿Tu iPod? ¿El anillo que te dio tu abuela? ¿El automóvil que te compraste con tu propio dinero? Sea lo que sea, no importa lo mucho que lo atesores, tú significas mucho más para Dios. Le perteneces.

Oh Dios, tú eres mi Dios; de todo corazón te busco.
Mi alma tiene sed de ti; todo mi cuerpo te anhela.

[Salmos 63:1]

¿ESTÁS SATISFECHO?

¿**S**atisfecho? Eso es algo que nunca estamos. No estamos satisfechos.

Nos compramos la última computadora personal, el teléfono celular más plano, el mejor producto para el cabello. Dos semanas después, ya estamos planificando nuestra próxima compra. Nos vamos de vacaciones a Hawái y nos llenamos de sol, diversión y buena comida. Pero no estamos aún de vuelta en casa cuando vemos que se acaba el viaje y comenzamos a planear otro.

No estamos satisfechos. Cuando yo era niño, decíamos: "Si ya fuera un adolescente". De adolescentes decíamos: "Si fuéramos ya adultos". De adultos: "Si estuviera casado". Ya casados: "Si tuviera niños".

Nunca estamos satisfechos. ¿Por qué es tan difícil el contentamiento? Porque no hay nada en la tierra que pueda satisfacer nuestros anhelos más profundos. Anhelamos ver a Dios. Y no estaremos satisfechos hasta que le veamos.

UN ÚLTIMO PENSAMIENTO

Algunos describen nuestro anhelo de Dios como un hueco en el corazón. ¿Lo puedes sentir? Intentas llenar el hueco con cosas, con amigos y buenos momentos, con comida, con ocupación. Puede que sirva durante un tiempo, pero nunca dura. Llénalo en su lugar con Dios. Él es el único que satisface.

Los que están atentos a la instrucción prosperarán;
los que confían en el Señor se llenarán de gozo.

[PROVERBIOS 16:20]

EL SANTO REGALO DEL SEXO

¡Huyan del pecado sexual! Ningún otro pecado afecta tanto el cuerpo como este, porque la inmoralidad sexual es un pecado contra el propio cuerpo" (1 Corintios 6:18). Pablo escribió estas palabras a corintios que tenían una obsesión por el sexo.

Ningún mensaje nada más a contra corriente que este. Tú conoces el himno sexual de nuestro tiempo: "Hago lo que quiero. Es mi cuerpo". ¿La firme respuesta de Dios? "No, no lo es. Es mío".

No tardes en entender que Dios no está en contra del sexo. Al fin y al cabo, Él desarrolló todo el paquete. Él ve la intimidad sexual como yo veo nuestra Biblia familiar. Es un legado por el linaje de mi padre, y tiene cien años de antigüedad y treinta centímetros de grosor. Para mí, tiene un valor incalculable. Así que cuando necesito algo para subirme, no agarro esa Biblia. Si la pata de mi cama se rompe, no uso la Biblia familiar como taburete. La reservamos para tiempos especiales y la guardamos en un lugar especial.

Considera el sexo del mismo modo: como un regalo santo que hay que abrir en un lugar especial en momentos especiales. El lugar especial es el matrimonio, y el momento es con tu cónyuge.

UN ÚLTIMO PENSAMIENTO

La seducción de la atracción física es fuerte. Hombres y mujeres jóvenes (también los mayores) han estado lidiando con él desde, bueno, desde el comienzo. Confía aquí en Dios, no vale la pena sufrir las consecuencias a largo plazo por disfrutar de un placer a corto plazo. Si te ves en una situación tentadora, haz caso al consejo de Pablo: ¡huye!

Busca su voluntad en todo lo que hagas, y
él te mostrará cuál camino tomar.

[PROVERBIOS 3:6]

LA ORACIÓN ES ASÍ DE SENCILLA

Mi padre me dejaba subirme en sus piernas...¡mientras conducía! Hace medio siglo, a nadie le preocupaba eso. Especialmente en un campo petrolífero plano como una sartén el oeste de Texas donde había más conejos que personas.

Me encantaba. ¿Importaba si podía ver por encima del salpicadero? ¿Que mis pies no llegaran a los pedales de freno y acelerador? De ningún modo. Yo ayudaba a mi papá a conducir su camión. ¿Me daba miedo meterme en una zanja? ¿Girar más de la cuenta en una curva? ¿Meter la rueda en un surco? De ningún modo. Las manos de papá estaban junto a las mías, sus ojos más sagaces que los míos. ¡No tenía temor! Cualquiera puede conducir un automóvil desde las piernas de un padre.

Y cualquier puede orar desde la misma perspectiva. La oración es la práctica de sentarse calmadamente en las piernas de Dios y poner nuestras manos en su volante. Él maneja la velocidad y las curvas difíciles y nos asegura llegar sanos a nuestro destino. Y nosotros ofrecemos nuestras peticiones; le pedimos a Dios que "quites esta copa de sufrimiento" (Marcos 14:36). Esta cosa de enfermedad, traición, rechazo, conflicto o inseguridad. La oración es así de sencilla.

UN ÚLTIMO PENSAMIENTO

Dios nos lo pone fácil. No necesitamos una cita para hablar con Él. No tenemos que rellenar un formulario o entregar las preguntas con antelación. Orar es tan sencillo como subirse a las piernas de papá. ¿Por qué no lo pruebas ahora mismo?

> Los cielos cuentan la gloria de Dios, el
> firmamento proclama la obra de sus manos.
>
> [SALMOS **19:1**]

NUESTRO HACEDOR DE ESTRELLAS

Aléjate de las luces de la ciudad en una noche clara, y alza tu mirada al cielo. La extensa banda de luz blanca es nuestra galaxia, la Vía Láctea. Cien mil millones de estrellas.[8] ¡Nuestra galaxia es solo una entre miles de millones![9] ¿Quién puede concebir tal universo, y aún menos un número infinito de universos?

Nadie. Pero intentémoslo de todas formas. Imagínate que te subes a un avión y viajas por nuestro sistema solar a la vertiginosa velocidad de mil kilómetros por hora. En dieciséis días y medio llegarías a la luna, en diecisiete años pasarías el sol, y en 690 años podrías disfrutar del anillo de Plutón. Después de siete siglos aún no habrías salido de nuestro sistema solar, y mucho menos de nuestra galaxia.[10]

Nuestro universo es el misionero más fino de Dios. "Los cielos cuentan la gloria de Dios" (Salmos 19:1, NVI). Una casa necesita un constructor; una pintura sugiere un pintor. ¿Acaso no sugieren las estrellas un hacedor? ¿No implica la creación que haya un creador? Mira por encima de ti.

Si Dios puede hacer mil millones de galaxias, ¿acaso no puede sacar lo bueno de lo malo y buscar el sentido a nuestras vidas tambaleantes? Por supuesto que puede. Él es Dios.

UN ÚLTIMO PENSAMIENTO

Escoge una noche clara, quizá esta noche. Encuentra un lugar donde realmente puedas ver todas esas estrellas. Míralas bien, durante un buen rato, pero con una mirada penetrante. ¿Piensas que solamente "aparecieron" sin más? ¿O crees que Dios tuvo algo que ver con ello? Examina tu corazón en busca de la respuesta.

Así que, todos nosotros, a quienes nos ha sido quitado el velo, podemos ver y reflejar la gloria del Señor. El Señor, quien es el Espíritu, nos hace más y más parecidos a él a medida que somos transformados a su gloriosa imagen.

[2 Corintios 3:18]

REFLECTORES DEL HIJO

¿Qué hace la luna? No genera luz. Sin el sol, la luna es tan solo una roca oscura como el carbón y picada. Pero bien situada, la luna brilla. Un terrón de tierra se convierte en una fuente de inspiración y romance. La luna refleja una luz mayor.

¿Qué ocurriría si aceptásemos nuestro lugar como reflectores del Hijo? Un cambio así probablemente sería un gran cambio. Hemos estado demandando nuestra manera y poniendo nuestro pie desde que Dios nos hizo. ¿Acaso no nacemos todos con una tendencia de serie al egoísmo? *Quiero una novia que me haga feliz y amigos que siempre me pidan mi opinión. Quiero un armario que me halague y videojuegos que me entretengan y una familia que me sirva.*

¿Cómo podemos salir del egocentrismo? Pasamos de un enfoque en el yo a un enfoque en Dios pensando en Él. Hablando con Él. Siguiendo el consejo del apóstol Pablo: "Por tanto, nosotros todos, mirando a cara descubierta como en un espejo la gloria del Señor, somos transformados de gloria en gloria en la misma imagen" (2 Corintios 3:18, RVR60).

UN ÚLTIMO PENSAMIENTO

Espejito, espejito, ¿quién es el más digno de todos? Lo creas o no, no eres ni tú ni yo. Es Él. El único Dios. Él es el sol de nuestra luna. Nuestra tarea es simplemente ponernos en posición para reflejar su brillo.

Él me resguardará en su morada.

[SALMOS 27:5, NVI]

LA CASA DE DIOS

Por mucho que amemos nuestra casa, hay veces en que queremos salir de ella durante un rato, ¿verdad? Sin embargo, David, el hombre conforme al corazón de Dios, dijo: "Lo único que le pido al Señor —lo que más anhelo—es vivir en la casa del Señor todos los días de mi vida" (Salmos 27:4).

¿Qué es esta casa de Dios que busca David? ¿Está describiendo David una estructura física? ¿Anhela un edificio con cuatro paredes y una puerta por la que poder entrar pero nunca salir? No. Nuestro Señor "No vive en templos construidos por hombres" (Salmos 17:24, NVI). Cuando David dice: "y en la casa del Señor habitaré para siempre" (Salmos 23:6, NVI), no está diciendo que quiera alejarse de la gente. Está diciendo que anhela estar en la presencia de Dios, dondequiera que Él esté.

¿Qué es lo maravilloso de estar con Dios? Dondequiera que estemos, estamos en casa.

UN ÚLTIMO PENSAMIENTO

Casa. Es el lugar donde comes. Duermes. Lees. Estás. Cómoda porque es familiar, porque es donde está tu familia. Sin embargo, una gran parte de tu familia está contigo sin importar donde vayas o vivas. Dios es tu Padre celestial, y puedes vivir en su hogar sin importar donde estés.

El Dios único, Salvador nuestro, tiene poder
para cuidar de que ustedes no caigan.

[JUDAS V. **24,** DHH]

LA ESCALADA

Tú y yo estamos en una gran escalada. La pared es alta, y los peldaños son más altos. Diste tu primer paso el día que aceptaste a Cristo como el Hijo de Dios. Él te dio su arnés: el Espíritu Santo. En tus manos puso una cuerda: su Palabra.

Tus primeros pasos fueron firmes y seguros, pero con el tiempo llegó el cansancio, y con la altura el temor. Perdiste tu paso. Perdiste tu enfoque. Perdiste tu agarre, y te caíste. Por un momento, el cual te pareció una eternidad, rodaste incontroladamente. Sin control. Sin autocontrol. Desorientado. Dislocado. Cayendo.

Pero entonces la cuerda se tensó, y la caída cesó. Quedaste colgado del arnés y te diste cuenta de que es fuerte. Te asiste de la cuerda y viste que era fiable. Y aunque no puedes ver a tu guía, lo conoces. Sabes que es fuerte. Sabes que es capaz de impedir que te caigas.

Así que escalas una vez más.

UN ÚLTIMO PENSAMIENTO

Nuestro viaje de fe a menudo es parecido a escalar una montaña. La emoción de comenzar. El asombro de los descubrimientos a lo largo del camino. La fatiga. Las preocupaciones. Las cuestas y las caídas. La emoción al acercarnos a nuestra meta. ¿Y cuando finalmente llegamos a la cima? No hay gozo que se compare a ello.

Cantaré al Señor porque él es bueno conmigo.

[SALMOS 13:6]

CÓMO ARREGLAR UN DÍA MALO

La próxima vez que tu día vaya mal, esto es lo que debes hacer. Empápate de la gracia de Dios. Extingue tu día en su amor. Sumerge tu mente en su misericordia, Él ha arreglado tus cuentas, ha pagado tu deuda. "Él mismo cargó nuestros pecados sobre su cuerpo en la cruz" (1 Pedro 2:24).

Cuando pierdas los nervios con tu hermana pequeña, Cristo interviene: "Yo pagué por eso". Cuando dices una mentira y todo el cielo se queja, tu Salvador habla: "Mi muerte cubrió ese pecado". Cuando deseas, presumes, ansías o juzgas, Jesús está ante el tribunal del cielo y señala a la cruz cubierta de sangre. "Yo ya he provisto para eso. He llevado los pecados del mundo".

Qué regalo te ha dado. Has ganado el premio gordo de la lotería de la historia de la humanidad, ¡y ni siquiera compraste el billete! Tu alma está segura, tu salvación garantizada. Tu nombre está escrito en el único libro que importa. Estás tan solo a unos cuantos granitos en el reloj de arena de una existencia sin lágrimas, sin muerte, sin dolor. ¿Qué más necesitas?

UN ÚLTIMO PENSAMIENTO

¿Entiendes lo buenísima que es esta noticia? Quizá falles en el examen, pero ya has pasado el final. No importa cuántos problemas enfrentes hoy, tú sabes que no importarán mañana. Dios ya se ha encargado de ello. Si eso no merece cantar de alegría, no sé qué otra cosa lo merece.

Solamente él tiene el poder para salvar o destruir.

[Santiago 4:12]

DERECHO A TU DESTINO

La vida de José fue cuesta abajo muy deprisa. "Menospreciado" por sus hermanos. "Arrojado" a un pozo vacío. "Abandonado" por sus hermanos y "vendido" como esclavo. "Enviado" por el camino que iba a Egipto. Iba de mal en peor. Despojado de su nombre, estatus, posición. Todo lo que tenía, todo lo que pensaba que había tenido jamás, se había ido. Así de rápido.

¿Te ha pasado lo mismo? ¿Te has quedado con un solo amigo, te queda solo una moneda, se te acaba la suerte, te va mal la vida en general, vas derecho…derecho a Egipto?

José llegó a Egipto con nada. Ningún nombre que utilizar. Ninguna familia en quien apoyarse. Lo perdió todo, salvo una cosa. Su destino. Había tenido sueños que le convencían de que Dios tenía planes para él. Los detalles eran vagos, pero ciertos. Pero José nunca perdió su fe en que Dios creía en él. Mientras llevaba las pesadas cadenas de los propietarios de esclavos, recordaba: "Yo he sido llamado a algo más". Dios tenía un destino para José, y el chico lo creyó.

¿Crees tú que Dios tiene un destino para ti?

UN ÚLTIMO PENSAMIENTO

¿Podría José haber llegado desde la esclavitud a una posición de liderazgo y poder si hubiera perdido su fe en Dios y en sus planes? Lo dudo. Toma un segundo para revisar tus sueños para tu futuro. A pesar de tus problemas de hoy, tus sueños aún son posibles. Aunque vayas derecho a la nada salvo a tu destino.

Alégrense por la esperanza segura que tenemos.
Tengan paciencia en las dificultades y sigan orando.

[ROMANOS **12:12**]

REVELADO PARA SANAR

Hace unos años, llamaron a un amigo mío a una funeraria para identificar el cuerpo de su padre, al cual su exmujer le había disparado en mitad de la noche. La descarga de la escopeta fue solo otro más de una larga lista de estallidos de ira y momentos familiares violentos. Mi amigo recuerda estar cerca del cuerpo y tomar esta decisión: "Esto se detiene conmigo".

Toma la misma decisión. Tu historial familiar quizá haya tenido capítulos tristes, pero tu historia no tiene que ser tu futuro. Habla con Dios y con cristianos adultos con los que tengas confianza. Sácalo a la luz. Revelar las cosas lleva a la sanidad. No solo ores diciendo: *"Señor, ayúdame a perdonar.* Dale a Dios y a otros los detalles: *Cada día llego a casa de la escuela y me encuentro a mamá borracha, tirada en el sofá. Yo tengo que hacer la cena, cuidar de mi hermanito y hacer los deberes yo sola. ¡No está bien, Dios!*

Difícil, pero cierto. Pero deja que Dios haga su parte. Siempre hay esperanza al escoger su futuro para ti.

UN ÚLTIMO PENSAMIENTO

Cuando estés en un momento difícil, no intentes pasarlo solo. Uno de los propósitos de la familia de Dios es apoyarnos unos a otros en los problemas. Habla con Él respecto a lo que está ocurriendo en tu vida para que pueda llevarte a un pastor, un padre, un maestro, amigo u otro cristiano que te pueda ayudar.

—¡Nazaret! —exclamó Natanael—. ¿Acaso
puede salir algo bueno de Nazaret?

[JUAN 1:46]

VEN Y VE

Felipe acababa de acceder a convertirse en discípulo. Encontró
a Natanael y le dijo que habían encontrado a Aquel de quien
escribió Moisés, Aquel de quien hablaban los profetas. De todas
las personas, era Jesús, el hijo de José, el hombre que había crecido en Nazaret. Natanael no podía creer que alguien tan importante pudiera venir de una pequeña ciudad tan descolgada y
apartada. "—¡De Nazaret! —replicó Natanael—. ¿Acaso de allí
puede salir algo bueno? —Ven a ver —le contestó Felipe" (Juan
1:46, NVI).

La pregunta de Natanael sigue resonando, incluso dos mil
años después. ¿Puede algo bueno salir de Nazaret? Ven y ve las
vidas cambiadas. El delincuente que ahora es bueno. El alma
airada y amargada que ahora está llena de gozo. El deprimido y
agobiado que ahora tiene esperanza.

Ven y ve la mano atravesada de Dios tocando el corazón más
común, limpiando la lágrima del rostro más triste, y perdonan-
do el pecado más feo. Ven y ve. Él no evita a ningún buscador.
Él no ignora a ningún investigador. Él no teme búsqueda alguna.
Ven y ve lo que puede hacer Uno de Nazaret.

UN ÚLTIMO PENSAMIENTO

Un humilde comienzo no significa una vida inútil. Jesús lo
demostró. Nació en un establo. Se crió en una villa oscura. Salvador del mundo. ¿Difícil de creer? No juzgues un libro o a un
mesías por su portada. En cambio, ven y ve por ti mismo.

No te desvíes, evita que tus pies sigan el mal.

[PROVERBIOS **4:27**]

ZONA DE PELIGRO

Cuando salimos por la puerta de nuestra casa cada mañana, entramos en una zona de peligro. Todos luchamos contra un feroz enemigo llamado tentación. Ninguno está inmune. El diablo ha tentado a todos, comenzando desde Adán e incluyendo a Jesús. El primero con un fruto. El segundo con pan. ¿Tú y yo? Podría ser con la chica guapa que pasa caminando, con la cartera que te encontraste tirada en el suelo, la respuesta del examen sobre la mesa que tenemos junto a nosotros.

Podemos ayudarnos unos a otros a ganar esta lucha. Una chica escoge un vestido modesto, haciendo así que los chicos mantengan sus ojos y su mente controlados. Un amigo nos pregunta cómo va nuestro tiempo con Dios, señalándonos hacia una verdad que valoramos. Un amigo dice: "¿Estás seguro de que eso es una buena idea?", dándonos una segunda oportunidad para decidir mejor.

Cuando la tentación amenaza con derribar a tus amigos, anímalos a acudir a tu Padre celestial. A Él le encanta sostener las manos de sus hijos. "El Señor dirige los pasos de los justos" (Salmos 37:23). Él los dirigirá, tanto a ellos como a ti, fuera de la zona de peligro.

UN ÚLTIMO PENSAMIENTO

Lee las sabias palabras de Pablo en 1 Corintios 10:1-13. Tú y tus amigos siempre tienen una manera de salir de las situaciones más peligrosas. No será por tu fuerza de voluntad. Tu escape es una provisión de Dios. Búscalo, tómalo y no mires atrás.

—¡Sí creo!…¡Ayúdame en mi poca fe!

[MARCOS 9:24, NVI]

LIDIAR CON LA DUDA

Alguien me dijo una vez: "Estoy empezando a dudar de si realmente existe un Dios. ¿Cómo saber que no es solo producto de mi imaginación?".

Creer en Dios no es una fe ciega. La duda es parte del viaje hacia la sólida convicción. Si no estás seguro de lo que crees, no significa que seas un "mal cristiano" o que no tengas solución. Está bien hacerse preguntas difíciles. Dios puede con ello. Entonces, ¿cómo puede la gente llegar a tener una fe firme? El camino varía, pero estas son unas cuantas ideas.

Espacio: Miles de millones de galaxias y en expansión. ¿Dónde termina? ¿Cómo comenzó todo? *Tierra*: Tanta variedad y belleza. ¿Cómo llegó a existir? ¿Por qué funciona con tanta armonía? *Ética*: A través de la historia, el asesinato es siempre malo, la valentía es siempre buena. ¿Quién nos programó? *Biblia*: Examina la sabiduría. Experimenta las historias. *Tumba vacía*: Tantos que afirmaron ver al Señor resucitado murieron con esas palabras en sus labios. ¿Hubieran muerto por una mentira? *Jesús*: Ningún otro hombre en la historia provocó tantas preguntas, agitó tantos corazones, dio tantas respuestas. ¿Podría ser quien dijo ser?

UN ÚLTIMO PENSAMIENTO

¿Te preguntas si la duda y la fe pueden coexistir? Lee la historia del padre y su hijo poseído por un espíritu en Marcos 9:14-27. A pesar de su duda, el padre estuvo dispuesto a creer que Jesús podía sanar a su hijo. Fue suficiente. Tu fe, aunque esté mezclada con duda, también será suficiente.

> Se levantarán muchos de los que están muertos
> y enterrados, algunos para vida eterna y otros
> para vergüenza y deshonra eterna.

[DANIEL **12:2**]

EL INFIERNO TIENE UN PROPÓSITO

¿**T**iene algún propósito el infierno? Quítalo de la Biblia y, al mismo tiempo, quitarás la idea de que Dios es justo y que su Palabra es fiable.

Si no hay infierno, Dios no es justo. Si no hay castigo del pecado, el cielo no se preocupa de los violadores y ladrones y asesinos en serie de la sociedad. Si no hay infierno, Dios está cegado ante las víctimas y ha dado la espalda a los que oran pidiendo ayuda. Si no hay ira hacia el mal, entonces Dios no es amor, porque el amor aborrece lo que es malo.

Decir que no hay infierno es decir también que Dios es un mentiroso y que su Escritura no es veraz. La Biblia repetida y firmemente afirma que la historia de cada persona se dirige hacia uno de dos resultados. Algunos serán salvos. Otros se perderán. Dios no nos obliga a escoger ninguno de los dos destinos, sino que nos deja decidir. ¿Cuál elijes tú?

UN ÚLTIMO PENSAMIENTO

Infierno. Un lugar de miseria inimaginable. ¿Cómo puede un Dios amoroso permitir que exista un lugar así? No obstante, ¿cómo puede permitir que no exista? ¿Parece justo que los que hacen el mal cada día y nunca se sienten mal nunca sufran las consecuencias? Dios preferiría que el hotel del infierno estuviera siempre vacío. Hagamos todo lo posible por hacer que es idea sea una realidad.

Ustedes aman a Jesucristo a pesar de que nunca lo
han visto. Aunque ahora no lo ven, confían en él.

[1 PEDRO 1:8]

MIRA ARRIBA

Hace algunos años un sociólogo se unió a un grupo de escaladores en una expedición. Observó una conexión entre la
nubosidad y el contentamiento. Cuando no había nubes y se veía
la cumbre, los escaladores se mostraban animados y cooperado-
res. Cuando las nubes grises bloqueaban la visión de la cima de
la montaña, sin embargo, los escaladores se mostraban tacitur-
nos y egoístas.

Lo mismo nos ocurre a nosotros. Mientras nuestros ojos
estén en la majestad de Dios, hay un brío en nuestro paso. Pero
si nuestros ojos se enfocan en la tierra que tenemos debajo, nos
quejaremos por cada roca y grieta que nos encontremos. Por
esta razón Pablo animaba: "pongan la mira en las verdades del
cielo, donde Cristo está sentado en el lugar de honor, a la derecha de Dios. Piensen en las cosas del cielo, no en las de la tierra"
(Colosenses 3:1-2).

Tu estás en un camino ascendente. Disfrutarás mucho más tu
ascensión si mantienes tus ojos en Jesús.

UN ÚLTIMO PENSAMIENTO

Es asombrosa la diferencia que marca nuestra visión. El tiempo
frío y las nubes oscuras pueden ponernos en un estado tormen-
toso. Los días soleados parecen aligerar nuestra carga. Así que
deja que tus ojos espirituales se mantengan enfocados en la
majestad de Dios. Estarás en la cima de la montaña antes de
que te des cuenta.

Dios levantó a Jesús de los muertos y de
esto todos nosotros somos testigos.

[HECHOS 2:32]

NO PUDIERON OLVIDARLO

No sabemos dónde fueron los discípulos cuando salieron del huerto después que Jesús fue arrestado, pero sabemos lo que se llevaron: un recuerdo. Se llevaron un recuerdo impactante de un hombre que se llamó a sí mismo nada más y nada menos que Dios encarnado. Y no podían sacárselo de la mente. Por mucho que quizá intentaron perderlo entre la multitud, no pudieron olvidarse de él.

Si veían a un leproso, pensaban en su compasión. Si oían una tormenta, recordaban el día que Él calmó una. Si veían a un niño, pensaban en el día que cargó a uno.

No, no podían olvidarlo. Como resultado, regresaron. Y como resultado, la iglesia de nuestro Señor comenzó con un grupo de hombres asustados en un aposento alto.

¿Qué has visto a Jesús hacer en tu vida y en las vidas de los que te rodean? ¿También tú te acordarás?

UN ÚLTIMO PENSAMIENTO

Para el olvidadizo entre nosotros, una lista es una manera maravillosa de refrescar la memoria. ¿Por qué no te haces una ahora mismo de las cosas que Jesús ha hecho por ti? Guárdala en algún lugar seguro, y ve añadiendo las bendiciones que recibas. De esa forma, nunca te olvidarás, y tu fe volará.

El amor… nunca se da por vencido, jamás
pierde la fe, siempre tiene esperanzas y se
mantiene firme en toda circunstancia.

[1 CORINTIOS 13:4, 7]

CREE EN OTROS

Todo el mundo ha dado por perdida a la persona por la que
tú te preocupas. "Está demasiado mal". "Es demasiado
dura… demasiado adicta… demasiado fría". Nadie ora, pero tu
te das cuenta de que Dios puede estar trabajando entre bamba-
linas. Quizá es demasiado pronto para tirar la toalla. Comienza
a creer.

Nadie creyó en la gente más que Jesús. Él vio algo en Pedro
que valía la pena desarrollar, en la mujer adúltera que merecía la
pena perdonar, en Juan que merecía la pena amarrar. Él vio algo
en el ladrón de la cruz, y lo que vio merecía la pena salvarlo. Y
en la vida de un extremista sediento de sangre de mirada salvaje,
él vio a un apóstol de gracia. Él creyó en Saulo, quien se convirtió en Pablo, una de las voces más importantes del cristianismo.

No te rindas con tu Saulo. Cuando otros le hayan dado por
perdido, dale otra oportunidad. Mantente fuerte. Llámale hermano. Llámala hermana. Háblale a tu Saulo de Jesús y ora. Y
recuerda esto: Dios nunca te envía donde Él mismo no haya estado. Cuando alcances a tu Saulo, quién sabe qué te encontrarás.

UN ÚLTIMO PENSAMIENTO

Cuando estés a punto de pisar la cancha o el escenario, ¿no
merece la pena solo por ver esa sonrisa de ánimo? Esa que
dice: "Creo en ti. ¡Puedes hacerlo!". Alguien ahí fuera necesita
esa sonrisa de apoyo o una palabra alentadora de ti.

Pero procuren no alarmarse.

[MATEO 24:6, NVI]

NO TEMAS

Este mundo a veces apesta. Hay confusión y tristeza en este mundo. Hay hambre en este mundo. Hay cáncer, y divorcios y muerte en este mundo. Y a veces vas a orar por cosas, y la oración no recibirá la respuesta que tú deseabas.

Pero Jesús predijo que pasarían cosas malas. Dijo: "En este mundo afrontarán aflicciones" (Juan 16:33, NVI). Es como si nos estuviera diciendo: "No teman cuando las cosas se pongan feas". Si Él pudo predecir el problema, puede resolverlo.

En algún punto entre los ingenuos optimistas y los pesimistas, están los discípulos honestos y sobrios de Cristo que no temen ni pierden la fe por la presencia de los problemas. Saben que todos esos problemas son un despliegue natural de los acontecimientos, parte del plan de Dios establecido hace mucho tiempo.

Nuestra misión es confiar y aguantar. Nos dirigimos al abrazo del cielo, donde no nos volverá a ocurrir nada malo.

UN ÚLTIMO PENSAMIENTO

A nadie le gustan los malos días o las malas noticias. Pero es alentador saber que Jesús vio que todo eso llegaría. Sabía que tendríamos problemas por seguirle, y sabía que el mundo empeoraría antes de su regreso para redimirlo. Podemos confiar en su victoria final, y la nuestra.

No te fallará ni te abandonará.

[DEUTERONOMIO 31:8]

¡BIENVENIDO DE NUEVO!

Cuando tenía siete años, me fui de casa. No aguantaba las reglas de mi padre y decidí que podía sostenerme solo, gracias. Con mi ropa en una bolsa de papel, salí dando un portazo por la puerta de atrás y me fui por el callejón. Pero no llegué muy lejos. Llegué al final del callejón y me acordé de que tenía hambre, así que regresé a casa. Mi papá me recibió de nuevo.

Aunque la rebeldía fue corta, no por ello dejó de ser rebeldía. Y si me hubieras detenido, te habría dicho cómo me sentía. Quizá hubiera dicho: "Yo no necesito un padre. Soy demasiado mayor para las reglas de mi familia".

No oí cantar al gallo como le pasó a Pedro después de mentir acerca de conocer a Jesús, pero aprendí de mi padre en la tierra lo que Pedro aprendió de su Padre en el cielo. Nuestro Dios no es un Padre en las buenas. Él no participa de la idea de amarles y dejarles. Puedo confiar en que Él me dará la bienvenida de nuevo por muy lejos que me vaya de Él. Y tú también.

UN ÚLTIMO PENSAMIENTO

¿Alguna vez te has ido de casa? ¿Aún hoy lo sigues haciendo? Quizá no físicamente, pero ¿estás buscando maneras grandes o pequeñas de rebelarte contra tus padres, maestros y Dios? Quizá es el tiempo de dejar de huir. Dios está esperando que regreses a casa con los brazos abiertos.

> ¿Quién puede compararse con el Señor nuestro
> Dios, quien está entronizado en las alturas?
>
> [Salmos 113:5]

DIOS VE LO QUE NOSOTROS NO PODEMOS VER

En un viaje al Reino Unido, nuestra familia visitó un castillo. En el centro de su jardín había un laberinto. Fila tras fila de arbustos a la altura de los hombros, que llevaban a un camino sin salida tras otro. Tras navegar exitosamente por el rompecabezas, descubrimos la puerta que daba a una torre muy alta en el centro del jardín. Si vieras las fotos familiares del viaje, verías a cuatro de los cinco miembros de la familia de pie encima de la torre. Ummm, alguien sigue en el suelo. ¿Sabes quién? Yo me quedé atascado en el follaje. No pude averiguar en qué dirección ir.

Ah, pero después oí una voz del cielo. "¡Eh, papá!". Alcé mi mirada y vi a Sara, mirando a través de la torrecilla en la cima. "Vas en la dirección incorrecta", me explicó. "Date la vuelta y gira a la derecha".

¿Crees que confié en ella? No tenía por qué. Pero ¿sabes lo que hice? La escuché. Su sitio con vistas privilegiadas era mejor que el mío. Ella estaba por encima del laberinto. Ella podía ver lo que yo no podía.

¿No crees que deberíamos hacer lo mismo con Dios?

UN ÚLTIMO PENSAMIENTO

La altura tiene sus ventajas. Los adolescentes, a diferencia de los niños pequeños, pueden ver por encima de los sofás. Los socorristas pueden revisar la playa. Un oficinista en el piso treinta puede ver la ciudad. Y la visión de un piloto de aviones cubre cientos de kilómetros. ¿Pero Dios? Él lo ve todo en un vistazo, todo el universo y el paso siguiente que debes dar.

Entonces la Palabra se hizo hombre
y vino a vivir entre nosotros.

[JUAN 1:14]

ÉL ERA ALCANZABLE

"**L**a Palabra se hizo hombre", dijo Juan. En otras palabras…se le podía tocar, acercarse, alcanzable. Y mejor aún, era común y corriente. Si estuviera aquí hoy, probablemente no le reconocerías al caminar por un centro comercial. No haría que la gente se volviera por sus ropas o el destello de sus joyas.

"Llámame Jesús", casi podemos oírle decir.

Era esa clase de persona a la que invitarías a ver un partido de campeonato de fútbol a tu casa. Pelearía en el suelo con tu hermanito, se tiraría en tu sofá y cocinaría filetes en tu barbacoa. Se reiría de tus chistes y él mismo contaría otros. Y cuando tú hablases, él te escucharía como si tuviera todo el tiempo de la eternidad.

Y una cosa es cierta, le volverías a invitar. Porque habría algo en él. Una paz. Un poder. Una presencia. Algo que tú necesitas.

UN ÚLTIMO PENSAMIENTO

Ocurrió hace dos mil años, pero el concepto sigue siendo increíble hoy día. Dios hecho hombre. Del cielo a humano. Nos amó tanto que entregó todo para ser uno de nosotros. Cuando alguien hace todo eso, ¿no merece la pena conocerle un poquito mejor?

Incluso antes de haber hecho el mundo,
Dios nos amó y nos eligió en Cristo.

[Efesios 1:4]

RUMBO A CASA

Busco en los rostros del orfanato Cap Haitian a Carinette, la niña con la nariz larga, el cabello rizado y un puñado de fotos. Las fotos tienen las imágenes de su futura familia. Ha sido adoptada.

Sus padres adoptivos son amigos míos. Le llevaron fotos, un osito de peluche, barritas de cereales y galletas. Carinette compartió los dulces y le pidió al director que le guardara el osito, pero se guardó las fotos. Le recuerdan el que será su hogar. En cuestión de un mes, dos como mucho, ella estará allí. Sabe que llegará el día. Ahora en cualquier momento su padre aparecerá. Fue una vez a solicitarla. Volverá a ir de nuevo esta vez para llevarla a casa. Hasta entonces ella vive con un corazón rumbo a casa.

¿No nos ocurre a todos? Nuestro Padre también nos hizo una visita. ¿Acaso no nos han solicitado? ¿Adoptado? Dios te buscó. Antes de que supieras que necesitabas ser adoptado, Él ya había entregado los papeles y había seleccionado el color de las paredes de tu cuarto.

UN ÚLTIMO PENSAMIENTO

Hay algo emocionante en ir a casa, aunque nunca hayamos estado allí. Como Carinette, miramos las fotografías en nuestra mente de las maravillas que conoceremos allí. Los tiempos difíciles de hoy son mucho más fáciles de afrontar cuando conocemos cuáles son los gozos que traerá el mañana.

Queridos amigos, nunca tomen venganza. Dejen
que se encargue la justa ira de Dios.

[ROMANOS 12:19]

EL ELEVADO COSTO DE LA VENGANZA

¿**A**lguna vez te has dado cuenta en las películas del oeste que el cazarrecompensas viaja solo? No es difícil saber por qué. ¿Quién quiere estar con un tipo que se gana la vida vengándose? ¿Quién quiere arriesgar ponerse de su lado malo? Más de una vez he oído a personas espetar su ira. Pensaba que yo estaba escuchando, cuando en realidad estaba pensando: *Espero no estar nunca en su lista.* La ira llena a esos cazarrecompensas. Mejor dejarlos solos. Anda con los enojados y lo más fácil es que recibas un balazo extraviado. Arreglar cuentas es una ocupación solitaria. También es muy poco saludable.

Si lo que buscas es vengarte, nunca descansarás. ¿Cómo es posible? Una cosa es cierta, y es que tu enemigo quizá nunca salde su deuda. Por mucho que pienses que mereces una disculpa, la otra persona puede que no esté de acuerdo contigo. Quizá la justicia que buscas no valga ni un céntimo. Y si vale la pena, ¿será eso suficiente?

Hay otra manera. Deja a un lado tus pistolas y tus espuelas. Perdona. Es mucho más saludable y mucho más santo.

UN ÚLTIMO PENSAMIENTO

¿Eres un cazarrecompensas moderno, que busca vengar cada insulto? Si es así, estás destinado a una vida dura y solitaria. Puede parecer atractivo en la gran pantalla llevar una pistola y perseguir a los malos, pero en el mundo real, es un camino largo y miserable. Deja que Dios haga el recorrido. Tú perdona.

El Señor es mi luz y mi salvación, entonces ¿por qué habría de temer? El Señor es mi fortaleza y me protege del peligro, entonces ¿por qué habría de temblar?

[Salmos 27:1]

UNA VIDA LIBRE DE TEMOR

Parece que el temor se ha mudado a tu cuarto y ha deshecho sus maletas. Enorme y rudo, el temor no quiere compartir el corazón con la felicidad. La felicidad obedece y se va. ¿Puede alguien ser feliz y tener miedo a la vez? ¿Pensar con claridad y temer? ¿Tener confianza y temer? No. El temor es el matón del corredor de la escuela: descarado, ruidoso y nada productivo. El temor nos encierra en un reformatorio y cierra las puertas.

¿No sería algo increíble salir de ahí?

Imagina tu vida libre de angustia. ¿Qué tal si la fe, y no el temor, fuera tu primera reacción ante las amenazas? Si pudieras tener un imán de miedo en tu corazón y extraer cada viruta de temor, inseguridad y duda, ¿qué quedaría? Visualiza un día, solo un día, sin el temor al fracaso, al rechazo y al desastre. Entrar en una clase con una sonrisa genuina y firme en tu rostro. Subir al escenario sin preocupación de hacerlo mal. Imaginarse el futuro y saber que todo va a salir bien.

Jesús pregunta: "¿Por qué tienen miedo?" (Mateo 8:26). Él es tu luz y tu salvación. ¿Te imaginas una vida sin temor?

UN ÚLTIMO PENSAMIENTO

Cuando te haces cristiano, no significa que no te vaya a ocurrir nunca nada malo. ¡A veces parece justo lo contrario! Entonces, ¿qué está diciendo Jesús cuando pregunta por qué tienes miedo? Que no importa qué sea lo que estés viviendo, lo superarán juntos. ¿Tú más Cristo? Esa es una combinación invencible.

SEPTIEMBRE

Vengan a mí todos los que están cansados y
llevan cargas pesadas, y yo les daré descanso.
Pónganse mi yugo. Déjenme enseñarles,
porque yo soy humilde y tierno de corazón,
y encontrarán descanso para el alma.

[MATEO 11:28-29]

Trabajen de buena gana en todo lo que hagan,
como si fuera para el Señor y no para la gente.

[Colosenses 3:23]

DIOS ESTÁ TRABAJANDO

El estado de Texas está reconstruyendo un desvío de la autopista cerca de mi casa. Se han reducido tres carriles a uno, transformando un viaje al trabajo por la mañana en un tremendo lío. Las grúas trabajan en lo alto todos los días. Los trabajadores portan señales y palas, y varios millones de personas nos quejamos. Bueno, al menos yo lo hago. *¿Cuánto tiempo va a durar esto?*

Mis vecinos contiguos tienen una actitud distinta hacia la obra. El marido y su esposa son ingenieros de carreteras. Soportan los mismo atascos de tráfico y desvíos como todos los demás, pero lo hacen con una mejor actitud. ¿Por qué? Ellos saben cómo se desarrollan estos proyectos. "Llevará algún tiempo", responden a mis quejidos, "pero se terminará". Ellos han visto los planos.

Así como tú honras a los trabajadores el Día del Trabajo, honra también a Dios por su trabajo en tu vida. Sus planes para ti son mayores que cualquier trabajo en las autopistas. "Mi Padre aun hoy está trabajando, y yo también trabajo" (Juan 5:17, NVI). Llevará algún tiempo, pero se terminará.

UN ÚLTIMO PENSAMIENTO

Piensa en los atascos de tráfico en tu vida. ¿Qué obstáculos te están impidiendo ir a ese viaje misionero, comenzar esa clase, conocer a esa persona? ¿Tiempo? ¿Dinero? ¿Falta de experiencia? ¿Falta de confianza? No te quejes por eso. Entrégaselo a Dios, y deja que Él haga la obra.

Acérquense a Dios, y Dios se acercará a ustedes.

[SANTIAGO 4:8]

FE DE SEGUNDA MANO

Algunos tenemos problemas con los tiempos diarios a solas con Dios. Hay muchas distracciones. Nos cuesta concentrarnos. Y estamos *muy* ocupados. En vez de pasar tiempo con Dios, escuchando su voz, dejamos que otros pasen tiempo con Él y después confiamos en su experiencia. Les dejamos que nos digan lo que Dios está diciendo. Al fin y al cabo, ¿no les pagan para eso a los predicadores? ¿Y para qué están los amigos espirituales?

Si este es tu enfoque, si tu experiencia espiritual es de segunda mano y no de primera mano, me gustaría retarte con este pensamiento: ¿Haces tú eso con otras áreas de tu vida? Tú no dejas que tus amigos usen tus entradas al concierto y después te lo cuenten. No dejas que otro coma por ti. Ciertamente no envías a un amigo a bailar con *tu* pareja, ¿no es cierto?

Hay ciertas cosas que nadie puede hacer por ti. Una de esas cosas es pasar tiempo con Dios.

UN ÚLTIMO PENSAMIENTO

¿Cómo te sentirías si tu mejor amigo nunca pasara tiempo contigo, si tan solo hablara con tus otros amigos para saber qué estas haciendo? ¿Te sentirías ignorado? ¿No respetado? ¿Dolido? Ahora imagínate cómo se siente Dios cuando le dejas fuera de tu vida. Hagamos que la fe sea una experiencia de primera mano.

El amor es paciente y bondadoso.

[**1 Corintios 13:4**]

CORAZONES BONDADOSOS

¿Cuál es tu coeficiente de bondad? ¿Cuándo fue la última vez que hiciste algo bondadoso por alguien de tu familia, conseguiste una manta, recogiste la mesa, hiciste el café, sin que te lo pidieran?

Piensa en tu escuela. ¿Qué persona es la más ignorada o evitada? ¿Una estudiante tímida? ¿Una secretaria gruñona? Quizá no habla bien el idioma. Quizá no encaja. ¿Eres bondadoso con esa persona?

Los corazones bondadosos son calladamente bondadosos. Dejan que el automóvil se cuele en el tráfico y la mamá joven con tres niños pase antes en la caja del supermercado. Recogen el bidón de basura del vecino que se quedó en mitad de la calle. Y son especialmente bondadosos en la iglesia. Entienden que quizá la persona más necesitada que conocerán en toda la semana es la que está de pie en el vestíbulo o sentada en la fila detrás de ellos en la adoración. Pablo escribe: "Por lo tanto, siempre que tengamos la oportunidad, hagamos el bien a todos, en especial a los de la familia de la fe" (Gálatas 6:10).

UN ÚLTIMO PENSAMIENTO

Ser bondadoso no es algo que logramos siguiendo un plan bien bosquejado. Se produce al entender la compasión que sintió Jesús por nosotros y nuestra necesidad de un Salvador. Cuanto más te acerques a Cristo, más se acercará tu corazón a la bondad.

Si alguno de ustedes quiere ser mi seguidor,
tiene que abandonar su manera egoísta de
vivir, tomar su cruz cada día y seguirme.

[Lucas 9:23]

TU TAREA DISEÑADA POR DIOS

La frase "tomar su cruz" no se ha entendido bien a lo largo de las generaciones. Pide una definición, y oirás respuestas como: "Mi cruz es mi hermano pequeño, mi clase de geometría, mis alergias, mi horario". La cruz, suponemos, es cualquier prueba u obstáculo. Dios, pensamos, entrega cruces del mismo modo que un maestro entrega la tarea para casa. Nadie quiere una. Todos reciben una. Todos tiene una cruz que llevar, y puede que nos acostumbremos a ella.

¿Pero realmente está Jesús reduciendo la cruz a obstáculos y quebraderos de cabeza? La cruz significa mucho más. Es el instrumento de Dios de salvación, prueba de su amor por la gente. Tomar la cruz, entonces, es tomar la carga cristiana por la gente del mundo.

Aunque nuestras cruces son parecidas, ninguna es idéntica. Todos tenemos nuestra propia cruz que llevar: nuestros llamados individuales. Es un día dulce cuando descubres la tarea que Dios te ha dado. Encaja. Se adapta a tus pasiones y pone en acción tus dones y talentos. ¿Quieres soplar la nube gris que cubre tu día? Acepta la dirección de Dios. Toma tu cruz.

UN ÚLTIMO PENSAMIENTO

Cuando estás intentando conocer tu futuro, puede ser difícil recordar que Dios tiene un camino concreto en mente para ti, uno que es más que una carga aburrida, uno que es emocionante y reconfortante. Un Dios. Un plan. Una vida. Toma *tu* cruz. No lo lamentarás.

Me dio un canto nuevo para entonar.

[SALMOS 40:3]

UN CANTO DE ESPERANZA

En la década de 1760, una madre y su hija recorrían una línea de cautivos recientemente liberados. Su hija y hermana, Regina, había sido capturada por los indios hacía casi diez años. ¿Podría Regina estar entre estas almas pálidas y esqueléticas? Ninguna parecía familiar. Entonces alguien tuvo una idea: ¿había algún recuerdo o canción de la infancia?

Madre e hija de nuevo caminaron lentamente de un lado a otro las filas, cantando una canción de la infancia de la niña. De repente, una chica alta y esbelta salió de la multitud apresuradamente hacia su madre, abrazándola, y comenzó a cantar la estrofa. Regina no había reconocido a su familia, pero se acordaba de la canción que había en su corazón cuando era una niña.[11]

Dios también pone una canción en el corazón de sus hijos. Una canción de esperanza y vida. A veces esta canción se queda en silencio. Las heridas y los acontecimientos de la vida acallan la música en nuestro interior. Sin embargo, la gracia inagotable de Dios nos llama a casa. Incluso cuando metemos la pata. Incluso cuando estamos perdidos, separados de su familia durante años. Finalmente oímos su voz, y algo dentro de nosotros se despierta. Y cuando sucede, comenzamos a cantar de nuevo.

UN ÚLTIMO PENSAMIENTO

La música es poderosa. Puede inspirarnos, movernos, incluso hacernos llorar. Escribe algunas de tus canciones favoritas y razones por las que son significativas para ti. Luego piensa en el canto de esperanza que Dios nos ofrece a todos. Su música es la más conmovedora de todas.

Y corramos con perseverancia la carrera
que Dios nos ha puesto por delante. Esto
lo hacemos al fijar la mirada en Jesús.

[HEBREOS **12:1-2**]

MIRA AL HIJO

La mayoría de las mañanas salgo de la cama arrastras y me dirijo a la calle. Corro porque no me gustan los cardiólogos.

Como hay cardiopatías en mi familia, corro en nuestro vecindario. Cuando sale el sol, yo estoy corriendo, y mientras corro, mi cuerpo se queja. No quiere cooperar. De duele la rodilla. La cadera está rígida. Mis tobillos se quejan.

Las cosas duelen. Y como las cosas duelen, he aprendido que tengo tres opciones. Irme a casa. (Denalyn se reiría de mí). Meditar en mis dolores hasta que comienzo a imaginar que tengo dolor de pecho. (Pensamiento agradable). O puedo seguir corriendo y ver cómo sale el sol. Si veo el mundo de Dios pasando de oscuro a dorado, ¿sabes qué? Que lo mismo le ocurre a mi actitud. El dolor cesa y las articulaciones se sueltan. Todo mejora cuando fijo mis ojos en el sol.

¿No fue el mismo consejo que nos dio el autor de Hebreos, mantener los ojos puestos en el Hijo?

UN ÚLTIMO PENSAMIENTO

Lee Hebreos 12:1-12. El autor deja claro que a veces lucharemos contra nuestros propios deseos erróneos y seremos disciplinados por ello. La solución es enfocarnos en nuestro ejemplo perfecto, Jesús, el Hijo que brilla con su luz para todos.

Pero si vivimos en la luz, así como él está en
la luz, tenemos comunión unos con otros.

[1 JUAN 1:7, NVI]

CONFESAR UNOS A OTROS

Te quedaste cuando debías haberte ido, miraste cuando deberías haberte girado, flirteaste cuando deberías haberte alejado, heriste cuando debías haber ayudado, negaste cuando deberías haber confesado. Así que habla con Dios al respecto. Ve a Él como si fueras a un familiar de confianza. Explícale el dolor, y vuelvan a revisar juntos tu error.

Cuando metes la pata y lo confiesas, Dios quizá te puede enviar a hablar con otro cristiano. "Confiésense los pecados *unos a otros* y oren los unos por los otros, para que sean sanados" (Santiago 5:16). Santiago nos llama no solo a confesarnos *verticalmente* con Dios sino también a confesarnos *horizontalmente* unos con otros.

La gente se siente atraída a la honestidad. A ti también debería pasarte. Encuentra un estudio bíblico o un grupo de jóvenes con chicos y chicas que crean en la confesión. Evita reuniones donde todos afirman ser perfectos, pues no encajarás ahí. En su lugar, ve con personas que admitan sus pecados y muestren humildad. La sanidad se produce en lugares así.

Los que confiesan encuentran una libertad que los que niegan no conocen.

UN ÚLTIMO PENSAMIENTO

Nos necesitamos unos a otros. No estoy hablando de amigos falsos que desaparecen en cuanto tienes una crisis. Me refiero a creyentes en Dios que guardan tus espaldas. Sé real con esas personas. Son el regalo de Dios de ánimo para ti.

"¡Sé fuerte y valiente! No tengas miedo ni
te desanimes, porque el Señor tu Dios está
contigo dondequiera que vayas".

[JOSUÉ 1:9]

VIVE CON JESÚS

"Los miembros del Concilio quedaron asombrados cuando vieron el valor de Pedro y de Juan, porque veían que eran hombres comunes sin ninguna preparación especial en las Escrituras. También los identificaron como hombres que habían estado con Jesús" (Hechos 4:13).

Pedro y Juan habían permanecido agradablemente mucho tiempo en presencia del Rey resucitado. Despertándose con Él, caminando con Él; y como lo habían hecho, el silencio ya no era una opción. "Nosotros no podemos dejar de hablar acerca de todo lo que hemos visto y oído" (v. 20).

Mientras estés quieto, nadie se quejará. Los perros no ladran a los automóviles estacionados, pero en cuanto aceleras—cuando dejas tu falta de honestidad y adoptas la integridad o sales de la pereza y entras en la compasión—da por hecho que comenzarán los aullidos. Espera recibir la crítica.

Entonces, ¿cómo podemos prepararnos? Sencillo. Imita a los discípulos. Permanece agradablemente y a menudo en presencia de Cristo. Medita en su gracia. Piensa en su amor. Memoriza sus palabras. Contempla su rostro. Habla con Él. La valentía aflora a medida que vivimos con Jesús. Al meditar en la vida de Cristo, encontramos fortaleza para la nuestra.

UN ÚLTIMO PENSAMIENTO

¿Sientes temor por el mañana? Haz lo que los discípulos: pasa tiempo con Jesús. Habla con Él. Lee sus palabras. Medita en su vida y su amor por ti. Él tiene poder y fortaleza como ningún otro, y está más que dispuesto a compartir algo contigo.

Calmó la tormenta hasta convertirla en
un susurro y aquietó las olas.

[Salmos 107:29]

UN CORTE POR ENCIMA

La palabra *santo* significa "separar". El término se puede rastrear hasta una palabra antigua que significa "cortar". Ser santo, por tanto, es estar cortado por encima de la norma, superior, excelente. El Santo habita en un nivel distinto al resto de nosotros. Lo que nos asusta, a Él no le asusta. Lo que nos preocupa, a Él no le preocupa.

Soy pastor, no marinero, pero me he distraído en un barco de pesca lo suficiente como para conocer el secreto para encontrar tierra en una tormenta. No tienes que poner la mira en otro barco. Sin duda no miras fijamente a la olas. Debes poner tu mirada en un objeto al que no le afecte el viento, una luz en la costa, e ir derecho hacia ella.

Cuando pones tu vista en nuestro Dios, te enfocas en Alguien "cortado por encima" de cualquier tormenta que pueda traer la vida. ¿Finales? ¿Amistades rotas? ¿Una familia que constantemente se pelea? Él es quien puede hacer que la tormenta pierda fuerza. En Él, encontrarás paz.

UN ÚLTIMO PENSAMIENTO

¿No es bueno saber que hay un nivel por encima de toda la basura con la que vivimos? ¿Un lugar que es santo en lugar de horrible? ¿Un lugar de paz en lugar de tormentas? Ahí es donde Dios vive, y Él quiere que tú también lo disfrutes con Él. Así que dirígete hacia Él, y rema con todas tus fuerzas.

«Yo soy el Señor, Dios de todos los pueblos del mundo. ¿Hay algo demasiado difícil para mí?».

[JEREMÍAS **32:27**]

LEE LA HISTORIA

Tenemos que oír que Dios sigue en control. Tenemos que oír que esto no se ha acabado hasta que Él lo diga. Tenemos que oír que los errores, contratiempos y tragedias de la vida no son razones para desistir. Simplemente son razones para sentarse firmes. Corrie ten Boom solía decir: "Cuando el tren pasa por un túnel y el mundo se vuelve oscuro, ¿acaso saltas del tren? Claro que no. Te quedas tranquilamente sentado y confías en que el maquinista te sacará del mismo".

Sí, dirás lo que no debes, escribirás la respuesta incorrecta, y escogerás el amigo inadecuado. Siempre tendrás días, y semanas, en que te sentirás como si fuera el fin del mundo, y te desanimarás.

¿La manera de tratar con el desánimo? ¿La cura para la decepción? Regresa y lee la historia de Dios. Léela una y otra vez. Acuérdate de que no eres la primera persona en llorar. Y no eres la primera persona a quien ayudarán. Lee la historia, y recuerda: ¡la historia es tuya!

UN ÚLTIMO PENSAMIENTO

Te levantas tarde. Pierdes el autobús. Te va mal en un examen. Se te olvida reunirte con una amiga para comer. Se te cae la tarea en un charco. Sí, ¡es descorazonador! Así que toma tu Biblia. Está llena de historias de personas como tú y las victorias que Dios consiguió de las ruinas.

Y pido que, arraigados y cimentados en amor,
puedan comprender...cuán ancho y largo,
alto y profundo es el amor de Cristo.

[Efesios 3:17-18, nvi]

ÉL NO ABANDONÓ

Lee Ielpi es un bombero jubilado, un bombero de Nueva York. Dio veintiséis años a la ciudad. Pero el 11 de septiembre de 2001, dio mucho más. Dio a su hijo. Jonathan Ielpi también era bombero. Cuando se derrumbaron las Torres Gemelas, él estaba allí.

Los bomberos son un clan leal. Cuando uno muere en un acto de servicio, se deja el cuerpo donde está hasta que un bombero que conozca a la persona pueda llegar y literalmente recogerlo. Lee hizo del hallazgo del cuerpo de su hijo su misión personal. Cavó diariamente junto a decenas de bomberos en el cementerio de dieciséis acres. El 11 de diciembre, martes, tres meses después del desastre, encontraron a su hijo. Y Lee estuvo ahí para sacarlo.

El padre no abandonó. ¿Por qué? Porque su amor por su hijo era mayor que el dolor de la búsqueda. ¿No podemos decir lo mismo de Cristo? ¿Por qué no abandonó? Porque el amor por sus hijos era mayor que el dolor del viaje.

UN ÚLTIMO PENSAMIENTO

El amor no solo está ahí para los momentos divertidos o cuando es conveniente. El amor cree cuando nadie más lo hace y se queda cuando nadie más lo hace. Es ancho, y largo, y alto, y profundo. No abandona. Y como el amor de Cristo, siempre está listo para llevarnos a casa.

¿No ardía nuestro corazón cuando nos
hablaba en el camino...?

[LUCAS **24:32**]

EL FUEGO EN EL INTERIOR

"**E**ntonces se les abrieron los ojos y lo reconocieron, pero él desapareció. Se decían el uno al otro: —¿No ardía nuestro corazón mientras conversaba con nosotros en el camino y nos explicaba las Escrituras?" (Lucas 24:31-32, NVI).

¿No te gusta este versículo? Ellos sabían que habían estado con Jesús por el fuego que había en su interior. Dios revela su voluntad encendiendo una antorcha en tu alma. Él dio a Jeremías un fuego para los corazones duros. Dio a Nehemías un fuego para una ciudad olvidada. Encendió a Abraham para ir a una tierra que nunca había visto. Encendió a Isaías con una visión que no podía resistir. Cuarenta años de predicación sin fruto no apagaron el fuego de Noé.

Anótalo: ¡Jesús viene para encenderte! Camina como una antorcha de corazón en corazón, calentando el frío, descongelando el hielo y removiendo las brasas. Seguir a Cristo no es un viaje interminable y aburrido. Es una búsqueda emocionante de tu destino. Siente el corazón, ¡Él ya está en camino!

UN ÚLTIMO PENSAMIENTO

Algunas personas creen que ser cristiano es aburrido, que es sentarse en la iglesia y memorizar ideas antiguas. No lo han entendido. El amor y el poder de Dios y su pasión se esparcirán dentro de ti como un fuego incontrolado. ¡No hay emoción semejante a la de caminar con Jesús! Es la vida misma.

Te haré mi esposa para siempre, mostrándote
rectitud y justicia, amor inagotable y compasión.

[Oseas 2:19]

LA DECISIÓN ES NUESTRA

A pesar de sus extraños giros y únicos personajes, la Biblia tiene una historia sencilla. Dios creó al hombre. El hombre rechazó a Dios. Dios no abandonará hasta que lo recupere.

Dios susurrará. Gritará. Tocará y dará golpecitos. Llevará nuestros problemas; incluso retirará nuestras bendiciones. Si hay mil pasos entre nosotros y Él, dará todos menos uno. Pero nos dejará a nosotros el último. La decisión es nuestra. "Que si confiesas con tu boca que Jesús es el Señor, y crees en tu corazón que Dios lo levantó de entre los muertos, serás salvo" (Romanos 10:9, NVI).

Por favor, entiende. Su meta no es hacerte feliz. Su meta es hacerte suyo. Su meta no es darte todo lo que tú quieres; es darte lo que necesitas.

UN ÚLTIMO PENSAMIENTO

¿Con qué frecuencia Dios te susurra, grita o da golpecitos sin que te des cuenta? ¿Esa vez cuando sentiste que deberías ir a la iglesia pero te quedaste durmiendo? ¿Esa mañana que querías orar? Él te persigue cada día, invitándote a tomar la decisión de estar con Él y seguirlo.

Hemos trabajado mucho durante toda la
noche y no hemos pescado nada.

[Lucas 5:5]

INTÉNTALO DE NUEVO

Pedro había pescado toda la noche sin suerte alguna cuando Jesús le dijo que lo volviera a intentar. ¿Tienes *tú* alguna red desgastada, mojada, vacía? ¿Sabes lo que es estar toda una noche sin dormir y sin pescar? Claro que lo sabes. ¿Qué has estado queriendo pescar?

¿Fe? "Quiero creer, pero…". ¿Sanidad? "He estado enfermo durante mucho tiempo…". ¿Esperanza? "Parece que nada marca la diferencia…".

Has trabajado mucho toda la noche y no has pescado nada. Has sentido lo que Pedro sintió. Te has sentado donde Pedro se sentó. Y ahora Jesús te está pidiendo que vayas a pescar. Él sabe que tus redes están vacías. Él sabe que tu corazón está cansado. Él sabe que lo que más te gustaría es darle la espalda a la situación y darla por terminada. Pero te anima: "No es demasiado tarde para volver a intentarlo".

Mira a ver si la respuesta de Pedro no te ayuda a decidir por ti mismo. "Pero si tú lo dices, echaré las redes nuevamente" (Lucas 5:5).

UN ÚLTIMO PENSAMIENTO

Pedro obedeció a Jesús, y pescó tanta cantidad de peces que su red comenzó a romperse. ¿A qué te llevará tu obediencia y perseverancia? ¿Qué es una bendición mayor de lo que puedas imaginarte? A Jesús le gusta ir más allá de lo que esperamos, pero es necesaria nuestra fe y obediencia para ver la sorpresa.

¿No deberías haber tenido compasión de tu
compañero así como yo tuve compasión de ti?

[MATEO 18:33]

LA GRACIA RECIBIDA

Un siervo debía más dinero a su rey del que podía pagar en toda su vida. Sería más fácil encontrar un iPod en sus cereales que dinero en efectivo para su deuda. Así que el rey ordenó que él, su familia y todo lo que tenía, fuera puesto a la venta para pagar su deuda. Pero el hombre suplicó: "'Por favor, tenme paciencia y te lo pagaré todo'. Entonces el amo sintió mucha lástima por él, y lo liberó y le perdonó la deuda" (Mateo 18:25-27).

El hombre se apresuró a la casa de una persona que le debía unos cuantos billetes. Uno esperaría que el hombre a quien acababan de bendecir estuviera presto a bendecir, ¿no es cierto? Pues no en este caso. Él demandó su pago. Hizo oídos sordos a las súplicas de su deudor implorando misericordia y le encerró en la cárcel de los morosos. Cuando el rey se enteró de la noticia, arrojó a *su* siervo en prisión.

¿Cómo podía ser el siervo tan desalmado? Solo podemos especular, y yo especulo esto: nunca entendió la gracia. El siervo egocéntrico no lo entendió. El que ha recibido gracia, da gracia.

UN ÚLTIMO PENSAMIENTO

Somos bendecidos cada día, pero a veces nos olvidamos de notarlo. Hay una cama que tus padres te dieron para que durmieras. El maestro que te dio más tiempo para la tarea. El amigo que escuchó tus problemas. El que recibe la gracia, da gracia. Asegúrate de recibir la gracia, y después dásela a alguien más.

Rescaten al pobre y al indefenso; líbrenlos
de las garras de los malvados.

[SALMOS 82:4]

LEVÁNTATE ANTE LOS BRAVUCONES

Jesús arregló algunos asuntos con los bravucones. Y nosotros también.

Cuando un grupo fariseos que señalaban con el dedo llevaron a empujones a una mujer acusada de adulterio ante Jesús, Él se levantó hasta que sus hombros estaban rectos y su cabeza alta. Se levantó, no para predicar, porque sus palabras serían pocas. No para instruir a sus seguidores; no se dirigió a ellos. Se levantó para defender a la mujer. Se puso entre ella y la banda de linchadores y dijo: "¡el que nunca haya pecado que tire la primera piedra!" (Juan 8:7).

Nosotros también deberíamos defender a los que no se pueden defender a sí mismos, deberíamos estimular a los desanimados, ayudar a los débiles (1 Tesalonicenses 5:14, NVI). ¿Hay alguien en tu escuela o vecindario que necesite tu ayuda? Volver la otra mejilla no significa alejarte cuando un bravucón amenaza, con palabras o con los puños, a una víctima más pequeña, más joven o más débil. Jesús nos enseñó el camino. Así que adelante. El amor se levanta ante los bravucones.

UN ÚLTIMO PENSAMIENTO

Tú no quieres que se metan contigo. ¿Quién quisiera? Ciertamente tampoco el chico o la chica acorralado en un rincón por una banda de tipos "duros". O el compañero de clase que no es lo suficientemente rápido para defenderse contra las palabras que lastiman. ¿Quién se levantará ante los bravucones? Tú lo harás, porque eso es lo que Jesús hizo.

Miren los pájaros. No plantan ni cosechan ni guardan comida en graneros, porque el Padre celestial los alimenta.

[MATEO 6:26]

EL TALLER DE DIOS

S e ha estimado que el peso de nuestro globo terráqueo es de seis mil trillones (eso es un 6 con veintiún ceros) de toneladas. Sin embargo, está inclinado con una precisión de veintiún grados; un poco más o un poco menos, y nuestras estaciones se perderían en una inundación polar por derretimiento. Aunque nuestro globo gira a un ritmo de mil seiscientos kilómetros por hora o cuarenta mil kilómetros por día o catorce millones y medio de kilómetros por año, ninguno nos caemos a la órbita.

Mientras observas el taller de Dios, permíteme hacer unas cuantas preguntas. Si Él puede poner las estrellas en sus lugares y suspender el cielo como una cortina, ¿crees que sería remotamente posible que Dios pudiera guiar tu vida? Si tu Dios es poderoso para encender el sol, ¿podría ser que fuera también poderoso para iluminar tu camino? Si se preocupa por el planeta Saturno tanto como para darle anillos o para que Venus brille, ¿habrá alguna probabilidad de que se preocupe por suplir tus necesidades?

¿Alguna vez has reflexionado en la capacidad de Dios para influenciar tu vida? La respuesta está en su taller.

UN ÚLTIMO PENSAMIENTO

Es sorprendente cómo encaja todo nuestro universo para permitirnos vivir en este planeta que llamamos Tierra. Solo Dios tiene el poder y el plan para hacer que suceda. ¿Crees que Él haría todo esto y a la vez descuidaría a sus hijos? Yo tampoco.

No imiten las conductas ni las costumbres de este mundo, más bien dejen que Dios los transforme en personas nuevas al cambiarles la manera de pensar.

[ROMANOS **12:2**]

ENCAJANDO

Un ministro me invitó a su casa a tomar una merienda de té. Nunca había oído el término. En el espíritu de la aventura, acepté con gusto la invitación. Incluso actué con entusiasmo al imaginarme el té y la bandeja de galletas. Pero después llegó el momento de la verdad: la anfitriona me preguntó qué quería en mi té. Me dio a elegir entre dos opciones: "¿Limón? ¿Leche?". No tenía ni idea, pero no quería parecer descortés, y tampoco quería perderme nada así que dije: "Ambas".

La expresión en su rostro no dio lugar a dudas: Había metido la pata. "No se mezcla la leche y el limón en la misma taza", me explicó delicadamente, "a menos que quiera una taza de cuajada".

Algunos ponemos mucho empeño por encajar en este mundo, pero terminamos dando la impresión de estar haciendo el bobo. Jesús dice que si somos creyentes, no deberíamos intentarlo. "Porque no son del mundo, como tampoco yo soy del mundo" (Juan 17:14, NVI). Si nuestra meta es encajar con Dios, no nos perderemos nada.

UN ÚLTIMO PENSAMIENTO

Nos preocupamos mucho por lo que pensarán otros. Nos vestimos, hablamos y caminamos para encajar. Quizá es la hora de comenzar a preocuparnos menos por lo que piensa la gente de este mundo y comenzar a preocuparnos más por lo que Dios piensa.

Donde esté tu tesoro, allí estarán también
los deseos de tu corazón.

[MATEO 6:21]

LA VIDA SIMPLE

La vida más poderosa es la vida más simple. La vida más poderosa es la vida que sabe a dónde va, que sabe de dónde viene su fortaleza, y que se mantiene libre de desórdenes y prisas.

Estar ocupado no es pecado. Jesús estuvo ocupado. Pablo estuvo ocupado. Pedro estuvo ocupado. Nada importante se logra sin esfuerzo y duro trabajo y desgaste. Estar ocupado, en sí mismo, no es pecado. Pero estar ocupado en una búsqueda interminable de cosas que nos dejan vacíos, huecos y rotos interiormente, no puede ser algo que agrade a Dios.

Una fuente de desgaste del hombre es la búsqueda de cosas que nunca satisfacen; pero ¿quién de nosotros no se ha visto atrapado en eso? Nuestros placeres, posesiones y orgullo, todo son cosas muertas. Cuando intentamos encontrar la vida en las cosas muertas, terminamos cansados e insatisfechos. Hazlo simple. Ama y sigue a Dios.

UN ÚLTIMO PENSAMIENTO

¿Acaso la vida a veces resulta demasiado complicada? Tanto que hacer, tantos nuevos aparatos que probar, tantas personas que agradar. Y todo tan poco satisfactorio. No tiene que ser así. Escoge una vida simple. Enfócate en el Único que al final satisface.

Tomando en cuenta la misericordia de Dios, les ruego que cada uno de ustedes, en adoración espiritual, ofrezca su cuerpo como sacrificio vivo.

[ROMANOS 12:1]

UN FUEGO INTENSO

El resentimiento es la cocaína de las emociones. Hace que nuestra sangre bombee y nuestro nivel de energía aumente. Pero, también como la cocaína, demanda cada vez dosis mayores y más frecuentes. Hay un punto peligroso en el que la ira deja de ser una emoción y se convierte en una fuerza motriz. Una persona entregada a la venganza se aleja inconscientemente cada vez más de poder perdonar, porque estar sin la ira es estar sin una fuente de energía.

¿Conoces a alguien atrapado en esta trampa, siempre enojado, siempre tramando cómo vengarse de alguien? ¿Puede que tú mismo estés en ello? Por eso la Biblia nos dice: "no pequen al dejar que el enojo los controle. No permitan que el sol se ponga mientras siguen enojados" (Efesios 4:26).

El odio es el perro rabioso que se vuelve contra su amo. La venganza es el fuego intenso que consume al pirómano. La amargura es la trampa que atrapa al cazador.

Y la misericordia es la decisión que puede liberar a todos.

UN ÚLTIMO PENSAMIENTO

¿Te ha sucedido esto alguna vez? ¿Has usado el enojo o el odio como una droga para obtener energía, para permitirte seguir enojado? Es una historia con un final infeliz. Escoge la manera de Dios y perdona. Apaga el fuego de la ira antes de que te consuma.

Antes de formarte en el vientre, ya te había elegido.

[JEREMÍAS **1:5**, NVI]

LA FIRMA DE DIOS

Con Dios en tu mundo, no eres un accidente ni un incidente; eres un regalo para el mundo, una obra de arte divina, firmada por Dios.

Uno de los mejores regalos que jamás he recibido es un balón de fútbol firmado por treinta antiguos mariscales de campo profesionales. No hay nada excepcional en ese balón. Según creo, lo compraron en una tienda de deportes en una oferta. Lo que le hace único son las firmas.

Lo mismo ocurre con nosotros. Cuando miras toda la naturaleza, los humanos no somos enteramente únicos. No somos las únicas criaturas con pelo, carne, sangre y corazones. Lo que nos hace especiales no es solo nuestro cuerpo sino la firma de Dios en nuestra vida. Somos sus obras de arte, creados a su imagen para hacer buenas obras. Somos importantes no por lo que hacemos, sino por nuestro propietario.

Dios ha puesto su autógrafo en ti. Eso te hace ser valioso sin medida.

UN ÚLTIMO PENSAMIENTO

Una firma significa todo para los coleccionistas. ¿Una bola de béisbol firmada por Babe Ruth? ¿Un cuadro firmado por Rembrandt? La gente paga miles o incluso millones por esos artículos. Pero ¿quién puede poner precio a la firma de Dios? ¿La ves? Está en ti.

Cuida tu mente más que nada en el
mundo, porque ella es fuente de vida.

[PROVERBIOS 4:23, DHH]

TUS PENSAMIENTOS SON
FUENTE DE VIDA

Dos tipos de voces demandan hoy tu atención. Las negativas llenan tu mente de duda, amargura y temor. Las positivas te dan esperanza y fortaleza. ¿A cuales decidirás escuchar? Tú sabes que tienes que decidir. "Todo pensamiento humano lo sometemos a Cristo, para que lo obedezca a él" (2 Corintios 10:5, DHH).

¿Dejas que cualquiera que llame a tu puerta entre en tu casa? No dejes que cualquier pensamiento que salga a la superficie haga su casa en tu mente. Llévalo cautivo...haz que obedezca a Jesús. Si rehúsa, no lo pienses.

Los pensamientos negativos nunca te fortalecen. ¿Cuántas veces has cambiado la nota de un examen por quejarte? ¿Quejarte por los granos los hace desaparecer? ¿Por qué quejarte por el acné y los dolores, problemas y desafíos?

"Cuida tu mente más que nada en el mundo, porque ella es fuente de vida" (Proverbios 4:23, DHH).

UN ÚLTIMO PENSAMIENTO

La mente vuela. La mente vaga. La mente puede volverse sin sentido. Las ideas y pensamientos que trotan por tu cabeza son como ovejas: deben meterse en un corral. Pongámoslas en el redil con el signo de "positivo" en la puerta. Ahí estarán mucho más contentas, y tú también.

> Al fracaso lo precede la soberbia humana; a
> los honores los precede la humildad.
>
> [PROVERBIOS **18:12**, NVI]

CIEGA AMBICIÓN

Ciega ambición. Éxito a toda costa. Convertirse en leyenda en su generación. Escalar hasta lo más alto. El rey de la montaña. En lo más alto del montón. "A mi manera".

Hacemos héroes a las personas con ambiciones. Los ponemos como modelos y ponemos sus imágenes en las portadas de nuestras revistas. Y con razón. Este mundo estaría muy mal sin personas que soñaran con tocar los cielos. La ambición es lo que arde en el alma que crea desencanto con lo ordinario y pone la osadía en los sueños.

Pero sin la mano guía de Dios, se convierte en una adicción al poder y la fama; un hambre rugiente de logros que devora a la gente como un león devora a un animal, dejando solo los restos esqueléticos de las relaciones.

Dios no lo tolerará. La ambición ciega está a un paso de gigante de Dios y un paso más cerca de la catástrofe.

UN ÚLTIMO PENSAMIENTO

¿A qué se parece la ambición ciega en tu vida? ¿Compañeros de clase que copian un trabajo de la internet? ¿Tipos que toman esteroides para tener más músculos? ¿Personas que menosprecian a otras para quedar mejor ellos? Cualquiera que sea el caso, es un camino hacia la ruina. Camina mejor por la senda de Dios.

Sino que dentro de él esa agua se convertirá en
un manantial del que brotará vida eterna.

[JUAN 4:14, NVI]

AGUA ESPIRITUAL

Cualquier atleta estará de acuerdo en que una botella de agua es indispensable. Priva a tu cuerpo del fluido necesario, y tu cuerpo te lo dirá. Boca seca. Lengua hinchada. Mareo y fatiga.

El agua espiritual también es indispensable. Priva a tu alma de ella, y tu alma te lo dirá. Corazones deshidratados envían mensajes desesperados. Mal humor. Oleadas de preocupación. Mastodontes gruñones de culpa y temor. ¿Crees que Dios quiere que vivas con ellos? Desesperanza. Insomnio. Soledad. Resentimiento. Irritabilidad. Inseguridad. Estos son avisos. Síntomas de una sequedad en lo más profundo de tu ser.

Trata tu alma como tratas tu sed. Da un trago. Traga humedad. Inunda tu corazón con un buen trago de agua.

¿Dónde encuentras agua para el alma? En Cristo. "¡Todo el que tenga sed puede venir a mí! ¡Todo el que crea en mí puede venir y beber! Pues las Escrituras declaran: 'De su corazón, brotarán ríos de agua viva'" (Juan 7:37-38).

UN ÚLTIMO PENSAMIENTO

Tú has estado ahí. Después de una dura carrera o un partido, te mueres de sed. Estás impaciente por tragarte olas de agua. Deberíamos sentir lo mismo por Jesús. Cuando la vida nos deja sintiéndonos secos y desérticos, Él es quien inunda nuestra alma con esperanza.

Adoren al Señor con gozo. Vengan
ante él cantando con alegría.

[Salmos **100:1-2**]

RAZONES PARA EL GOZO

"¿**C**ómo estás?", te pregunta alguien. E incluso aunque Jesús nos ha salvado, decimos: "Bueno, podían ir mejor las cosas". O: "No pude entrar en la escuela que quería". O: "Mis padres no me dejan ir a la fiesta". O: "La gente no me deja en paz para poder terminar mi redacción sobre el egoísmo".

¿Estás tan enfocado en lo que no tienes que no puedes ver lo que tienes?

Tienes una entrada para el cielo que ningún
ladrón puede robar,
un hogar eterno que ningún divorcio puede romper.
Todos los pecados de tu vida han sido echados al mar.
Todos los errores que has cometido están clavados
en la cruz.
Has sido comprado por sangre y hecho para el cielo.
Un hijo de Dios, salvo para siempre.
Así que está agradecido, alegre, ¿acaso no es cierto?
Lo que no tienes es mucho menos
que lo que tienes.

UN ÚLTIMO PENSAMIENTO

Es una de las lecciones más sencillas de la vida. Puedes pasar tiempo pensando en lo que no tienes. O puedes pasar tiempo pensando en lo que tienes. Una es mejor que la otra. ¿Puedes averiguar cuál?

Si afirmamos que no tenemos pecado, lo
único que hacemos es engañarnos a nosotros
mismos y no vivimos en la verdad.

[1 JUAN 1:8]

UNA TIRITA NO ES SUFICIENTE

Hace un tiempo mi hija Andrea se clavó una astilla en el dedo. La llevé a su baño y saqué unas pincitas, pomada y una tirita. A ella no le gustó lo que vio. "Solo quiero la tirita, papi".

A veces somos como Andrea. Quizá le hemos mentido a una amiga, nos hemos pasado de la hora límite de volver a casa, o hemos fumado algo que no deberíamos. Acudimos a Cristo con nuestro error, pero lo único que queremos es una protección. Queremos saltarnos el tratamiento. Queremos esconder nuestro pecado. Y uno se pregunta si Dios, incluso en su gran misericordia, sanará lo que escondemos.

¿Cómo puede Dios sanar lo que nosotros negamos? ¿Cómo puede Dios tocar lo que nosotros cubrimos? Una tirita no hace nada si la astilla aún está enterrada. No lo niegues. Confiésale todo. Dale a Dios la oportunidad de quitar las astillas de pecado en tu vida. Es la única manera de ser verdaderamente sanados.

UN ÚLTIMO PENSAMIENTO

Vuelve a pensar en la última semana. ¿Has ofendido a Dios con alguna de tus acciones o actitudes? ¿Has hablado con Él de ello y le has pedido que te perdone? La culpa y la vergüenza no desaparecerán hasta que lo hagas. Deja que Dios haga su obra de sanidad.

Alaben al Señor...Pues nos ama con amor inagotable.

[SALMOS 117:1-2]

EMPÁPATE EN LA GRACIA DE DIOS

Ayer metiste la pata. Hablaste cuando deberías haber escuchado, caminaste cuando debías haber esperado, juzgaste cuando debías haber confiado, cediste cuando deberías haberte resistido. Metiste la pata, pero la meterás más si permites que los errores de ayer saboteen tu actitud de hoy.

La misericordia de Dios es nueva cada mañana. Recíbela. Aprende la lección de los bosques Cascade del estado de Washington. Algunos de sus árboles son centenarios, sobrepasando con mucho la edad típica de entre cincuenta y sesenta años. Uno de los árboles cargado de hojas ¡tiene siete siglos! ¿Qué marca la diferencia? Las lluvias torrenciales diarias. Los chaparrones mantienen el terreno húmero, los árboles mojados y los relámpagos inefectivos.[12]

Los relámpagos también te impactan a ti. Los rayos de remordimiento pueden encenderte y consumirte. Contrarréstalos con torrentes de la gracia de Dios, lavados diarios de perdón. Una vez al año no servirá. Una vez al mes es insuficiente. Una ducha semanal te dejará seco. Un mojadita esporádica te deja siendo combustible. Necesitas empaparte bien todos los días. "¡el fiel amor del Señor nunca se acaba! Sus misericordias jamás terminan...son nuevas cada mañana" (Lamentaciones 3:22-23).

UN ÚLTIMO PENSAMIENTO

La gracia de Dios es así, una lluvia limpiadora que lava todo rastro de lamento, culpa y remordimiento. Lo necesitamos porque encontramos formas de seguir metiendo la pata. ¿Cómo metiste la pata ayer? ¿U hoy? Es el tiempo, ahora mismo, de hablar de ello con Dios. Ya estoy oyendo una ducha que se dirige hacia ti.

Él nos creó de nuevo en Cristo Jesús, a
fin de que hagamos las cosas buenas que
preparó para nosotros tiempo atrás.

[EFESIOS 2:10]

UNA VIDA QUE IMPORTA

Cuando supiste cómo llamarlo, estabas metido hasta en cuello en ella. Se llama vida. Nadie más tiene tu versión. Tú nunca te chocarás contigo en la acera. Nunca verás a alguien que tenga tu mezcla exacta de gustos y anhelos.

Esta vida tuya está corriendo, y si no tienes cuidado, mirarás hacia arriba y la verás adelantándote. Algunas personas no se molestan en estos pensamientos. Pasan sus días sin levantar sus ojos para mirar. Viven y mueren y nunca preguntan por qué. Pero tú no te encuentras entre ellos. A ti no te basta con hacerlo bien. Quieres hacer el bien. Quieres que tu vida importe. Quieres vivir de tal forma que el mundo se alegre de que hayas nacido.

A cada uno se nos da una oportunidad de marcar una gran diferencia durante nuestra vida ¿Qué tal si lo hiciéramos? ¿Qué tal si llenásemos el mundo de esperanza? ¿Si llenásemos todos los rincones de la tierra con el amor y la vida de Dios?

Somos creados por un gran Dios para hacer grandes obras.

UN ÚLTIMO PENSAMIENTO

Dios tiene un plan para ti. Uno grande. Uno magnífico. ¿No lo ves? No te preocupes, está ahí esperando a que lo descubras. Así que sigue buscándolo. Preparándote para él. Orando por él. Dios no malgasta sus creaciones. Él no malgastará esa creación llamada "tú".

En cambio, los que confían en el Señor
encontrarán nuevas fuerzas.

[ISAÍAS **40:31**]

A FUEGO LENTO

¿**L**uchas con la paciencia? Quieres ser más alto, más delgada, más fuerte: ahora. Quieres entender álgebra: ahora. Quieres un novio o una novia: ¡ahora!

Has oído el dicho: "Una olla que se mira nunca hierve". La paciencia se cocina a fuego lento. No se sube la llama. Espera a que el quemador caliente la sartén, lo cual calienta el agua a 100 grados. Tienes que sentarte y dejar que se produzca.

La vida a menudo es así. Nuestra naturaleza nos lleva a decidir qué es lo que queremos y luego ponernos manos a la obra y hacer que ocurra. Pero si nos adelantamos a Dios y el tiempo perfecto de su plan para nosotros, solo nos dirigiremos hacia un duro aterrizaje. Cuando esperamos en Él pacientemente, Él suple nuestras necesidades en el momento preciso.

Si tienes al Espíritu Santo, entonces tienes el potencial de hacer que la paciencia sea una parte de tu vida. Por fortuna, Dios es paciente mientras tú buscas esa paciencia.

UN ÚLTIMO PENSAMIENTO

¿Oras cuando te sientes impaciente? Cuando el ritmo de la vida te deja dando pisotones en el suelo, hablar con Dios es siempre una buena idea. Él es quien te puede decir si es el tiempo de lanzarte o de esperar. Solo tienes que dedicar tiempo a oír su respuesta.

Aunque él no está lejos de ninguno de nosotros.

[HECHOS 17:27]

DIOS EN EL FONDO

J. J. Jasper y su niño Cooper, se lo estaban pasando muy bien montados en un *buggy* (arenero). De repente se volcó el *buggy*, y sin darse cuenta J. J. se vio haciendo lo impensable: escogiendo un ataúd, planificando un funeral e imaginándose la vida sin su único hijo. J. J. me dijo: "No hay ninguna clase o libro en este planeta que te prepare para cuando tu hijo de cinco años se muere en tus brazos…Sabemos cómo es el fondo".

El fondo. El lugar donde viven el rechazo, la humillación y la tragedia. Donde la esperanza toma la autopista. Los amigos también. ¿Qué nos queda? Dios.

David preguntó: "¡Jamás podría escaparme de tu Espíritu! ¡Jamás podría huir de tu presencia!" (Salmos 139:7). Después enumeró los lugares en los que encontró a Dios: en el "cielo…la tumba…la mañana…los océanos más lejanos" (vv. 8-9). Dios, por todas partes.

Nunca irás donde Dios no esté. ¿Tienes que estar delante de la clase? ¿Estás llorando sola en tu habitación? ¿Estás estancado en el fondo? Dios estará ahí. Y Él trae el consuelo y la fuerza que solo un Padre puede dar.

UN ÚLTIMO PENSAMIENTO

Arriba un momento, y abajo al instante. La vida puede dar un vuelco más rápido que un *buggy*, dejándonos en el fondo, preguntándonos qué ha ocurrido y sintiéndonos muy solos. Pero no estamos solos. Dios te encontrará incluso ahí, y Él te ofrece su poder ilimitado para levantarte de nuevo y ponerte en pie.

OCTUBRE

Sí, el Señor derrama sus bendiciones.

[Salmos 85:12]

Ya no hay judío ni gentil, esclavo ni libre, hombre ni mujer, porque todos ustedes son uno en Cristo Jesús.

[GÁLATAS 3:28]

EL CHICO NUEVO

"**H**e intentado de hacerme amigo de un chico nuevo en nuestra escuela. Es de otra cultura, y casi todos los chicos de la escuela lo tratan mal. Ahora se están riendo de mí por hacerme amigo suyo. Realmente esto me duele, pero siento lástima por él. Ahora mismo soy su único amigo. ¿Qué debería hacer?".

Así es como respondí a esa pregunta de este estudiante: "Yo seguiría siendo amigo del chico nuevo a pesar de lo que digan. El chico nuevo es un desconocido, pero tú lo estás dando a conocer. Los primeros chistes siempre duelen, pero con el tiempo los prejuicios desaparecen, los chistes se quedan antiguos y la gente ve que su burla no marca la diferencia. Otros miran solo lo superficial y ven las diferencias. Tú obviamente miras más profundo a este amigo y ves similitudes".

El cielo no está dividido en vecindarios. Los iraníes aquí. Los peruanos allí. Los populares en el centro. Los rechazados en la esquina. De hecho, cuando se mencionan los colores del cielo, siempre se expresan como un arcoíris (Apocalipsis 4:3; 10:1). En el cielo, nadie come solo.

UN ÚLTIMO PENSAMIENTO

Cuando las personas no entienden, atacan y dividen. En lo más profundo, realmente todos somos iguales. Queremos amar y ser amados. Queremos vivir con significado. Queremos lo que Dios nos ofrece a cada uno: la membresía en su familia para siempre.

Ciertamente les aseguro que el que oye mi palabra
y cree al que me envió, tiene vida eterna.

[JUAN 5:24, NVI]

LA CONCLUSIÓN

Muchos cristianos viven con ansiedad. ¿Por qué? Están preocupados por la eternidad. *Creen* que son salvos, *esperan* salvarse, pero siguen dudando, preguntándose: *¿Realmente soy salvo?*

Es una pregunta universal. Los niños que aceptan a Cristo la hacen. Los rebeldes la hacen. Surge en el corazón del que batalla. Se filtra en los pensamientos del moribundo. Cuando nos olvidamos de nuestro voto a Dios, ¿se olvida Dios de nosotros? ¿Nuestra entrada sigue estando en vigor, o las puertas del cielo ya se han cerrado?

El lenguaje de Jesús no podía ser más fuerte. "Les doy vida eterna, y nunca perecerán. Nadie puede quitármelas" (Juan 10:28).

Jesús prometió una nueva vida que no se perdería ni se terminaría. Los puentes se queman, y se logra la transferencia. Los altibajos puede que marquen nuestros días, pero nunca nos echarán de su reino. Jesús concluye nuestras vidas con gracia.

UN ÚLTIMO PENSAMIENTO

¿Alguna vez dudas de tu futuro con Dios? No lo hagas. Vuelve a leer las promesas de Jesús en Juan 3:16, 5:24, 10:28 y 11:25-26. De todo lo que no sabemos en la vida, sabemos esto: tenemos una entrada al cielo que será respetada. Tenemos un asiento reservado.

Siempre habrá pobres entre ustedes,
pero a mí no siempre me tendrán.

[JUAN **12:8**]

¿QUÉ ES IMPORTANTE?

Jesús visita a dos hermanas. Una, María, lo deja todo para sentarse a sus pies. La otra, Marta, anda apurada, intentando preparar la casa y preparar la comida para su distinguido invitado. Y no está contenta al respecto. "Maestro, ¿no te parece injusto que mi hermana esté aquí sentada mientras yo hago todo el trabajo?" (Lucas 10:40).

La vida de Marta estaba abarrotada. Necesitaba un descanso. "Mi apreciada Marta, ¡estás preocupada y tan inquieta con todos los detalles!", le explicó el Maestro. "Hay una sola cosa por la que vale la pena preocuparse. María la ha descubierto" (Lucas 10:41-42).

¿Necesitas tú un descanso? ¿Estás apresurado en la vida, intentando impresionar a otros o incluso a Dios? No hay nada malo en intentar sacar buenas calificaciones, en hacerlo lo mejor posible en tu grupo, tu equipo y el club de ciencias. Pero si la única razón por la que lo haces es para impresionar al mundo, déjalo. Escoge mejor sentarte a los pies de Cristo. A Dios le agrada más la calmada atención de un siervo sincero que el ruidoso servicio de uno resentido.

UN ÚLTIMO PENSAMIENTO

A veces las expectativas se amontonan procedentes de los padres, compañeros y maestros. La vida parece consistir solo en buenas calificaciones, clubes, voluntariado y becas escolares. Tan solo recuerda que nada de eso procede de Dios. Él solo quiere que te sientes a sus pies. Él es lo único importante.

Confía en el Señor con todo tu corazón,
no dependas de tu propio entendimiento.

[PROVERBIOS 3:5]

DIOS LO SABE MEJOR

El problema con este mundo es que no encaja. Es como una camiseta que es dos tallas más pequeña. Valdrá por un momento, pero no está hecha a medida. Fuimos creados para vivir con Dios, pero en la tierra vivimos por fe. Fuimos creados para vivir para siempre, pero en esta tierra vivimos solo un momento.

Debemos confiar en Dios. Debemos confiar no solo en que Él hace lo que es mejor, sino en que sabe lo que acontecerá. Piensa en las palabras de Isaías 57:1-2: "La gente buena se muere; muchas veces, los justos mueren antes de que llegue su hora. Pero a nadie parece importarle el porqué, tampoco se lo preguntan a sí mismos. Parece que nadie entiende que Dios los está protegiendo del mal que vendrá. Pues los que andan por el camino de la justicia descansarán en paz cuando mueran".

Qué pensamiento. Dios los está librando de los días malos que vendrán. ¿Podría ser la muerte la gracia de Dios? Por muy malo que parezca ahora el sepulcro, ¿podría ser la protección de Dios del futuro?

Solo Dios sabe que lo deparará el futuro. Quizá deberíamos dejarle conducir.

UN ÚLTIMO PENSAMIENTO

¿Eres uno de esos pasajeros que siempre le está diciendo al piloto lo que debe de hacer? Te apuesto a que así es como a menudo somos con Dios. Siempre le decimos lo que tiene que hacer y lo que tiene que ocurrir, con la excepción de que Él es el único que sabe hacia dónde nos dirigimos todos. ¿Lo habías entendido todo al revés?

Me dio un canto nuevo para entonar,
un himno de alabanza a nuestro Dios.

[SALMOS **40:3**]

CAMBIADO POR LA ALABANZA

Dios nos invita a ver su rostro para que Él pueda cambiar el nuestro. Él usa nuestros rostros descubiertos para mostrar su gloria. La remodelación no es fácil. El escultor de Mount Rushmore tuvo un desafío menor que el de Dios. Pero nuestro Dios está a la altura de la tarea. Le encanta cambiar los rostros de sus hijos. Con sus dedos, quita las arrugas de preocupación. Las sombras de vergüenza y duda se convierten en retratos de gracia y confianza. Él relaja las mandíbulas tensas y alisa los ceños fruncidos. Su toque puede quitar las bolsas de agotamiento de debajo de los ojos y convertir las lágrimas de desesperación en lágrimas de paz.

¿Cómo? Mediante la adoración.

Esperaríamos algo más complicado, más demandante. Un ayuno de cuarenta días o la memorización de los Evangelios, quizá. No. El plan de Dios es más simple. Nuestro canto, alabanza y gritos por su bondad nos hacen mucho bien. Lo que ocurre en nuestro interior se refleja por fuera. Dios cambia nuestro rostro mediante la adoración.

UN ÚLTIMO PENSAMIENTO

Es difícil ser un cascarrabias cuando estás dando un halago. Es difícil preocuparse cuando estás cantando de celebración. Para nosotros, la adoración es un recordatorio físico de la gloria espiritual de Dios. Tiene el maravilloso efecto colateral de cambiar nuestros ceños fruncidos por sonrisas.

Dedíquense a la oración: perseveren
en ella con agradecimiento.

[COLOSENSES 4:2, NVI]

REDEFINIENDO LA ORACIÓN

Los primeros cristianos recibieron la exhortación: "nunca dejen de orar" (1 Tesalonicenses 5:17); "perseveren en la oración" (Romanos 12:12); y "Oren…en todo momento y en toda ocasión" (Efesios 6:18).

¿Te parece algo parecido a una tarea imposible? ¿Te preguntas: *Tengo que hacer los deberes, mis padres esperan que hagas mis tareas domésticas, mi entrenador quiere que practique. ¿Cómo voy a sentarme a orar todo el día?*?

Haz esto: cambia tu definición de oración. Piensa en las oraciones como algo menos que una actividad para Dios y más en una conciencia de Dios. Intenta vivir con una conciencia ininterrumpida. Reconoce su presencia dondequiera que vayas. Mientras estés en la fila del bus, piensa: *Gracias Señor, por estar conmigo durante todo el día.* En el centro comercial mientras compras: *Señor, tú amas a todas estas personas, incluyéndome a mí. Gracias.* Mientras recoges los platos, adora a tu Creador. La oración no es una tarea que marcar en tu lista. La oración es una conversación constante con Dios.

UN ÚLTIMO PENSAMIENTO

¿Con qué frecuencia hablas o envías mensajes a tus mejores amigos cada día? Tu relación con Dios puede ser así y más. Él nunca te dirá que apagues tu teléfono o tus oraciones. Él siempre está disponible y siempre te escucha. Él quiere escucharte.

El Señor está cerca de todos los que lo invocan,
sí, de todos los que lo invocan de verdad.

[Salmos **145:18**]

NUNCA SOLO

¿Está Dios lejos? ¿Cómo puede venir a nosotros la presencia delicada, beneficiosa y sanadora de Dios? ¿Deberíamos encender una vela, cantar cantos, edificar un altar, dar una mochila llena de dinero? ¿Qué invita la presencia de Dios?

El regalo de Dios es su presencia. El mayor regalo de Dios es Él mismo. Las puestas de sol nos dejan sin aliento. El azul del Caribe acalla nuestro corazón. Los bebés recién nacidos animan nuestro corazón. Pero llévate todas estas cosas, quita las puestas de sol, los océanos y los bebés, y déjanos en el Sahara, y aún tendremos motivos para bailar en la arena. ¿Por qué? Porque Dios está con nosotros.

Dios quiere que sepamos que nunca estamos solos. Nunca. Dios te ama demasiado como para dejarte solo, así que no lo ha hecho. Él no te ha dejado solo con tus temores, preocupaciones, enfermedades o tu muerte. Así que salta de gozo.

Él es un Dios personal que ama, sana y ayuda. Él no responde a pociones mágicas o lemas inteligentes. Él mira más allá. Él busca la reverencia, la obediencia y los corazones hambrientos de Dios. Y cuando los ve, ¡Él se acerca!

UN ÚLTIMO PENSAMIENTO

¿Te sientes abandonado y solo? Podría no parecerlo, pero tu soledad puede ser una oportunidad. Dios anhela ser tu amigo, Aquel a quien siempre acudas. Él está ahí para ti. Así que acércate a Él con alabanza y oración. Él está más cerca de lo que crees.

> Así que el que se vuelva tan humilde como este pequeño, es el más importante en el reino del cielo.

[MATEO 18:4]

INCLÍNATE

Una mañana en la ladera de una montaña suiza, un hombre observaba dos cabras que iban por un camino estrecho en direcciones opuestas, una hacia arriba y otra hacia abajo. Llegó el momento en que el estrecho camino les impedía cruzarse. Cuando se vieron, retrocedieron un poco y agacharon su cabeza, como si estuvieran listas para embestir. Pero entonces ocurrió algo maravilloso. La cabra que ascendía se tumbó en el camino. La otra pisó sobre su lomo. El primer animal entonces se puso de nuevo en pie y continuó su ascenso hacia la cima. El hombre observó que la primera cabra llegó más arriba porque estuvo dispuesta a inclinarse.

Lo que funciona con las cabras también funciona con las personas. Cuando estamos dispuestos a inclinarnos y permitir que otros sigan su camino, normalmente ocurre que ambas partes consiguen lo que quieren. Es una forma de humildad. "No hagan nada por egoísmo o vanidad; más bien, con humildad consideren a los demás como superiores a ustedes mismos" (Filipenses 2:3, NVI).

Nuestro modelo, como siempre, es Jesús, quien "se humilló a sí mismo y se hizo obediente hasta la muerte, ¡y muerte de cruz!" (v. 8, NVI).

UN ÚLTIMO PENSAMIENTO

Puedes mostrar humildad de las formas más sencillas, como cuando tú y otra persona llegan a la fila de la cafetería a la vez, y tú dices: "Pase usted primero". Sabes que está echando raíces en tu vida cuando oras: *Por favor, Dios, dirige tú el camino, y yo te seguiré.*

Pongan todas sus preocupaciones y ansiedades en
las manos de Dios, porque él cuida de ustedes.

[**1 PEDRO 5:7**]

NO TE PREOCUPES POR ELLO

La preocupación hace que te olvides de quién está al mando.
Y cuando el enfoque está en ti mismo, te preocupas. Te afanas por muchas cosas. Te preocupa que:

Tus compañeros de clase no te aprecien.

Tus maestros te carguen con demasiado trabajo.

Tus padres no te entiendan.

Tus amigos te opaquen.

Con tiempo, tu agenda se vuelve más importante que la de Dios. Te preocupa más quedar bien que hacerle feliz. Incluso quizá te veas dudando del juicio de Dios.

Dios te ha dado talentos. Ha hecho lo mismo con tus amigos. Si te preocupas de los talentos de tus amigos, descuidarás los tuyos. Pero si te preocupas simplemente de hacer lo mejor que puedas con los tuyos, puedes inspirar a tus amigos a dejar que Dios tome el control. Tú sabes que lo tiene, de cualquier modo.

Inténtalo, y no te preocupes por ello.

UN ÚLTIMO PENSAMIENTO

Alguien dijo una vez que un día de preocupación es más agotador que una semana de trabajo. Yo lo creo. La preocupación es una pérdida de tiempo y energía. Peor aún, te distrae de ocuparte de agradar a Dios. Así que deja ya la preocupación: ¡me preocupas!

A menos que se aparten de sus pecados y se vuelvan como niños, nunca entrarán en el reino del cielo.

[MATEO 18:3]

EL CORAZÓN DE UN NIÑO

La hora de acostarse es un mal momento para los pequeños. Ningún niño entiende la lógica de ir a la cama cuando aún les queda energía en el cuerpo u horas en el día.

Mis hijas no fueron la excepción. Hace años, tras muchas objeciones e innumerables quejas, las niñas estaban finalmente en sus batas, en sus camas y con sus almohadas. Entré en su cuarto para darles un último beso. Andrea, de cinco años, aún estaba despierta, no mucho, pero despierta. Tras besarla, levantó sus párpados una última vez y dijo: "Estoy deseando despertarme".

¡Vaya actitud para una niña de cinco años! Esa simple pasión por vivir que no puede esperar a mañana. Una filosofía de la vida que dice: "Juega mucho, ríe mucho y deja las preocupaciones para tu padre". Un pozo sin fondo de optimismo inundado con una fuente perpetua de fe. ¿Es de extrañar que Jesús dijera que debemos tener el corazón de un niño para poder entrar en el reino de los cielos?

UN ÚLTIMO PENSAMIENTO

¿Te acuerdas de cómo era la hora de irte a la cama cuando eras pequeño? La emoción de anticipar otro día de juego? Puedes volver a capturar ese sentimiento. Haz también de este tu lema: "Juega mucho. Ríe mucho. Deja las preocupaciones para tu Padre".

Si eres amable sólo con tus amigos, ¿en qué te diferencias de cualquier otro? Hasta los paganos hacen lo mismo.

[MATEO 5:47]

BRAZOS ABIERTOS

Probablemente conoces demasiado bien el asunto de las camarillas. Son grupos cerrados de personas que siempre hablan y van juntos. Y las personas que las componen tienden a tratar a todos los demás como si tuvieran alguna enfermedad.

Quizá tú estás en una camarilla ahora mismo. O quizá hay un grupo al que te encantaría pertenecer. ¿Pero son las camarillas todo lo que suponemos que son? ¿Qué bien aporta un grupo que hace que otros se sientan rechazados?

Dios nos enseña otro enfoque. Él tiene una candente pasión por salvar a los hijos de cada jungla, vecindario, villa y suburbio. Su visión para el final de la historia incluye "gente de todo pueblo, tribu, lengua y nación" (Apocalipsis 5:9). A Él le encantan los gitanos de Turquía, los hippies de California, los vaqueros y pueblerinos del oeste de Texas. A Él le encantan los presidentes de los clubes de ciencias y los capitanes de los equipos de fútbol.

Cristo les presta poca atención a las camarillas. Él abre sus brazos para todos.

UN ÚLTIMO PENSAMIENTO

Tú sabes lo mal que se siente cuando te dejan fuera. Eso es lo que hacen las camarillas, envían el mensaje sin palabras de que "Tú no eres de los nuestros". Compara eso con el mensaje de Cristo, el cual invita a todo el mundo a formar parte de su familia. ¿En qué grupo prefieres estar?

La paz en el corazón da salud al cuerpo;
los celos son como cáncer en los huesos.

[PROVERBIOS **14:30**]

PONLE FIN A LA ENVIDIA

José tenía un problema con la envidia. No con la suya, sino con la de sus diez hermanos mayores. Su padre enalteció a José como un ternero codiciado. Los hermanos trabajaban todo el día. José jugaba todo el día. Ellos vestían ropa de una tienda de segunda mano. Jacob le regaló a José una túnica de muchos colores, hecha a mano y con las mangas bordadas en seda. Jacob trató al undécimo hijo como a un primogénito. Los hermanos echaban chispas cada vez que veían a José.

Los hermanos trataron sus celos vendiendo a José como esclavo. No fue la mejor solución. José ascendió al poder en Egipto y encerró a sus hermanos en la cárcel durante un tiempo.

Actuar movido por la envidia no es la mejor solución para ti tampoco. ¿Tratan tus padres mejor a tu hermana pequeña que a ti? ¿Un amigo tuyo tiene un automóvil mejor que el tuyo? ¿Alguna amiga se lleva a todos los chicos? Enojarte con tus padres o tus amigos no te ayudará. Dejar atraparse por los celos arruina las relaciones y te roba tu gozo. Es mejor cuando te enfocas en lo que tienes en vez de lo que no tienes. Dios ya te ha dado lo que necesitas.

UN ÚLTIMO PENSAMIENTO

Si sentimos celos, eso es una advertencia de ataque aéreo. Nuestra mente está diciendo: "Quiero más para *mí*". ¿No podemos ser felices con las bendiciones que Dios ha dado a otras personas? No seas esclavo de la envidia. Vive con un corazón agradecido. Eso es libertad.

Dado que fuimos unidos a él en su muerte,
también seremos resucitados como él.

[ROMANOS 6:5]

ES SEGURO CREER

Este mundo nos enseña que todo tiene un final. Canciones. Películas. Días de escuela. Vidas. Pero Jesús enseñó una lección distinta. "También seremos resucitados como él. Sabemos que nuestro antiguo ser pecaminoso fue crucificado con Cristo para que el pecado perdiera su poder en nuestra vida" (Romanos 6:5-6). ¿No te encanta esta frase? La resurrección es un resplandor que explota anunciando a todos los que buscan con sinceridad que es seguro creer. Seguro creer en la justicia final. Seguro creer en los cuerpos eternos. Seguro creer en el cielo como nuestra mansión y la tierra como su porche. Seguro creer en un tiempo en que las preguntas no nos mantendrán despiertos y el dolor no nos mantendrá hundidos. Seguro creer en sepulcros abiertos, días interminables y alabanza genuina.

Jesús murió, pero no fue el final. Gracias a que Jesús salió de su tumba, tu muerte tampoco será el final. Porque podemos aceptar la historia de la resurrección, es seguro aceptar el resto de la historia.

UN ÚLTIMO PENSAMIENTO

Es la respuesta para cada pregunta acerca de Cristo y el cristianismo. Jesús murió en una cruz, su cuerpo fue sellado en una tumba, y al tercer día apartó la piedra y salió al sol. ¿Quién más regresa a la vida? Nosotros, cuando dejamos esta vida en la tierra y nos unimos a Jesús en el cielo.

Pues serán tratados de la misma forma
en que traten a los demás.

[MATEO 7:2]

NO JUZGAR

¿No odias cuando la gente te juzga? ¿Cuando se burlan de ti por suspender un examen, sin saber que estabas muy enfermo y no pudiste estudiar? ¿Cuándo se ríen de tus zapatos, sin entender que tu familia está en apuros económicos? Tenemos que tener cuidado de no hacer lo mismo a otros.

¿Son demasiado ruidosos? Quizá les da miedo que les vuelvan a ignorar. ¿Son demasiado tranquilos? Quizá teman volver a fracasar. ¿Demasiado lentos? Quizá se cayeron la última vez que se apresuraron. No sabes. Solo alguien que ha seguido los pasos de ayer puede ser su juez.

No solo ignoramos el ayer, sino que también ignoramos el mañana. ¿Nos atreveríamos a juzgar un libro mientras se están escribiendo aún algunos de sus capítulos? ¿Deberíamos criticar un cuadro mientras el artista aún tiene el pincel en su mano? ¿Cómo puedes menospreciar un alma cuando la obra de Dios aún está incompleta? "Y estoy seguro de que Dios, quien comenzó la buena obra en ustedes, la continuará hasta que quede completamente terminada el día que Cristo Jesús vuelva" (Filipenses 1:6)

UN ÚLTIMO PENSAMIENTO

Pocos te entienden verdaderamente. Tus amigos, a veces. Tus padres, quizá solo de vez en cuando. Así que no es una buena idea suponer que tú entiendes a todos los demás. Probablemente están lidiando con cosas que ni te imaginas. Que tu objetivo sea, en vez de juzgarlos, entenderlos.

Sin embargo, con una bondad que no
merecemos, Dios nos declara justos.

[ROMANOS 3:24]

ERES LIBRE

Barrabás estaba en la celda de la prisión esperando su ejecución, con ira en su corazón y sangre en sus manos. Desafiante. Violento. Alborotador. Asesino. Culpable y orgulloso de ello.

Nosotros somos como Barrabás. Pecadores. Asesinos. No importa si literalmente matamos o no a alguien. El punto es que nos rebelamos contra Dios. Gritamos: "Quiero dirigir mi propia vida, ¡muchas gracias!". Le decimos a Dios que se vaya, que se pierda, y que no regrese. Como Barrabás, merecemos morir. Cuatro paredes de una celda, espesadas con temor, dolor y odio, nos rodean. Hemos sido hallados culpables. Y no tenemos nada que ofrecer a cambio de nuestra vida.

Los pasos de nuestro verdugo se oyen en las paredes de piedras. No alzamos la vista mientras se abre la puerta. Sabemos lo que va a decir. "Es la hora de que pagues". Pero oímos otra cosa. "Eres libre. Se llevaron a Jesús en tu lugar".

¿Qué ha ocurrido? Ha llegado la gracia.

UN ÚLTIMO PENSAMIENTO

¿No somos todos nosotros rebeldes de primera categoría? ¿Egoístas en vez de desinteresados? ¿Más interesados en el nuevo armario de la mueblería que en la Palabra de Dios? ¿Cómo vivimos con nosotros mismos? Jesús es cómo. Él tacha la palabra *culpable* de la etiqueta de nuestro nombre y escribe *gracia*. Eso es libertad. Eso es vivir.

¿Para qué derramar por las calles el agua de tus manantiales teniendo sexo con cualquiera?

[PROVERBIOS 5:16]

¿QUÉ DAÑO HARÁ ESO?

ealmente se gustan. ¿Qué tiene de malo si terminas teniendo relaciones sexuales? ¿Qué daño hará eso?

Me alegra que lo preguntes. Es importante pensar en cómo reaccionarás cuando llegue esta situación. Piensa en lo que dirás, y cuál será tu decisión. Toma la decisión ahora.

El sexo fuera del matrimonio nos dice que podemos dar el cuerpo y no afectar el alma. No podemos. Todo lo que somos como humanos está tan conectado, que cualquier cosa que toque el cuerpo impacta profundamente la mente y el corazón. Además de todo esto, están los temores del embarazo y la enfermedad. La egocéntrica frase "mientras nadie resulte herido" suena noble, pero la verdad es que perder el control con la tentación sexual puede producir mucho dolor.

Dios creó este regalo maravilloso, y Él quiere que lo disfrutes, en sus términos, dentro del pacto del matrimonio. El sexo es una celebración de permanencia, un momento tierno en el que el cuerpo continúa lo que la mente y el alma ya han comenzado. Es un tiempo en el que nadie resulta herido. Un tiempo que produce gozo en el esposo y la esposa, y honra a Dios.

UN ÚLTIMO PENSAMIENTO

No hay nada malo con los sentimientos sexuales, Dios te los dio. Es lo que haces con ellos (y cuándo) lo que importa. Una estrategia inteligente es decidir qué creer, y qué es lo que agrada a Dios, antes de entrar en una situación tórrida. Después, mantente firme a pesar de todo.

"¿Por qué tienen miedo? —preguntó
Jesús—. ¡Tienen tan poca fe!".

[MATEO 8:26]

RECUERDA LA BONDAD DE DIOS

"**D**e repente, se desató sobre el lago una fuerte tormenta, con olas que entraban en el barco; pero Jesús dormía" (Mateo 8:24).

Este es la escena. Los discípulos gritaban; Jesús soñaba. Los truenos rugían; Jesús roncaba. Sus ronquidos molestaban a los discípulos. "¡Maestro! ¿No te importa que nos ahoguemos?, gritaron" (Marcos 4:38). No preguntan por la fortaleza de Jesús, su conocimiento o su saber hacer. Levantan dudas acerca del carácter de Jesús: "¿No te importa…".

El temor hace eso. El temor desgasta nuestra confianza en la bondad de Dios. También reprime nuestra memoria. Los discípulos tenían razón para confiar en Jesús. A estas alturas le habían visto "sanando a la gente de toda clase de enfermedades y dolencias" (Mateo 4:23). Le habían visto sanar a un leproso con un toque y a un siervo con una orden (8:3, 13).

¿Se acordaron de los logros de Cristo? Quizá no. El temor crea una forma de amnesia espiritual. Nos hace olvidar lo que Jesús ha hecho y lo bueno que es Dios.

UN ÚLTIMO PENSAMIENTO

Ya has ensayado para el solo del coro desde hace un mes y te ha salido perfecto todas las veces, pero cuando subes al escenario, el temor puede hacerte olvidar todos esos ensayos perfectos. Es algo parecido a lo que nos ocurre con Dios. Es una razón por la que adoramos. Es un ensayo espiritual, una manera de recordarnos su asombroso poder y amor.

Dios, en su gracia, nos ha dado dones diferentes.

[ROMANOS 12:6]

¿CUÁLES SON TUS FORTALEZAS?

Hay algunas cosas que queremos hacer pero simplemente no podemos. Yo, por ejemplo, tengo el deseo de cantar. Cantar para otros me daría una satisfacción maravillosa. El problema es que no daría la misma satisfacción a mis oyentes que se taparían los oídos.

Pablo da un buen consejo en Romanos 12:3: "Sean realistas al evaluarse a ustedes mismos".

En otras palabras, sé consciente de tus fortalezas. Cuando explicas las cosas, ¿la gente lo entiende? Cuando lideras, ¿la gente te sigue? Cuando organizas, ¿mejoran las cosas? ¿Dónde eres más productivo? Una gran parte de los años adolescentes es intentar cosas distintas para descubrir dónde sobresales y qué es lo que más disfrutas. Identifica tus fortalezas, y después desarróllalas. No enfocarte en tus fortalezas puede impedirte lograr las tareas únicas que Dios te ha llamado a hacer. ¿Predicar? ¿Escribir? ¿Cantar? Ora por tu futuro, y deja que Dios te dirija a los dones que Él quiera que uses.

UN ÚLTIMO PENSAMIENTO

Descubrir tu futuro te puede parecer una carga pesada. Quizá sientas que Dios se olvidó de ti, que no tienes dones. ¡No es cierto! Algunos tardan más en descubrirse que otros, así que sé paciente. Dios te mostrará tus fortalezas y tu futuro cuando sea el momento propicio.

Él, por su parte, solía retirarse
a lugares solitarios para orar.

[LUCAS 5:16]

APRIETA EL BOTÓN DE PAUSA

Jesús entiende el frenesí de la vida. Las personas llenan su calendario con demandas. Llevaron a Jesús más que cuerpos enfermos y almas sedientas. Le llevaron agendas. Itinerarios. Consejos no solicitados.

Ellos hacen lo mismo contigo. Mira por encima de tu hombro, amigo. La multitud está a un paso de ti. Es más, parecen saber más que tú de tu vida: con quién debes andar, qué debes estudiar, dónde deberías pasar el sábado. ¡Tu disco duro mental ya está lleno!

Sigue el ejemplo de Jesús. "Muy temprano a la mañana siguiente, Jesús salió a un lugar aislado" (Lucas 4:42). *Aislado* no necesariamente significa desolado, sino tranquilo. Jesús buscaba paz. "Necesito apartarme. Pensar. Meditar. Volver a trazar mi rumbo". Él decidía el tiempo, seleccionaba un lugar. Con decisión, apretó el botón de pausa en su vida.

Dios descansó después de seis días de trabajo, y el mundo no se vino abajo. ¿Qué nos hace pensar que lo hará si nosotros lo hacemos?

UN ÚLTIMO PENSAMIENTO

Tú no eres un superhéroe, ya lo sabes. Necesitas tiempo para descansar y recargar pilas, enfriarte y cambiar tu nivel de estrés. Orar y alabar a Dios. Si hasta Jesús necesitó un descanso, quizá nosotros también deberíamos tomarnos uno.

Queridos amigos, nunca tomen venganza.
Dejen que se encargue la justa ira de Dios.
Pues dicen las Escrituras: "Yo tomaré venganza".

[ROMANOS **12:19**]

NO HAY ESPACIO PARA LA VENGANZA

Tus enemigos aún entran en el plan de Dios. Sus pulsos son la prueba: Dios no se ha cansado de ellos. Puede que estén fuera de la voluntad de Dios, pero no de su alcance. Tú honras a Dios cuando los ves no como sus fracasos, sino como sus proyectos.

Además, ¿quién nos asignó la tarea de vengarnos? Dios ocupa el único asiento en la corte suprema del cielo. Él lleva la túnica y rehúsa compartir el martillo. La venganza aparta a Dios de la ecuación. Buscamos desplazarlo y reemplazarlo. "Has visto lo que me hizo, Señor? No estoy segura de que puedas manejar esto. Quizá tu castigo sea demasiado leve o demasiado lento. Me ocuparé de este asunto yo misma, gracias".

¿Es eso lo que quieres decir? Jesús no lo hizo. Nadie tuvo un sentido del bien y del mal más preciso que el Hijo perfecto de Dios. Sin embargo, "No respondía cuando lo insultaban ni amenazaba con vengarse cuando sufría. Dejaba su causa en manos de Dios" (1 Pedro 2:23).

Solo Dios evalúa los juicios precisos. La venganza es su tarea. Pon a tus enemigos en las manos del Juez perfecto.

UN ÚLTIMO PENSAMIENTO

El deseo de vengarte de los que te han ofendido es fuerte. Él te robó tu sudadera. Ella te robó a tu novio. Merecen lo peor que puedas darles, ¡y algo más! Salvo que eso es algo a lo que no estamos llamados. Dios es árbitro, juez de línea, juez y jurado. Déjalo reinar, o quizá seas tú el siguiente en su sala de juicios.

La oración ferviente de una persona
justa tiene mucho poder.

[SANTIAGO 5:16]

ACCIONA EL INTERRUPTOR

Uno de los líderes de nuestra iglesia brasileña conoció a Cristo durante un estancia en un centro de rehabilitación de toxicómanos. Su terapia incluía tres sesiones de una hora de oración al día. Los pacientes no tenían que orar, sino asistir a la reunión de oración. Decenas de drogadictos en recuperación pasaban sesenta minutos ininterrumpidos de rodillas.

Yo estaba sorprendido. Admití que mis oraciones eran cortas y formales. Él me invitó (se atrevió) a unirme a él en oración. Nos arrodillamos en el piso de cemento del pequeño auditorio de nuestra iglesia y comenzamos a hablar con Dios. Cambia eso. Yo hablé; él lloraba, gemía y rogaba. Golpeaba el piso con sus puños, agitaba un puño alzado hacia el cielo, confesaba y volvía a confesar todos sus pecados. Recitaba cada promesa de la Biblia como si Dios necesitase que se lo recordasen.

Nuestras apasionadas oraciones mueven el corazón de Dios. "La oración ferviente de una persona justa tiene mucho poder" (Santiago 5:16). La oración no cambia la naturaleza de Dios. Sin embargo, la oración influencia el fluir de la historia. Dios ha preparado su mundo para el poder, pero nos llama a accionar el interruptor.

UN ÚLTIMO PENSAMIENTO

Llorar. Gritar. Rogar. ¿No es tu estilo de oración? Dios no te está pidiendo que le montes un *show*. Sin embargo, sí quiere que muestres tus verdaderos sentimientos. No te retraigas. Así que encuentra un tiempo y un lugar, como ahora mismo, para dárselo todo, y después observa como actúa Él.

Sólo Dios, quien ha dado la ley, es el Juez.

[SANTIAGO 4:12]

DEJA QUE JESÚS SEA EL JUEZ

Aunque no es propio de ti, bebiste cerveza con tus amigas después del baile. O quizá tus padres se fueron y pasaste una hora mirando fotos en la internet que sabías que no debías ver. Metiste la pata y se lo confesaste a Dios. Sabes que te ha perdonado, pero te cuesta trabajo perdonarte a ti mismo.

Bienvenido a la Sala de la vergüenza. Mira a tu alrededor. ¿Ves a alguien que conozcas? ¿Reconoces al juez que lleva la toga negra? Eres tú. De hecho, el fiscal te resulta familiar. También eres tú. Echas un vistazo al jurado. Sí. Esas doce personas son todas tú, mirándote mal y diciendo: "Culpable". Cuando se trata de la vergüenza, nosotros somos los jueces más duros.

Tras oír el corazón de la mujer que estaba teniendo una aventura amorosa, Jesús declaró: "Tampoco yo te condeno. Ahora vete, y no vuelvas a pecar" (Juan 8:11, NVI). Si Jesús la juzgó y no la encontró culpable, ¿qué crees que dice de ti?

En momentos como este, debes hacerte una pregunta: ¿quién es un mejor juez: tú o Jesús?

UN ÚLTIMO PENSAMIENTO

Para ver qué tipo de juez es Jesús, busca en tu Biblia y lee toda la historia de la mujer sorprendida en acto de adulterio en Juan 8:1-11. ¿Desea Él condenarla, o tú? No. Él solo quiere que deje de hacer lo malo y comience a hacer lo correcto. Compasión y sabiduría. Mi tipo de juez.

¡Gracias por hacerme tan maravillosamente complejo!
Tu fino trabajo es maravilloso, lo sé muy bien.

[SALMOS **139:14**]

TÚ ERES IDEA DE DIOS

Los diseñadores de moda nos dicen: "Serás alguien si vistes nuestros vaqueros. Estampa nuestro nombre en tu parte trasera, y la insignificancia desaparecerá". Por un tiempo, la moda nos redime del mundo de la pequeñez y la inexistencia, y somos otra cosa. Pero después, horror de los horrores, los estilos cambian, la moda pasa, y nos quedamos vistiendo los vaqueros de ayer, sintiéndonos como las noticias del pasado.

El temor a la insignificancia crea el resultado que amenaza. Si un jugador de baloncesto está en la línea de tiros libres repitiendo: "Nunca conseguiré esta canasta", ¿sabes qué? Nunca la conseguirá. Si te pasas el día mascullando: "Nunca marcaré la diferencia; no merezco nada", ¿sabes qué? Te estarás sentenciando a una vida de penumbra.

Es más, estás en desacuerdo con Dios. Según Él, tú eres "maravillosamente complejo" (Salmos 139:14). Eres un "trabajo fino" (v.14). Si pudieras contar sus pensamientos de ti, "¡suman más que los granos de la arena!" (v. 18).

¿Por qué te ama tanto? Por la misma razón por la que el artista ama sus cuadros o el constructor de barcos ama sus naves. Tú eres idea de Él.

UN ÚLTIMO PENSAMIENTO

¿Cuándo fue la última vez que trabajaste realmente duro para crear algo especial? ¿Fue un modelo? ¿Un dibujo? ¿Un resumen de un libro? ¿Unas galletas con trocitos de chocolate? Cuando pones todo tu empeño en algo, te importa. Mucho. Así es como Dios se siente contigo.

> Manténganse en el camino que el Señor su
> Dios les ordenó que siguieran. Entonces
> tendrán una vida larga y les irá bien.
>
> [DEUTERONOMIO 5:33]

PASAR CON DIOS

Dios nos ayuda a pasarlo todo. A *pasar* el mar Rojo hacia la tierra seca (Éxodo 14:22), *a pasar* el desierto (Deuteronomio 29:5), *a pasar* el valle de sombra de muerte (Salmo 23:4), y *a pasar* el profundo mar (Salmos 77:19).

De hecho, *pasar* es una de las palabras favoritas de Dios: "Cuando *pases* por aguas profundas, yo estaré contigo. Cuando *pases* por ríos de dificultad, no te ahogarás. Cuando *pases* por el fuego de la opresión, no te quemarás; las llamas no te consumirán" (Isaías 43:2).

¿Qué estás intentando cruzar hoy? ¿Problemas con tus padres? ¿Una amistad que se desmorona? ¿Una asignatura que no apruebas? Sea lo que sea, Dios ya ha pasado por eso, y lo cruzará contigo. El viaje quizá no sea fácil. Quizá no sea rápido, pero Dios promete estar a tu lado, iluminando el camino en cada paso. "Tu palabra es una lámpara que guía mis pies y una luz para mi camino" (Salmos 119:105).

UN ÚLTIMO PENSAMIENTO

¿Alguna vez has caminado mucho tiempo solo por la noche, sin ninguna luz? Puede resultar un poco escalofriante y dar miedo, ¡y a veces muy escalofriante y dar mucho miedo! Es parecido a caminar por la vida sin la luz de Dios mostrándote el camino. Así que lee la Biblia y habla con Él todos los días. Verás que es una forma de viajar mucho mejor.

> Cuentas con una esperanza futura, la
> cual no será destruida.
>
> [PROVERBIOS **23:18**, NVI]

SUEÑOS IMPOSIBLES

¿**D**udan tus padres de tus sueños? No estoy hablando de los que tienes cuando duermes, sino de los que tienes cuando tus ojos están abiertos. Sueños como querer ser bailarina, buceador o diplomático, médico para trabajar con los pobres o misionero sirviendo en Malasia. Sin su apoyo, parecen imposibles.

Se nos olvida que *imposible* es una de las palabras favoritas de Dios. Él tiene sueños imposibles. ¿Por qué? Si logras un sueño posible, entonces tú recibes toda la gloria. Pero si logras un sueño imposible, entonces Dios recibe la gloria. Eso demuestra al mundo que aún existe un Dios increíble que trabaja en las vidas de las personas. Todo comienza con un sueño como el tuyo.

Aunque pueda parecer que tus padres están apagando tu pasión, podrían estar inyectando algo de la tan necesitada sabiduría en tus planes. La practicidad y la lógica no son del todo malas. La duda puede ser precaución disfrazada.

Al final debes preguntarte: ¿qué sueño voy a seguir: el mío, el de mis padres o el de Dios? Los sueños de Dios son siempre mayores, mejores y más increíbles.

UN ÚLTIMO PENSAMIENTO

Sí, los padres pueden ser un freno en los sueños. ¡Pero por lo general tienen buenas intenciones! Sigue hablando con ellos, y con Dios, de tus metas. Mézclalos con una dosis grande de paciencia y perseverancia. Si Dios está detrás de tu sueño, sucederá en su tiempo. Si no, Él tiene algo incluso mejor en mente.

En esa clase de amor no hay temor, porque
el amor perfecto expulsa todo temor.

[1 JUAN 4:18]

EMPAPADO EN AMOR

Tememos el rechazo, así que seguimos a la multitud. Tememos no encajar, así que tomamos drogas. Por temor a destacar, vestimos lo que todos visten. Por temor a camuflarnos, vestimos lo que nadie viste. Por temor a estar solos, dormimos con alguien. Por temor a no ser amado, buscamos amor en todos los lugares erróneos.

Pero Dios disipa esos temores. Los que están empapados en el amor de Dios no andan buscando el amor de otros. No se disponen tampoco a ganarse el amor de Dios.

¿Piensas que lo necesitas? ¿Piensas: *Si digo menos palabrotas, oro más, bebo menos, estudio más…si lo intento con más fuerzas, Dios me amará más?* Despierta y huele el hedor de Satanás detrás de esas palabras. Todos necesitamos mejorar, pero no necesitamos perseguir el amor de Dios. Cambiamos porque ya tenemos el amor de Dios. El perfecto amor de Dios.

UN ÚLTIMO PENSAMIENTO

Lee 1 Juan 4:16-21, algunas de las palabras más importantes sobre el amor que jamás se hayan escrito. ¿Alguna vez te ves intentando ganar el amor de Dios mediante tu desempeño? ¿Qué te dicen estos versículos acerca del perfecto amor y el amor de Dios por nosotros?

Tuvo compasión de ellos.

[Mateo 14:14, nvi]

ÉL SIENTE Y SANA NUESTRAS HERIDAS

La palabra en griego para compasión es *splangjnizomai*, la cual no significará mucho para ti a menos que estés tomando una clase de "Splangjnología" en la escuela. Si es así, sabrás que "splangjnología" es el estudio de... las entrañas.

Cuando Mateo escribe que Jesús tuvo compasión de la gente, no está diciendo que Jesús sintiera una lástima casual o un poco de pesar por ellos. No, el término es mucho más gráfico e intenso. Mateo está diciendo que Jesús sintió su dolor en sus entrañas. Sintió la cojera del lisiado. Sintió el dolor de los enfermos. Sintió la soledad del leproso. Sintió la vergüenza de los pecadores.

Jesús ha sentido todo lo que tú has sentido, y algo más. Rechazo. Humillación. Tortura. Ejecución con clavos en una cruz. Cuando le permites entrar en tu corazón, Él siente también tu dolor. Y cuando siente tus dolores, no puede hacer otra cosa que sanarlos.

UN ÚLTIMO PENSAMIENTO

Cuando estás teniendo absolutamente el peor día de tu vida, piensas que nadie te puede entender, ni tan siquiera Jesús. Salvo que Él es Dios, ¿recuerdas? Él está dentro de ti. Él sí entiende. Comparte tu dolor con Él. Nadie puede hacerlo mejor que Él.

No permitiré que los engañadores sirvan en mi casa, y los mentirosos no permanecerán en mi presencia.

[SALMOS 101:7]

MENTIR CONDUCE A LA MUERTE

¿Conoces la historia de Ananías y Safira (Hechos 5:1-11)? Ambos intentaron engañar a la iglesia de Dios, y ambos aparentemente murieron por ello. Más de una vez he oído a gente aludir a esa historia con una risita nerviosa y decir: "Me alegra que Dios ya no siga matando a la gente por mentir". Yo no estoy tan seguro de que no lo haga.

Me parece que el resultado del engaño sigue siendo la muerte. No la muerte del cuerpo, quizá, pero sigue habiendo muerte. Relaciones (las falsedades son termitas en las paredes de cualquier matrimonio o amistad). La conciencia (la tragedia de la segunda mentira es que siempre es más fácil de decir que la primera). Una carrera (tan solo pregúntale al estudiante graduado que fue despedido por engañar si la mentira no fue fatal).

También podríamos hablar de la muerte de la intimidad, confianza, paz, credibilidad y respeto por uno mismo. Pero quizá la muerte más trágica causada por nuestras mentiras es cuando les ocurre a nuestras declaraciones acerca de Jesús. El juez no escuchará el testimonio de un testigo mentiroso. Ni tampoco el mundo.

UN ÚLTIMO PENSAMIENTO

Lee acerca de Ananías y Safira en tu Biblia. ¿*Tú* crees que Dios pasa por alto la mentira hoy? ¿Qué no hay consecuencias por las mentiras piadosas, ya sean grandes o pequeñas? Cuando desobedecemos a Dios, nos hacemos daño no solo a nosotros sino también a los que nos rodean, a veces de formas que no imaginamos. Haz un favor a todos, y tan solo di la verdad.

Estuve frente a la muerte, y él me salvó.

[SALMOS 116:6]

DIOS ESTÁ EN NUESTRO EQUIPO

Cuando yo era joven, en cuanto los chicos de vecindario llegábamos a casa de la escuela, dejábamos los libros y salíamos a la calle. El chico de enfrente tenía un papá con una fuerte adicción al fútbol. En cuanto llegaba a casa del trabajo, comenzábamos a gritarle para que saliera a jugar. Para hacer justicia, él siempre preguntaba: "¿Qué equipo va perdiendo?". Entonces él se unía a ese equipo, que al parecer siempre solía ser el mío.

Su aparición en la piña cambiaba todo el partido. Él tenía confianza, fuerza, y sobre todo, tenía un plan. Nos poníamos a su alrededor, y decía: "De acuerdo, chicos, esto es lo que vamos a hacer". El otro equipo gruñía antes de salir de nuestra piña. Como verás, no solo teníamos un nuevo plan, sino también un nuevo líder.

Él aportaba nueva vida a nuestro equipo. Dios hace precisamente lo mismo por nosotros. No necesitábamos una nueva jugada; necesitábamos un nuevo plan. No necesitábamos cambiar de posición; necesitábamos un nuevo jugador. El jugador es Jesucristo, el primogénito de Dios.

UN ÚLTIMO PENSAMIENTO

¿Alguna vez te has sentido así, que estás en el equipo que pierde y hay pocas esperanzas de remontar? ¿Que por mucho que intentes avanzar el balón, terminas perdiendo terreno? Hay Alguien con un manual de estrategias diseñado específicamente para tu situación. Un Dios. Un plan. Una vida. Entrégale la tuya.

Quiero conocer a Cristo y experimentar el gran poder que lo levantó de los muertos... ¡para poder experimentar, de una u otra manera, la resurrección de los muertos!

EL OTRO LADO DEL RÍO

Jesús vio a gente esclavizada por el temor. Explicó que el río de la muerte no era algo que se debía temer. La gente no le creía. Él tocó a un niño y le devolvió la vida. Los seguidores no estaban aún convencidos. Él susurró vida en el cuerpo muerte de una niña. La gente seguía siendo escéptica. Dejó que un hombre muerto pasara cuatro días en el sepulcro y después le llamó. ¿Es eso suficiente?

Aparentemente no. Fue necesario que Él entrara en el río y se sumergiera en el agua de la muerte para que la gente creyera que la muerte había sido conquistada.

Pero después de hacerlo, después de salir al otro lado del río de la muerte, era el momento de cantar... ¡fue el momento de celebrar!

¿Te da miedo el río de la muerte? Que no sea así. Jesús nos enseña que hay una orilla al otro lado, y que Él tiene el poder de llevarnos hasta allí.

UN ÚLTIMO PENSAMIENTO

La gente normalmente teme a lo desconocido, y la mayoría tenemos poca experiencia con la muerte. Jesús, sin embargo, lo sabe todo. Él ha estado ahí, lo ha hecho. Él dice: "Si entregas tu vida por mi causa, la salvarás" (Mateo 16:25). Yo confío en Aquel que tiene poder sobre la muerte.

> Pero el Señor es fiel; él los fortalecerá
> y los protegerá del maligno.

[**2 TESALONICENSES 3:3**]

EL BIEN SUPREMO

¿Has leído Génesis 3? Es el capítulo que trata acerca de la entrada del mal en el mundo. El desastre llegó en forma de Lucifer, el ángel caído. Y mientras Satanás "ronda como león rugiente" (1 Pedro 5:8, NVI), sembrará el caos entre el pueblo de Dios. Encerrará a predicadores, como Pablo, en prisiones. Afligirá a los amigos de Jesús, como Lázaro, con enfermedades. Te asaltará con la mentira de que nadie te ama.

No obstante, las estrategias de Satanás producirán un efecto indeseado. El encarcelado Pablo escribirá libros de la Biblia. El cementerio de Lázaro se convertirá en un escenario para uno de los mayores milagros de Cristo. Y tú aprenderás que Dios te ama más de lo que te imaginas. El mal planeado se convertirá finalmente en bien.

Podemos estar agradecidos de que los trucos del diablo siempre serán superados por el "trato" de un Dios que "me librará de todo ataque maligno y me llevará a salvo a su reino celestial" (2 Timoteo 4:18).

UN ÚLTIMO PENSAMIENTO

Esta noche quizá esté marcada por los dulces, niños con máscaras y monstruos creados, pero no debemos jugar con las criaturas reales de la oscuridad. Confiemos en un Dios amoroso que rescata, el cual acabará con el mal dondequiera y siempre que aparezca.

NOVIEMBRE

Y conocerán la verdad, y la verdad los hará libres.

[Juan 8:32]

El que pierde los estribos con facilidad provoca peleas; el que se mantiene sereno, las detiene.

[PROVERBIOS **15:18**]

TRATA CON TUS GOTEOS

Estos días te molestas por las cosas más insignificantes. Ahora incluso tus amigos te evitan. ¿Qué se supone que debes hacer con este enojo?

Me pregunto qué formó el Gran Cañón. Quizá unas pocas gotas por aquí y por allá. Una grifo subterráneo que gotea o una pequeña lluvia en una noche tranquila. Lentamente se acumula cada vez más agua. Tormentas. Relámpagos. Expresiones de ira del cielo vertiéndose sobre el caudaloso río llamado el Colorado, creando una fisura.

Nuestro enojo se forma como el Colorado. Lentamente, cosas pequeñas gotean, molestan, irritan, y finalmente encolerizan. *¡Apártate de mi camino!* Gotea. *¡Siempre me haces lo mismo!* Gotea. *¡No me digas lo que tengo que hacer!* Gotea. La presión y el aumento explotan, liberando un frenesí de ira, saliendo en forma de palabras, acabando con nuestros amigos, nuestra familia, nuestra paz.

No esperes a tener un río bravo. Ve tras los pequeños goteos. Trata cada pequeño irritante con perdón y oración. Hazlo antes de que el enojo cave un cañón en tu vida…entre tú en un lado y todos los demás que conoces en el otro.

UN ÚLTIMO PENSAMIENTO

¿Tienes cuestiones que tratar respecto al enojo? Acude a Dios con ellas. Él sabe cómo ayudarte y lo que realmente te está molestando. Él puede hablarte mediante un buen amigo, maestro, o familiar también. Habla con ellos ahora, antes de que se produzca el siguiente tornado temperamental.

La única obra que Dios quiere que hagan
es que crean en quien él ha enviado.

[JUAN 6:29]

"YO SOY EL CAMINO"

Algunos historiadores agrupan a Cristo con Moisés, Mahoma, Confucio y otros líderes espirituales. Pero Jesús rehúsa compartir su página. Él declara: "Yo soy el camino, la verdad, y la vida; nadie puede ir al Padre si no es por medio de mí" (Juan 14:6). Él podría haber sido políticamente correcto y decir: "Yo conozco el camino", o "Yo muestro el camino". Sin embargo, Él habla de quién es: *Yo soy el camino.*

Muchos se encogen con este absoluto. Suena primitivo en nuestra era de ancha banda y mentes amplias. El mundo se está encogiendo, las culturas se mezclan; este es el día de la inclusión. Todos los caminos llevan al cielo, ¿verdad?

Pero ¿cómo pueden todas las religiones llegar a Dios cuando son tan distintas? No toleramos tal falta de lógica en otros asuntos. No pretendemos que todos los caminos llevan a Londres o todos los barcos navegan a Australia.

Jesús limpió un único pasadizo despejado por el esfuerzo humano. Cristo vino, no para los fuertes, sino para los débiles; no a por los justos, sino a por los pecadores. Entramos en su camino con la confesión de nuestra necesidad, no con la terminación de nuestras obras. Él muere y nosotros vivimos. Él invita y nosotros creemos.

UN ÚLTIMO PENSAMIENTO

¿Tienes amigos que luchan con esta idea? ¿Luchas con ello tú mismo? Jesús no intenta excluir. Él está siendo claro. Él es Dios. Nadie más. El camino pasa por Él. No hay atajos ni desvíos. Un Dios. Un camino. Haz tu elección.

Pues el Señor es Dios; él creó los cielos y la
tierra y puso todas las cosas en su lugar.

[ISAÍAS **45:28**]

EL DIOS QUE NECESITAS

Tú no necesitas lo que encontró Dorothy. ¿Recuerdas su descubrimiento en la película *El mago de Oz*? Ella y su trío de amigos siguieron el camino de baldosas amarillas solo para descubrir que el mago era un pelele. Nada salvo humo, y espejos, y ruido de hojalata. ¿Es ese el tipo de dios que necesitas?

Tú no necesitas llevar la carga de un dios menor...un dios en una estantería, un dios en una caja, o un dios en una botella. No, tú necesitas un Dios que pueda poner cien mil millones de estrellas en nuestra galaxia y cien mil millones de galaxias en el universo. Tú necesitas un Dios que pueda moldear dos puños de carne y convertirlos en una cantidad de entre setenta y cinco y cien mil millones de células nerviosas, cada una con unas diez mil conexiones con otras células nerviosas, ponerlo en una calavera y llamarlo cerebro.

Y necesitas un Dios que, aunque tenga un poder tan desconcertante, pueda también hacer el copo de nieve más frágil y cuidar de la más pequeña de las criaturas. Un Dios de poder y de amor.

UN ÚLTIMO PENSAMIENTO

Todos nos apoyamos en dioses menores a veces. Estatus. Popularidad. Dinero. Calificaciones. Un buen automóvil. Los amigos "idóneos". Cualquier cosa que pensamos que nos ayudará. Pero ninguno de estos dioses satisface durante mucho tiempo. No necesitamos un dios "encima del arcoíris". ¡Necesitamos a Aquel que creó los arcoíris!

Regresen al Señor su Dios, porque él
es misericordioso y compasivo.

[Joel 2:13]

CUESTE LO QUE CUESTE

¿Hasta dónde quieres que llegue Dios para llamar tu atención? Si Dios tiene que escoger entre tu seguridad eterna y tu comodidad terrenal, ¿cuál prefieres que escoja?

¿Qué tal si te llevara a otra tierra? (Como hizo con Abraham). ¿Qué tal si te llamara a confrontar a un dirigente malhumorado? (¿Te acuerdas de Moisés?). ¿Qué tal una vueltecita en la tripa de un pez? (Has oído de Jonás). ¿Un ascenso como el de Daniel? ¿Una degradación como la de Sansón?

Dios hace lo que sea necesario para llamar nuestra atención. ¿No es ese el mensaje de la Biblia? La implacable búsqueda de Dios. Dios a la caza. Dios buscando. Mirando debajo de la cama buscando niños escondidos, apartando los matorrales en busca de ovejas perdidas. ¿Has pensado en esto? Tu enfermedad, tu pesada carga de trabajo escolar, tu larga lista de rechazos, todo podría ser Dios moviendo su mano, diciéndote que es la hora de regresar y pasar tiempo con Él.

¿No estás contento de que aún siga ahí?

UN ÚLTIMO PENSAMIENTO

Dios no te *hará* caminar con Él. Es demasiado caballero para eso. Pero tiene miles de formas de que te des cuenta de lo que falta en tu vida. ¿Vas de crisis en crisis? Podría ser el diablo. Podría ser simplemente la vida. Pero también podría ser la mano santa del cielo, indicándote el camino a casa.

> Y todo lo que hagan o digan, háganlo como representantes del Señor Jesús.
>
> [COLOSENSES **3:17**]

NUESTRO TRABAJO HONRA A DIOS

Trabajo, trabajo, trabajo. Tareas por la mañana. Clases todo el día. Lavar los platos después de la cena. Los deberes por la noche. Un trabajo a tiempo parcial los fines de semana. ¿Terminará esto alguna vez? ¿Le importa todo esto a Dios?

Dios ha declarado que tu trabajo es algo bueno. Antes de darle a Adán una esposa o hijos, incluso antes de darle unos calzones, Dios le dio un trabajo a Adán. "El Señor Dios puso al hombre en el jardín de Edén para que se ocupara de él y lo custodiara" (Génesis 2:15). Dios llama a todas las personas físicamente capaces a mantener los jardines que da. Él honra el trabajo. Así que honra a Dios en tu trabajo. "Y todo lo que hagan, de palabra o de obra, háganlo en el nombre del Señor Jesús, dando gracias a Dios el Padre por medio de él" (Colosenses 3:17, NVI).

¡Todo lo que hagan! Hazlo como si Jesús estuviera evaluando tu redacción o firmando tu proyecto. Después dale gracias a Dios por las tareas que te da y la oportunidad de marcar la diferencia en el mundo. Incluso aunque sea lavando platos.

UN ÚLTIMO PENSAMIENTO

No hay mucho *glamour* en limpiar el retrete o reescribir un ensayo. Gran parte de nuestro trabajo es así. ¿Pero sabes algo? Honramos y adoramos a Dios con la calidad de nuestro trabajo. Lo mundano se convierte en significativo. El trabajo se convierte en maravilloso. Dios se alegra.

Ya no habrá muerte, ni llanto, ni lamento ni dolor,
porque las primeras cosas han dejado de existir.

[APOCALIPSIS **21:4**, NVI]

CON LA MIRADA PUESTA EN EL CIELO

¿**A**lguna vez la vida te parece un poco…aburrida? Eso cambiará un día.

No te aburrirás en el cielo porque no serás el mismo en el cielo. El aburrimiento surge de las malezas que no existen en el cielo. La mala hierba del cansancio: nuestros ojos se cansan. La mala hierba de las limitaciones mentales: la sobrecarga de información nos aturde. La mala hierba del egocentrismo: perdemos el interés cuando el foco de atención se dirige hacia otros. La mala hierba de la monotonía: la actividad falta de significado roba nuestra energía. Pero no hay malas hierbas en el cielo. Solo tendrás una mente brillante, un enfoque inagotable, y tareas que honran a Dios.

Sí, tendrás tareas en el cielo. "Y sus siervos le servirán [a Dios]" (Apocalipsis 22:3, RVR60). ¿Qué es servicio si no una actividad responsable? Los que son fieles en lo poco reinarán sobre mucho (Mateo 25:21).

Quizá supervises la órbita de un sistema planetario distante…diseñes un mural en la nueva ciudad…revises la expansión de nuevas especies de plantas o animales. ¿Qué hace un Creador sino crear? ¿Qué hacen sus alegres hijos sino servirle?

UN ÚLTIMO PENSAMIENTO

Días sosos. Todos los tenemos. Tampoco hay mucho que podamos hacer al respecto. Parte de la vida es perseverar en lo predecible. Pero quizá encontraremos el viaje un poco más fácil cuando recordemos lo que nos espera. Lo mejor aún está por llegar. Nos espera el cielo.

Planten buenas semillas de justicia, y
levantarán una cosecha de amor.

[OSEAS **10:12**]

PLANTAR PAZ

¿**Q**uieres ver un milagro? Planta una semilla de amor en lo más profundo del corazón y la vida de una persona. Nútrela con una sonrisa y una oración, y ve lo que ocurre.

Halaga a tu amiga por lo bien que tiene hoy el cabello. Agradece a un amigo su positivo ejemplo. Dale a tu maestro una nota de apreciación al final del año. Haz unas galletas y llévaselas a la mamá soltera y sus hijos que viven enfrente de tu casa. Ayuda a tu hermano con sus tareas. Abraza a tu mamá antes de irte a la escuela. Honra a tu padre preguntándole cómo le fue el día.

Sembrar semillas de paz es como sembrar judías. No sabes por qué funciona; solo sabes que funciona. Las semillas se plantan, y se quita la capa superficial de tierra de dolor. El enojo se deshace. El conflicto decae. La paz brota y se extiende.

No te olvides del principio. Nunca subestimes el poder de una semilla.

UN ÚLTIMO PENSAMIENTO

Una sola semilla, cuando se cuida bien, finalmente crecerá hasta convertirse en una gran madera. Tú puedes crear un bosque de paz y amor a tu alrededor con los métodos más simples. Planta palabras de ánimo. Riégalas diariamente con amistad y oración. Retírate mientras crecen hasta llegar al cielo.

Enfrentó todas y cada una de las pruebas que
enfrentamos nosotros, sin embargo él nunca
pecó. Así que acerquémonos con toda confianza
al trono de la gracia de nuestro Dios.

[Hebreos 4:15-16]

ÉL HA ESTADO AHÍ

¿Evitas hablar con Dios porque no crees que entienda tus problemas? Según la Biblia, sí puede: "Nuestro Sumo Sacerdote comprende nuestras debilidades, porque enfrentó todas y cada una de las pruebas que enfrentamos nosotros, sin embargo él nunca pecó" (Hebreos 4:15).

Es como si el escritor de Hebreos supiera que diríamos: "Dios, es fácil para ti estando ahí arriba. Tú no sabes lo difícil que es estar aquí abajo". Así que proclama con osadía la capacidad de Jesús para entender. Mira de nuevo las palabras. *Nuestro Sumo Sacerdote*. No un ángel. No un embajador. Jesús mismo. *Comprende nuestras debilidades*. No algunas. No la mayoría. Todas ellas. *Enfrentó todas y cada una de las pruebas que enfrentamos nosotros*. Él ha sufrido todos los dolores, todo el estrés, y sabe cómo nos debilitan.

Dios sabe cómo te sientes. Cuando dices que has llegado a tu límite, Él sabe a lo que te refieres. Cuando sacudes tu cabeza por las fechas de entrega imposibles, Él también sacude la suya. Cuando tus planes quedan interrumpidos por los planes de otras personas, Él asiente porque sabe lo que es eso.

Él ha estado ahí.

UN ÚLTIMO PENSAMIENTO

¿Te molesta cuando los padres o amigos dicen: "Sé lo que quieres decir", pero realmente no lo saben? Eso nunca sucede con Jesús. Él sí sabe lo que quieres decir. Él ha pasado por ello, y cuando vive dentro de ti, lo vuelve a pasar de nuevo contigo.

El Espíritu de Dios me ha creado; me infunde
vida el hálito del Todopoderoso.

[JOB 33:4, NVI]

CON EL ENCARGO DE AMAR

Un tipo observador, Pablo. Se dio cuenta de algo en la forma de tratar a la gente. Lo dijo hablando del matrimonio, pero el principio es aplicable en cualquier relación. "Pues un hombre que ama a su esposa en realidad demuestra que se ama a sí mismo" (Efesios 5:28). Hay una conexión entre la manera de tratarte a ti mismo y la manera de tratar a los demás. Si estás en paz contigo mismo, si te gustas, te llevarás bien con otros.

Lo opuesto también es cierto. Si no te gustas a ti mismo, si estás avergonzado o enojado, otras personas lo notarán.

¿Por qué es esto importante? Porque Jesús nos dijo que los dos grandes mandamientos son: "Amarás al Señor tu Dios con todo tu corazón, con toda tu alma y con toda tu mente" (Mateo 22:37) y "Amarás a tu prójimo como a ti mismo" (v. 39). Así que ¡date un respiro! Eres increíblemente valioso, una creación de Dios, *con el encargo* de amar. Nuestra tarea es amar plenamente, de corazón, alma y mente, y eso incluye amarnos a nosotros mismos.

UN ÚLTIMO PENSAMIENTO

Has cometido errores. Sigues fallando. Nadie parece valorarte. Entiendo todo eso. Pero Dios te perdona, te ama, cree en ti, tiene un plan maravilloso para ti. ¿Quién eres tú para rechazar la única opinión válida? Ámale. Ama a otros. Ámate a ti mismo. Porque Él lo ordena.

El Señor está cerca de todos los que lo invocan,
sí, de todos los que lo invocan de verdad.

[SALMOS **145:18**]

LA AYUDA ESTÁ CERCA

La sanidad comienza cuando hacemos algo. La sanidad comienza cuando salimos. La sanidad comienza cuando damos un paso.

La ayuda de Dios está cerca y siempre disponible, pero solo se da a quienes la buscan. Nada resulta de sentarse, esperando que Dios se dé cuenta de nosotros. A veces el propósito de nuestros problemas es hacer que nos acerquemos más a Él. Para orar. Para alabarle. Para gritar: "Dios, ¡haz algo!". Debemos pedir su ayuda y tener fe en que actuará.

Dios honra la fe radical y que toma riesgos. Cuando se construyen arcas, se salvan vidas. Cuando se levantan varas, mares se abren. Cuando se comparte una comida, miles son alimentados. Y cuando en fe clamas a Él pidiendo valentía para confrontar a un amigo o sanidad para curar a un hermano enfermo, puedes esperar una respuesta asombrosa. Él siempre está cercano, listo para actuar. El primer movimiento depende de nosotros.

UN ÚLTIMO PENSAMIENTO

¿Alguna vez has pensado en ello? Quizá has ignorado a Dios últimamente. Quizá el punto de tus problemas es que hables de nuevo con Dios. Quizá Él no resuelva tus problemas exactamente como y cuando tú quieres. No pasa nada. Aun así, estás avanzando en la dirección correcta.

> Si dos de ustedes se ponen de acuerdo aquí en la tierra con respecto a cualquier cosa que pidan, mi Padre que está en el cielo lo hará.
>
> [Mateo 18:19]

ORAR PARA GANAR

Moisés y los israelitas una vez lucharon contra los amalecitas. La estrategia miliar de Moisés fue algo extraña. Envió a Josué a liderar la batalla en el bajo valle. Moisés subió a la cima de la montaña a orar. Pero no fue solo. Tomó a sus dos lugartenientes, Aarón y Hur.

Mientras Josué dirigía el combate físico, Moisés se enzarzó en uno espiritual. Aarón y Hur estaban de pie a ambos lados del líder para sostener sus brazos en la batalla de oración. Los israelitas prevalecieron porque Moisés oraba. Moisés prevalecía porque tenía una comunidad que oraba con él.

¿Qué batalla estás enfrentando tú hoy? ¿Depresión? ¿Preocupación? ¿Una pelea con un hermano o hermana? En el día en que honramos a los que lucharon por nuestro país y su libertad, no vayas a la batalla solo. Cuéntaselo a la familia y amigos cristianos para que puedan "sostener tus brazos", orando por ti y contigo. Y díselo a Dios. Cuando Él lucha contigo, tienes asegurada la victoria.

UN ÚLTIMO PENSAMIENTO

Independientemente de si la batalla es física, emocional o espiritual, ¿cuál es tu primera respuesta cuando te ves ante un desafío? ¿Te diriges hacia la pelea? ¿Corres y te escondes? Moisés lo hizo bien. Para ganar en la batalla o en cualquier otra cosa, lo primero que se debe hacer es reunir a tus fuerzas y orar.

De su abundancia, todos hemos recibido
una bendición inmerecida tras otra.

[JUAN 1:16]

GRACIA INTERMINABLE

¿Se puede quedar Dios sin gracia?
Sumerge una esponja en el Lago Erie. ¿Absorbiste hasta la última gota? Respira muy hondo. ¿Consumiste todo el oxígeno de la atmósfera? Arranca una aguja de pino de un árbol en Yosemite. ¿Acabaste con todo el follaje del bosque? Observa la ola de un océano chocar contra la playa. ¿Nunca volverá a haber otra?

Por supuesto que habrá. En cuanto una haya chocado contra la orilla de la playa, aparecerá otra. Después otra, y otra. Este es un cuadro de la gracia interminable de Dios. *Gracia* es simplemente otra palabra para su estruendosa y estrepitosa reserva de fortaleza y protección. Llega a nosotros no en gotas ocasionales sino en torrentes titánicos, ola tras ola. Apenas hemos recobrado el equilibrio de una fuerte ola, y de repente, *bam*, llega otra.

"Gracia sobre gracia" (Juan 1:16, NVI). Nos atrevemos a clavar nuestra esperanza en la noticia más alegre de todas: si Dios permite el desafío, Él proveerá la gracia para afrontarlo.

UN ÚLTIMO PENSAMIENTO

Noviazgo. Drogas. Enfermedad. Divorcio de tus padres. A veces los problemas se amontonan en gran manera, y nos parece como si Dios no pudiera manejarlos. ¡No lo creas! Su reserva de gracia *nunca* se agota. Él tiene más que suficiente para resolver cada dilema, enjugar cada lágrima, y responder a cada pregunta.

¡Gracias por hacerme tan maravillosamente complejo!

[SALMO **119:14**]

TOCA LO MEJOR QUE SEPAS

Antonio Stradivari fue un constructor de violines cuyo nombre en su forma latina, *Stradivarius,* ahora se vincula con la excelencia. Una vez dijo que hacer un violín sin darlo todo sería robarle a Dios, quien no podía hacer los violines Antonio Stradivari sin Antonio.

Tenía razón. Dios no podía hacer violines Stradivarius sin Antonio Stradivari. Ciertos dones le fueron dados a este artesano que ningún otro hacedor de violines poseía.

También hay ciertas cosas que tú puedes hacer que nadie más puede. Quizá eres un genio de la informática. Quizá pintas. Quizá trabajas bien con animales o niños pequeños, o eres muy bueno animando a los desanimados. Es muy posible que no hayas descubierto aún tus mejores dones. Pero hay cosas que *solo* tú puedes hacer, y estás vivo para hacerlas. En la gran orquesta que llamamos vida, tú tienes un instrumento y una canción, y le debes a Dios el tocar ambas cosas lo mejor que sepas.

UN ÚLTIMO PENSAMIENTO

¿Conoces los dones que Dios te dio? Saca una hoja de papel y escribe unas cuantas cosas que se te dé bien hacer. Ahora haz otra lista con las cosas que te gusta hacer. ¿Son las mismas? Este puede ser un primer paso para comenzar a descubrir lo que mejor puedes hacer para darle la gloria a Dios.

Por lo tanto, ya no hay condenación para
los que pertenecen a Cristo Jesús.

[ROMANOS 8:1]

NO CULPABLE

Si alguna vez te has preguntado cómo reacciona Dios cuando fracasas, articula estas palabras y cuélgalas en tu pared: "Tampoco yo te condeno. Ahora vete, y no vuelvas a pecar". Son palabras de Jesús a la mujer sorprendida en cama con un hombre que no era su marido (Juan 8:1-11). Léelas. Medítalas. Memorízalas.

O mejor aún, lleva a Jesús contigo a tu cañón de la vergüenza. Invita a Cristo a que viaje contigo, a que esté a tu lado mientras revives los eventos de las noches más oscuras de tu alma. La noche que mentiste a tus padres. La noche que robaste en la tienda. La noche que entregaste tu virginidad.

Y luego escucha. Escucha con cuidado. Él está hablando…"Tampoco yo te condeno".

Y observa. Observa cuidadosamente. Está escribiendo. Está dejando un mensaje. No en la arena, sino en una cruz. No con su mano, sino con su sangre. Su mensaje tiene dos palabras: no culpable.

UN ÚLTIMO PENSAMIENTO

Quizá has metido la pata. Hasta el fondo. No dejes que la culpa te arrastre por el polvo. Lleva tu delito a Jesús. Confiésalo todo a Él. Pídele que te perdone. Después oye las palabras que dan tanta esperanza: "Tampoco yo te condeno. Ahora vete, y no peques más".

> Así que no miramos las dificultades que
> ahora vemos; en cambio, fijamos nuestra
> vista en cosas que no pueden verse.
>
> [2 Corintios 4:18]

EL TEJEDOR

Hace más de cien años en Inglaterra se derribó una mina, matando a muchos trabajadores en su interior. Pidieron a un obispo consolar a los familiares de las víctimas. Estando delante de la mina, dijo: "Es muy difícil para nosotros entender por qué Dios permite que suceda una catástrofe de este tipo, pero le conocemos y confiamos en Él, y todo estará bien. Tengo en casa un viejo separador de libros que me dio mi madre. Está hecho de seda y, cuando examino la parte de atrás, solo veo una maraña de hilos, cruzándose y entrecruzándose. Parece un grave error. Uno pensaría que lo hizo alguien que no sabía lo que hacía. Pero cuando le doy la vuelta y veo el lado bueno, veo perfectamente bordadas las letras DIOS ES AMOR.

"Estamos hoy ante este hecho", aconsejó, "desde el lado malo. Algún día veremos desde otro punto de vista y entenderemos".[13]

Sin duda lo haremos. Hasta entonces, enfócate menos en los hilos enredados y más en la mano del tejedor.

UN ÚLTIMO PENSAMIENTO

Hilos enredados. ¿No es esa una buena descripción de cuántas veces vemos así la vida? Malentendidos en las relaciones. Acúmulo de tareas. Hilos que no encajan, hoy. Pero quizá, después, veremos cómo todo esto era necesario, dirigido por la mano experta de un tejedor.

Pero ahora quedaron libres del poder del pecado y se han hecho esclavos de Dios. Ahora hacen las cosas que llevan a la santidad y que dan como resultado la vida eterna.

[**ROMANOS 6:22**]

YA NO MÁS DESALIÑADOS

Antes de Jesús, nuestra vida estaba descontrolada, desordenada y centrada en el yo. ¿Te acuerdas? Ni siquiera sabíamos que éramos desaliñados hasta que le conocimos.

Entonces Él vino. Las cosas comenzaron a cambiar. Lo que antes frecuentábamos, comenzamos a desecharlo. Lo que pasábamos por alto lo recogíamos. Lo que había estado desordenado comenzamos a ordenarlo. Oh, había y aún hay momentos en que metemos la pata, pero en términos generales Él puso nuestra casa en orden.

De repente nos vimos queriendo hacer el bien. Ayudar a la familia. Animar a los amigos. ¿Volver al lío de antes? ¿Bromeas? "Pero gracias a Dios que, aunque antes eran esclavos del pecado, ya se han sometido de corazón a la enseñanza que les fue transmitida. En efecto, habiendo sido liberados del pecado, ahora son ustedes esclavos de la justicia" (Romanos 6:17-18).

¿Quién quiere ser un desaliñado egocéntrico? Seguir a Dios y hacer el bien te hace sentir mucho mejor.

UN ÚLTIMO PENSAMIENTO

¿Alguna vez te detienes para mirar a tu vida? ¿Cómo es cuando estás cerca de Jesús y sigues sus enseñanzas? ¿Cómo es cuando no lo haces? Yo no sé tú, pero sin Jesús, mi vida es un lío. Prefiero dejarle que lo ordene. ¿Y tú?

Jesús se acercó a ellos caminando sobre el
agua…Llenos de miedo, clamaron.

[Mateo 14:25-26]

NO TE PIERDAS LA LUZ

De vez en cuando llegará alguna tormenta, y yo miraré al cielo
oscuro y diré: "Dios, ¿un poco de luz por favor?".

La luz llegó para los discípulos. Estaban en el mar en una
noche tormentosa cuando una silueta se acercó a ellos, caminando por el agua. No era lo que esperaban. Quizá esperaban
que descendieran ángeles o que el cielo se abriera. No sabemos
lo que esperaban, pero una cosa es segura, y es que no esperaban que Jesús llegara caminando por el agua. Y como Jesús llegó
de una forma que no esperaban, casi se pierdan ver la respuesta
a sus oraciones.

A menos que miremos y escuchemos atentamente, nos arries-
gamos a cometer el mismo error. ¿Hay algún maremoto de problemas amenazando con volcar el barco de tu vida? Dios está de
camino. Sus luces en nuestras noches oscuras son tan numero-
sas como las estrellas, si solo las esperamos.

UN ÚLTIMO PENSAMIENTO

¿Algún ser querido se ha mudado o ha fallecido? ¿Alguien en
quien confiabas te ha dado la espalda? No cabe duda de que
en nuestra vida a veces sentimos que llegan tormentas oscuras.
Cuando estés en una, no te pierdas la luz de Dios. Quizá te sorprenda con su llegada, pero seguro que va hacia ti.

He aprendido a estar satisfecho en cualquier situación.

[FILIPENSES 4:11, NVI]

ESCOGER ESTAR SATISFECHO

En su libro *Money: A User's Manual,* Bob Russell describe a un granjero que una vez comenzó a estar descontento con su granja. Se quejaba de que el lago en su propiedad siempre había que llenarlo y mantenerlo. Y esas vacas gordas paseando por sus pastos. Y todas las vallas, y darles de comer, ¡qué quebradero de cabeza!

Llamó a un agente inmobiliario e hizo planes para valorar la granja. Pocos días después el agente llamó, pidiendo la aprobación para el anuncio que quería poner en periódico local. Le leyó el anuncio al granjero. Describía una granja encantadora en un sitio ideal, tranquilo y pacífico, rodeado de colinas, alfombrado con blandas praderas, nutrido por un fresco lago, y bendecido con un ganado bien alimentado. El granjero dijo: "Vuelva a leerme el anuncio".

Tras oírlo por segunda vez, tomó una decisión: "He cambiado de idea. No lo quiero vender. He estado buscando un lugar así durante toda mi vida".

UN ÚLTIMO PENSAMIENTO

¿No somos todos como el granjero? Nos quejamos de nuestra familia, nuestros amigos, nuestra escuela y nuestra ropa. En nuestra mente, nos quejamos con Dios. Pero cuando lo miramos desde la perspectiva de otra persona, quizá nos damos cuenta de que ya tenemos justo lo que estamos buscando.

La oración ferviente de una persona justa tiene mucho poder y da resultados maravillosos.

[SANTIAGO 5:16]

FE DESESPERADA

Grandes actos de fe raras veces nacen del pensamiento calmado y ordenado.

No fue la lógica lo que hizo que Moisés levantase su vara en la orilla del mar Rojo y esperase ver abrirse las aguas. No fue el sentido común lo que hizo que Pablo abandonara su vida como fariseo y abrazara la gracia. Y no fue un confiado comité el que oró en un pequeño aposento en Jerusalén para que Pedro fuera liberado de la cárcel. Fue un grupo asustado, agitado de creyentes arrinconados. Fue una iglesia sin opciones. Una congregación de pobres suplicando ayuda. "La iglesia oraba constante y fervientemente a Dios por él" (Hechos 12:5, NVI). Y nunca fueron más fuertes. Sacaron a Pedro de la cárcel con la oración.

Las oraciones desesperadas a menudo son las más poderosas. El impacto de actos impulsivos puede extenderse como un fuego salvaje. *Sí*, eso sí, dependían del combustible de Dios para encender la llama. Al principio de cada gran acto de fe, hay a menudo mucho más que una débil llamita de desesperación.

UN ÚLTIMO PENSAMIENTO

¿Describirías tu fe como desesperada? ¿Poseen tus oraciones la intensidad de la desesperación? Dios oye cada palabra que dices, pero cuando más se conmueve es cuando tus oraciones son súplicas sinceras y cuando tu fe surge del corazón y de la mente.

Quien quiera ser el primero, debe tomar el último lugar y ser el sirviente de todos los demás.

[MARCOS **9:35**]

SÉ EL ÚLTIMO, NO EL PRIMERO

Por regla general, nos vemos ante sutiles pero a la vez importantes decisiones, todas ellas de la categoría de quién va primero: ¿ellos o yo? Cuando comes en el comedor con los chicos que nadie hace caso en vez de con los populares. Cuando pasas tu sábado con tu abuela en la unidad de demencia. Cuando dejas a un lado sueños personales por los demás, te estás negando a ti mismo. "Si alguno de ustedes quiere ser mi seguidor, tiene que abandonar su manera egoísta de vivir, tomar su cruz y seguirme" (Mateo 16:24).

Contempla el ingrediente más sorprendente de un gran día: negarse a sí mismo.

¿No asumimos justo lo opuesto? Los grandes días emergen del terreno del interés propio, la autoexpresión y la autocelebración. ¿Pero negarte a ti mismo? ¿Cuándo fue la última vez que leíste este anuncio: "Vamos. ¡Niégate a ti mismo y ten el mejor tiempo de tu vida!"?

Jesús podía haber escrito esas palabras. En su mundo, los más pequeños son los mayores (Lucas 9:48); los últimos serán los primeros (Marcos 9:35); los sitios escogidos son los asientos olvidados (Lucas 14:8-9). ¿Lo había entendido Él todo al revés? ¿Qué piensas?

UN ÚLTIMO PENSAMIENTO

No es tan fácil servir a otros cuando gran parte de nuestro interés se centra en el yo. La práctica ayuda. ¿Qué puedes hacer en los próximos cinco minutos para poner a otro por delante de ti? ¿A qué esperas?

Si Dios está de nuestra parte, ¿quién
puede estar en contra nuestra?

[Romanos 8:31, nvi]

DIOS ESTÁ DE TU PARTE

La pregunta de Pablo resuena a través de los siglos: "Si Dios está de nuestra parte, ¿quién puede estar en contra nuestra?". La pregunta no es simplemente: "¿Quién puede estar en contra nuestra?". Tú podrías responderla. ¿Quién está en tu contra? Enfermedad, desastres, personas, granos. Las tareas de la escuela y preocupaciones que te desgastan. Una crisis en cada esquina. Si la pregunta de Pablo fuera: "Quién puede estar en contra nuestra?", podríamos enumerar nuestros enemigos más fácilmente que luchar contra ellos. Pero esa no es la pregunta. La pregunta es: *Si Dios está de nuestra parte, ¿quién puede estar en contra nuestra?*

Dios está de tu parte. Tus padres quizá se hayan olvidado de ti, tus maestros quizá te han desatendido, tus hermanos quizá se avergüenzan de ti; pero al alcance de tus oraciones está el creador de los océanos: ¡Dios!

No importa lo mal que te trate la vida, tienes alguien a tu lado que puede ocuparse de tu oponente más duro. Incluso en el día más horrible, hay razón para la esperanza.

UN ÚLTIMO PENSAMIENTO

Mickey y Minnie. Lewis y Clark. Batman y Robin. Cuando tienes problemas, ayuda tener un compañero que esté totalmente comprometido contigo, que esté contigo en la batalla. Y cuando ese alguien es Dios, puedes tener la plena confianza de que la victoria final es tuya.

Si vivimos, para el Señor vivimos; y si morimos,
para el Señor morimos. Así pues, sea que
vivamos o que muramos, del Señor somos.

[ROMANOS 14:8]

CARA A CARA

Mi papá estaba en el hospital, postrado en cama. El final estaba cerca. Una niña llamada Ginger hizo una tarjeta de buenos deseos en su escuela dominical. Ella y su mamá fueron a entregarla en persona.

De algún modo, Ginger tuvo un momento a solas con mi papá y le preguntó como solo podría hacerlo una niña de seis años: "¿Se va usted a morir?". Él tocó su mano y le dijo que se acercara. "Sí, voy a morir. ¿Cuándo? No lo sé".

Ella le preguntó si tenía miedo de irse. "Mi destino es el cielo", le dijo él. "Estaré con mi Padre. Estoy listo para verle cara a cara". En ese momento, la mamá de Ginger y la mía regresaron a la habitación. Ginger le dio a mi padre una sonrisa grande y bonita. Él hizo lo mismo y le hizo un guiño.

Un hombre cerca de su muerte, guiñando al pensar en ello. Años después, Ginger me escribió una nota acerca de ese día. Mi papá le había enseñado algo sobre hacer frente a los problemas, sobre hacer frente incluso a la muerte. "Lo peor que podría ocurrir", escribió, "es irme a ver a 'mi Padre cara a cara'".

UN ÚLTIMO PENSAMIENTO

Cuando aceptas un gran desafío, ¿alguna vez te preguntas: *¿Qué es lo peor que podría ocurrir?* A menudo pensamos que morir es lo "peor". Pero eso es lo divertido de Dios. Él da la vuelta a nuestro pensamiento. Y cuando realmente piensas en ello, "lo peor" de hecho resulta ser lo mejor.

Pues somos la obra maestra de Dios.

[EFESIOS 2:10]

LA OBRA MAESTRA DE DIOS

Hace unos cien años, un grupo de pescadores estaban relaja-dos en una taberna costera de Escocia. Uno de los hombres hizo unos violentos gestos, y golpeó con su brazo la bandeja del té del camarero, enviando la tetera por los aires hasta estrellarse contra la pared blanqueada de cal. El tabernero miró el daño y suspiró: "Tendremos que volver a pintar toda la pared".

"Quizá no", dijo un extraño. "Permítame trabajar en ello".

Sin nada que perder, el tabernero accedió. El hombre sacó lapiceros, brochas y pigmento de una caja de arte y se puso a trabajar. Al cabo del tiempo, comenzó a salir una imagen: un ciervo con una gran cornamenta. El hombre estampó su firma en la parte inferior, pagó su comida, y se fue. Su nombre: Sir Edwin Landseer, famoso pintor de la vida salvaje.

En las manos de Sir Edwin, un error se convirtió en una obra de arte. Las manos de Dios hacen lo mismo, una y otra vez. Para demostrar su amor, dibuja junto a las manchas dispersas de nuestra vida y las convierte en una hermosa obra de arte.

UN ÚLTIMO PENSAMIENTO

Cuando miras todos los errores que has cometido, ves un lío. Como el tabernero, solo quieres volver a pintarlo todo y comenzar de nuevo. Pero Dios ve lo que tú no puedes ver. Él ve un lienzo con posibilidades únicas. Cuando se pone a trabajar en ti, el resultado es impresionante.

Yo soy Yahveh.

[ÉXODO 6:2]

ASOMBRADO CON EL TODOPODEROSO

Los israelitas consideraban que el nombre *Yahveh* era demasia-do santo para que lo pronunciaran los labios humanos. Siempre que tenían que decir *Yahveh*, lo sustituían por la palabra *Adonai*, que significa "Señor". Si tenían que escribir el nombre, los escribas se daban un baño antes de escribirlo y destruían el bolígrafo después.

¿Tratamos a Dios con el mismo respeto hoy día? ¿Aún nos asombramos con el Todopoderoso? Me pregunto si hemos perdido nuestro asombro. Nuestra sociedad prácticamente adora a los famosos modernos. Ya sea una estrella del cine, un icono del rock, o un atleta de élite, rugimos de aprecio cuando aparecen en la pantalla, el escenario o el terreno de juego. ¿Adoramos en la iglesia con la misma intensidad?

Moisés cantó: "¿Quién, Señor, se te compara entre los dioses? ¿Quién se te compara en grandeza y santidad?" (Éxodo 15:11, NVI). Los israelitas no se atrevían ni siquiera a pronunciar su nombre. Seguro que podemos atrevernos a mostrarle nuestro amor, aprecio y respeto.

UN ÚLTIMO PENSAMIENTO

Asombroso es una palabra que se usa mucho estos días. ¿El vestido nuevo de Ally? *Asombroso.* Esa hamburguesa doble que tenías para comer. *Asombrosa.* ¿No hay tareas para hoy? *¡Asombroso!* Quizá, no obstante, deberíamos pensar en lo que es *verdaderamente* asombroso, y eso es Dios. Nada más se acerca.

La lengua puede traer vida o muerte.

[PROVERBIOS **18:21**]

UN PODER POSITIVO

Nathaniel Hawthorne llegó a casa descorazonado. Le acababan de despedir de su trabajo. Su esposa en vez de responder con ansiedad, le sorprendió con gozo. "¡Ahora puedes escribir tu libro!".

Él no era tan positivo. "¿Y de qué viviremos mientras lo escribo?". Para su asombro, ella abrió un cajón y sacó un fajo de dinero que había estado ahorrando del presupuesto del trabajo doméstico. "Siempre supe que eras un genio de hombre", le dijo. "Siempre supe que escribirías una obra de arte".

Ella creyó en su marido. Y por hacerlo, él escribió. Y porque escribió, cada biblioteca de América tiene un ejemplar de *La letra escarlata* de Nathaniel Hawthorne.

Tú tienes el poder de cambiar la vida de alguien simplemente con las palabras que hablas. "La lengua puede traer vida o muerte". Usa sabiamente tu poder, y quizá muy pronto seas testigo de una obra maestra.

UN ÚLTIMO PENSAMIENTO

La Biblia dice que deberíamos "[animarnos] unos a otros cada día" (Hebreos 3:13, NVI). Mark Twain dijo una vez: "Puedo vivir durante dos meses con un buen halago". ¿Dudas del poder de las palabras? Anima a otros con tus palabras, y cambia el mundo.

La vida espiritual nace del Espíritu Santo.

[JUAN 3:6]

LIBERTAD DEL SUFRIMIENTO

Quizá tus padres y hermanos son la definición de una familia disfuncional: desacuerdos y divorcio. Quizá solo has visto el mal: enojo y abuso. Y ahora tienes que tomar una decisión. ¿Superas el pasado y marcas una diferencia? ¿O permites que el pasado te controle y pones excusas?

"Si tan solo hubiera nacido en otra familia". "Si tan solo me hubieran tratado bien". Quizá tú has usado estas palabras. Quizá tienes todo el derecho a usarlas. Si es así, ve al Evangelio de Juan y lee las palabras de Jesús: "El ser humano sólo puede reproducir la vida humana, pero la vida espiritual nace del Espíritu Santo" (Juan 3:6).

Jesús entiende tu dolor porque Él ha estado ahí. Te ofrece una alternativa a la humillación y el dolor. Ámalo. Vive para Él. Acércate a Él para poder oír las palabras que una vez le dijo a una mujer apenada: "—¡Hija, tu fe te ha sanado! —le dijo Jesús—. Vete en paz y queda sana de tu aflicción" (Marcos 5:34, NVI).

UN ÚLTIMO PENSAMIENTO

Cuando ponemos nuestra fe en Cristo, tenemos razón para levantarnos cada mañana a pesar de lo terrible que sea el día que nos espera. La fe es el arma que puede sobrevivir a cualquier enemigo. Es lo que da significado a nuestra vida. Deja atrás el pasado. Pon tu fe en Jesús y en la vida espiritual que viene.

Estén siempre alegres. Nunca dejen de orar.
Sean agradecidos en toda circunstancia, pues
esta es la voluntad de Dios para ustedes,
los que pertenecen a Cristo Jesús.

[1 TESALONICENSES 5:16-18]

UNA ACTITUD DE GRATITUD

Si miras lo suficiente y con intensidad, encontrarás algo de lo que quejarte. ¡Así que deja de mirar! Aparta tus ojos de las malas hierbas. Concéntrate en la gracia de Dios. Y…

Valora los regalos de Dios. Recoge tus bendiciones. Cataloga su bondad. Reúne tus razones para estar agradecido y recítalas. "Estén siempre alegres, oren sin cesar, den gracias a Dios en toda situación, porque esta es su voluntad para ustedes en Cristo Jesús" (1 Tesalonicenses 5:16-18, NVI).

Mira la totalidad de esos términos. Estén *siempre* alegres. Oren *sin cesar*. Den gracias a Dios en *toda* situación. Aprende una lección de Sidney Connell. Cuando le robaron su bicicleta nueva, llamó a su papá para darle la mala noticia. Él esperaba que su hija estuviera triste, pero Sidney no estaba llorando. Se sentía honrada. "Papá", alardeó, "de todas las bicicletas que podían haber robado, escogieron la mía".

Haz que la gratitud sea tu emoción por defecto, y te verás dando gracias incluso por los problemas de la vida.

UN ÚLTIMO PENSAMIENTO

Practiquemos lo que acabamos de aprender. Saca un bolígrafo y un papel y escribe diez cosas por las que estás agradecido. Vamos. Esperaré. No es una mala lista, ¿verdad? Quizá te sorprenda ver cuánto cambia la vida cuando te fijas en la lista en vez de tus problemas. Inténtalo. Quizá te guste.

> Sino que esto sucedió para que la obra de
> Dios se hiciera evidente en su vida.
>
> [JUAN 9:3, NVI]

EL MAYOR BIEN

Cuando sorbes un batido de chocolate y dices: "Está muy bueno", ¿qué estás diciendo? ¿Qué la máquina del helado es buena? ¿Que el helado está bueno? ¿Que el baño de chocolate está bueno? ¿La leche? ¿La taza? ¿La pajita? No, nada de eso. *Lo bueno* se produce cuando los ingredientes trabajan juntos: la máquina echa el helado, se añaden la leche y el chocolate, se mezcla todo en una taza, y lo disfrutas con una pajita. Es la cooperación colectiva de los elementos lo que crea el bien.

Nada en la Biblia nos haría decir que una hambruna es algo *bueno*, o que un ataque al corazón es *bueno*, o que un ataque terrorista es *bueno*. Estas son catástrofes. Sin embargo, cada mensaje de la Biblia nos lleva a creer que Dios lo mezclará con otros ingredientes y sacará de todo ello algo bueno.

Pero debemos dejar que Dios defina lo que es *bueno*. Nuestra definición incluye salud, éxito y popularidad. ¿Su definición? En el caso de su Hijo, la buena vida consistía en problemas, tormentas y muerte. Pero Dios trabajó en todo eso y lo juntó para sacar el mayor bien: su gloria y nuestra salvación.

UN ÚLTIMO PENSAMIENTO

Nuestra vida es un poco como un batido. Se mezclan los ingredientes. Algunos de los ingredientes no impresionan por sí solos. Algunos, rechazos, decepciones, fracasos, son feos. Pero Dios los mezcla y los pone en un brebaje que está deliciosamente bueno.

No se emborrachen con vino, porque eso les arruinará la vida. En cambio, sean llenos del Espíritu Santo.

[EFESIOS 5:18]

SOLO UN TRAGO

Un amigo pone delante de ti una botella de cerveza. Un compañero de clase te ofrece un cigarro de marihuana. Tu mente busca formas de explicar y excusarse, las razones saltan en tu mente como malas hierbas tras una lluvia de verano. *No le hará daño a nadie. Nadie me verá. Soy humano.*

Has oído tantos mensajes acerca de lo malo que es beber y las drogas que tu cabeza está lista para explotar. Pero ¿podría haber algo de verdad detrás de las inagotables palabras de advertencia? Mejor que te lo creas. Yo lo he visto en mi propia familia. "Solo un trago" hace más fácil decir sí de nuevo la próxima vez. Dos tragos se convierten en un hábito. Un hábito se convierte en una adicción y una vida que se escapa de tu control.

Por supuesto, eso les ocurre a los demás, pero no a ti. Pero ¿qué ocurriría si el ejemplo de tu solo un trago ayudara a encaminar a un amigo a una vida de alcoholismo? ¿Cómo podría ese porro herir el corazón del Padre que te observa?

Hazles un favor a todos. Cambia ese único trago por la sabiduría del Único.

UN ÚLTIMO PENSAMIENTO

No todo el mundo está atado a una vida de abuso de sustancias y adicción, pero en cuanto crees que eres intocable es cuando más posibilidades tienes de meterte en problemas. Si te vas a obsesionar con algo, que sea con Dios. Ese es un hábito que merece la pena mantener.

La gente juzga por las apariencias,
pero el Señor mira el corazón.

[1 SAMUEL 16:7]

DIOS VE EL CORAZÓN

"La gente se fija en las apariencias, pero yo me fijo en el corazón" (1 Samuel 16:7, NVI). Estas palabras se escribieron para los inadaptados y rechazados de la sociedad. Dios los usa a todos. Moisés huyó de la justicia. Jonás huyó de Dios. Rahab corrió de un burdel. Dios los usó.

¿Y David? Dios vio a un niño adolescente sirviéndole en un lugar remoto, Belén, en la intersección entre el aburrimiento y el anonimato, y mediante la voz de un hermano, Dios dijo: "¡David! Ven. Alguien quiere verte". Los ojos humanos vieron un adolescente desgarbado entrando en la casa. Sin embargo, "Y el Señor dijo:—Este es, úngelo" (1 Samuel 16:12).

Dios vio lo que nadie más vio: un corazón que buscaba a Dios. David, a pesar de todas sus faltas, buscaba a Dios como una alondra busca el amanecer. Al final, eso es todo lo que Dios quería o necesitaba, todo lo que Él quiere o necesita. Otros miden el tamaño de tu cintura o de tu cartera. Pero Dios no. Él examina los corazones. Cuando encuentra uno que se fija en Él, lo llama y lo reclama.

UN ÚLTIMO PENSAMIENTO

¿Tienes sobrepeso? ¿Estás lleno de acné? ¿No te puedes arreglar bien el cabello? ¿Demasiado alto o bajo? ¿Torpe? ¿Te cuestan las matemáticas? ¿Eres muy lento para crear un argumento ingenioso? Nada de eso le importa a Dios. Él ve lo que hay en tu corazón. Permítele que Él lo use.

DICIEMBRE

Pues nos ha nacido un niño, un hijo se nos ha dado; el gobierno descansará sobre sus hombros, y será llamado: Consejero Maravilloso, Dios poderoso, Padre Eterno, Príncipe de Paz.

[Isaías 9:6]

Pues la voluntad de mi padre es que todos los que vean a su hijo y crean en él tengan vida eterna.

[JUAN 6:40]

CONOCER EL CORAZÓN DE DIOS

Llegamos a conocer el plan de Dios para nuestras vidas pasando tiempo su presencia. La clave para conocer el corazón de Dios es tener una relación con Él. Una relación *personal*. Dios te hablará de una forma diferente a la que use para hablar a otros. Simplemente porque Dios habló a Moisés a través de una zarza ardiente, no significa que todos debamos sentarnos junto a una zarza a esperar a que Dios hable. Dios usó un pez para llamar la atención de Jonás. ¿Esto significa que deberíamos tener reuniones de alabanza en un acuario? No. Dios revela su corazón personalmente a cada persona.

Por esta razón, es esencial pasar tiempo con Dios regularmente. No podemos llegar a entender los deseos que Él tiene para nosotros después de una conversación puntual o una visita semanal. Aprendemos sobre su voluntad a medida que andamos y hablamos con Él cada día. En el desayuno. En el autobús. En clase. En el entrenamiento de baloncesto. Antes de jugar a ese videojuego. A la hora de acostarse.

Anda con Él lo suficiente como para comenzar a conocer su corazón.

UN ÚLTIMO PENSAMIENTO

Respirar es algo automático para nosotros. Necesitamos el aire para vivir, pero no pensamos en el proceso de aspirarlo según avanza el día. Simplemente respiramos. Así debería ser nuestra relación con Dios. Automática. No pensamos en la necesidad de hablar con Dios. Simplemente ocurre, durante todo el día.

Y sabemos que Dios hace que todas las cosas cooperen para el bien de quienes lo aman.

[ROMANOS 8:28]

PROBLEMAS ÚTILES

Normalmente no nos damos cuenta en el momento, pero nuestros problemas pueden ayudarnos. Nos permiten que nos convirtamos en las personas que Dios quiere que seamos. Él usa nuestros problemas para formar nuestro carácter.

Santiago recalca esto en la Biblia. "Amados hermanos, cuando tengan que enfrentar problemas, considérenlo como un tiempo para alegrarse mucho porque ustedes saben que, siempre que se pone a prueba a la fe, la constancia tiene una oportunidad para desarrollarse. Así que dejen que crezca, pues una vez que su constancia se haya desarrollado plenamente, serán perfectos y completos, y no les faltará nada" (Santiago 1:2-4).

El problema de hoy te hace mejor y más fuerte mañana. ¿Acaso no nos ha enseñado este principio la ostra? Un grano de arena invade el caparazón, ¿y cómo responde la ostra? ¿Se gasta mucho dinero comprando cosas para olvidarse del dolor? No. Emite la sustancia que transforma la irritación en una perla. Cada perla es simplemente una victoria sobre las irritaciones.

¿Cómo manejamos nuestros problemas mientras tanto? Confiamos, recordando que "Dios hace que todas las cosas cooperen para el bien de quienes lo aman" (Romanos 8:28).

UN ÚLTIMO PENSAMIENTO

Las palabras de Romanos 8:28 deberían animarte muchísimo. Dios hace que *todo* sea para tu bien. Puede que no siempre Él haga que las cosas malas sucedan, pero Él sabe qué hacer con ellas. Tu tristeza no es en vano. Un día, te conducirá al gozo.

No depositamos ninguna confianza en esfuerzos humanos.

[FILIPENSES **3:3**]

EL PLAN PERFECTO DE DIOS

¿La presión te está afectando? Hay mucha presión. Presión de parte de los padres para sacar las notas más altas para conseguir becas para entrar en la mejor universidad. Presión en tu trabajo de media jornada para llegar antes de la hora, a servir más rápido, y sonreír más. Presión del profesor de música para mantener a raya a esos saxofonistas alborotados. Presión de un grupo de amigos para decir y llevar puesto lo adecuado. Presión de otro grupo para trabajar menos y salir más.

Y luego está la presión que te pones a ti mismo. *Quieres* ser el mejor. Sí, es difícil hacer que todos estén contentos. Pero es todo parte del plan. Simplemente debe ser perfecto. Eso es lo que Dios espera, ¿verdad?

En realidad, Dios tiene una idea mejor: "Dios los salvó por su gracia cuando creyeron. Ustedes no tiene ningún mérito en eso; es un regalo de Dios" (Efesios 2:8). Nosotros no contribuimos en nada. Cero. Contrariamente a las insignias de mérito de los Scout, la salvación del alma no hay que ganársela. Es un regalo. Nuestros méritos no tienen mérito. El trabajo de Dios se lleva todo el mérito.

UN ÚLTIMO PENSAMIENTO

Hay un problema con el hecho de siempre intentar lograr la perfección; nunca lo conseguiremos. ¿Bien? Puede. ¿Estresados? Seguro. Pero ¿perfectos? Eso le corresponde a Dios. La salvación es algo que nosotros no *hacemos*. Simplemente confiesa tus pecados y cree. Es el plan perfecto de Dios.

¡Tengan cuidado con toda clase de avaricia!

[LUCAS **12:15**]

OBSESIÓN CON LA POSESIÓN

En la década de 1900, la persona promedio residente en los Estados Unidos quería setenta y dos cosas diferentes y consideraba que dieciocho de ellas eran esenciales. En la actualidad, la persona promedio quiere quinientas cosas y considera que cien de ellas son esenciales.

Nuestra obsesión con las cosas materiales viene acompañada de un elevado precio. El ochenta por ciento de las personas lidia con la presión de recibos vencidos. Gastamos el 110 por ciento de nuestro dinero intentando controlar las deudas. Y sabes perfectamente que algunos de tus amigos, e incluso tú también, no pueden esperar para conseguir el último disco, el último iPhone, o unas zapatillas de marca.

¿Quién puede mantenerse al día? Ya no nos comparamos a los vecinos de al lado, sino a la estrella que aparece en la pantalla o al fuerte de la portada de una revista. Los pendientes de diamantes de Hollywood hacen que los tuyos parezcan juguetitos salidos de una máquina expendedora. Si siempre pensamos que necesitamos más, ¿tendremos suficiente en algún momento? No. Por esta razón Jesús nos advierte: "¡Tengan cuidado con toda clase de avaricia!" (Lucas 12:15).

UN ÚLTIMO PENSAMIENTO

Tómate un momento ahora mismo para pensar acerca de las cosas materiales en tu vida. ¿Cuántas de ellas realmente necesitas? ¿Pagarlo, jugar con ello, cuidarlo, almacenarlo, o arreglarlo le está quitando tiempo a Dios, a tu familia, o a tus amigos? Pensamos que somos dueños de nuestras cosas materiales. Demasiadas veces, ellas son dueñas de nosotros.

De la misma manera, dejen que sus buenas
acciones brillen a la vista de todos, para
que todos alaben a su Padre celestial.

[Mateo 5:16]

AMABILIDAD DIARIA

En los últimos días de su vida, Jesús tuvo una comida con sus amigos Lázaro, Marta y María. Para María, sin embargo, preparar la comida no era suficiente. "Entonces María tomó un frasco con casi medio litro de un costoso perfume preparado con esencia de nardo, le ungió los pies a Jesús y los secó con sus propios cabellos. La casa se llenó de la fragancia del perfume" (Juan 12:3). Jesús recibió esto como una generosa demostración de amor, una amiga rindiendo su más preciado regalo.

Sigue el ejemplo de María.

Hay un hombre mayor en tu comunidad que acaba de perder a su mujer. Una hora de tu tiempo significaría mucho para él. Algunos de tus compañeros de escuela no tienen padre. No tienen un padre que les lleve al cine o a ver partidos de béisbol. Tal vez tú y tu padre podrían llevarles.

¿Qué te parece esto? Saliendo de tu habitación, un poco más adelante del pasillo hay una persona que comparte tu apellido. Sorpréndele con amabilidad. Haz algo radical. Haz los deberes sin quejarte. Prepara un café antes de que se despierte. Escribe una nota de amor sin razón aparente. Diariamente, haz algo que no se pueda pagar.

UN ÚLTIMO PENSAMIENTO

Nunca podremos saber cuánto significará para alguien un "momento María". ¿Reconfortante? Probablemente. ¿Alentador? Seguro. Tal vez incluso más. A veces, tu detalle inspirado por Dios es exactamente lo que un alma dolorida necesita para sobrevivir un día más.

No se asocien íntimamente con los que son incrédulos.
¿Cómo puede la justicia asociarse con la maldad?

[2 Corintios 6:14]

EL COMPAÑERO ADECUADO

Seguro que alguna vez has soñado despierto con estar casado algún día. Pero ¿cómo escogerás un compañero para toda la vida?

Una persona toma dos grandes decisiones en su vida. La primera tiene que ver con la fe. La segunda tiene que ver con la familia. La primera define la segunda. Tu Dios define tu familia. Si tu Dios eres tú mismo, entonces tú pones las reglas porque tu matrimonio es para tu placer y nada más. Pero si tu Dios es Cristo, entonces Él pone las reglas porque tu matrimonio es para honrarle a Él. Y Él tiene una opinión acerca de tu decisión al escoger un compañero. "No se asocien íntimamente con los que son incrédulos. ¿Cómo puede la justicia asociarse con la maldad?" (2 Corintios 6:14).

Cásate con alguien que ame a Dios más que tú. Cuanto más tiempo salgas con un no creyente, más pospondrás la oportunidad de que Dios traiga a tu camino a la persona correcta. Si eres un hijo de Dios y te casas con un hijo del diablo, vas a tener problemas con tu suegro.

UN ÚLTIMO PENSAMIENTO

Tu amigo viene a recogerte para dar una vuelta en el auto. Tú quieres ir a la tienda. Pero él quiere ir a México. ¡Tienen un problema! Lo mismo ocurre cuando te casas. Si la meta de tu compañero es hacerse rico y la tuya es ir al cielo, va a ser un viaje largo y duro.

Tenemos un abogado que defiende nuestro caso ante el Padre. Es Jesucristo, el que es verdaderamente justo.

[1 JUAN 2:1]

DIOS ENTIENDE TUS GEMIDOS

¿Sabías que si estás involucrado en un juicio legal, no siempre tienes que estar presente en el tribunal? Algunas veces tu abogado puede hablar por ti. Él entiende los procedimientos judiciales que tú no entiendes, y él habla jerga legal mientras que tú te atascas con la mayoría de las palabras.

Puede que nunca hayas ido a juicio, pero aun así puede que estés viviendo en crisis. Una crisis que te tiene tan agotado y estresado que no puedes ni siquiera hablar con Dios. La buena noticia es que tú también tienes un abogado que te representa ante el Padre. Cuando tú eres tímido, Jesús habla. Él nos defiende cuando no podemos hablar nosotros. Y tenemos la ayuda del Espíritu Santo, que "intercede por nosotros con gemidos que no pueden expresarse con palabras" (Romanos 8:26-27, NVI). ¿Esos desagradables sonidos que proceden de tu alma cansada? Está bien. El Espíritu Santo habla el idioma de los gemidos. "Uhhggghhh"–ayúdame, Señor. Sácame de este sufrimiento. "Uhhhhhh"; no sé qué hacer. Este dolor es demasiado para mí. "Ooohhhhhh"; ¿dónde está todo el mundo?

Dios te entiende cuando estás tan sobrecogido que no puedes ni orar.

UN ÚLTIMO PENSAMIENTO

Dios lo entiende. Cuando te acercas a Él, Él no espera palabras complicadas que sorprenderían a tu maestro de lengua. Él ve tu corazón. Un gemido, una mirada, un suspiro; Él habla en todos los idiomas. Te entiende.

Él da poder a los indefensos y fortaleza a los débiles.

[ISAÍAS **40:29**]

VER LO INVISIBLE

Un ejemplo de fe se encontró en la pared de un campo de concentración. En ella, un prisionero había tallado las siguientes palabras:

"Creo en el sol, a pesar de que no brilla. Creo en el amor, incluso cuando no se muestra. Creo en Dios, incluso cuando Él no habla".

Intento imaginarme a la persona que grabó esas palabras. Intento imaginarme su mano esquelética agarrando el trozo de cristal o piedra que usó para tallar en la pared. Trato de imaginarme sus ojos intentando ajustarse a la oscuridad a medida que grababa cada letra. ¿Qué mano pudo haber grabado tal convicción? ¿Qué ojos pudieron haber visto lo bueno en medio de tanto horror?

Tan solo hay una respuesta: ojos que entienden las palabras de Pablo. "Así que no nos fijamos en lo visible sino en lo invisible, ya que lo que se ve es pasajero, mientras que lo que no se ve es eterno" (2 Corintios 4:18). ¿Ves lo que no se ve?

UN ÚLTIMO PENSAMIENTO

¿Cómo está tu vista? ¿Eres capaz de ver la bondad y el amor más allá de tus problemas? Ahí es donde Dios vive: entre bastidores, en el trabajo, haciendo que las dificultades de hoy se conviertan en un mañana mejor.

Me dije: Le confesaré mis rebeliones al Señor, ¡y tú me perdonaste! Toda mi culpa desapareció.

[SALMOS 32:5]

EL PUENTE DE LA CONFESIÓN

Una vez, hubo un par de granjeros que no conseguían llevarse bien entre ellos. Un ancho barranco separaba sus dos fincas, pero como muestra de su mutuo desagrado el uno por el otro, cada uno construyó una valla en su lado del barranco para que el otro no pudiera entrar.

Con el tiempo, sin embargo, la hija de uno conoció al hijo del otro, y los dos enamoraron. Decididos a no dejarse separar por sus padres necios, derribaron las vallas y usaron la madera para construir un puente a través del barranco.

La confesión hace eso. El pecado confesado se convierte en el puente que nos permite volver a la presencia de Dios. ¿Hay un barranco en tu relación con Dios? ¿Estás ocultándole algo a Dios? ¿Comportamiento malo? ¿Malas actitudes? ¿Deshonestidad? ¿Duda?

Cuéntaselo a Dios ahora mismo. Echa abajo las vallas. Construye un puente que te lleve de vuelta a Él.

UN ÚLTIMO PENSAMIENTO

Lee el Salmo 32. ¿Qué le pasó a David cuando se calló las cosas que había hecho mal? ¿Qué cambió cuando confesó? ¿Acaso no te sientes más cerca de amigos que confían en ti lo suficiente como para contarte todo? Eso es justo lo que Dios quiere de ti.

Entonces, después de que hayan sufrido un poco de tiempo, él los restaurará, los sostendrá, los fortalecerá.

[1 PEDRO 5:10]

LA GRACIA ES LO ÚNICO QUE NECESITAS

Pablo escribió: "Se me dio una espina en mi carne, un mensajero de Satanás para atormentarme e impedir que me volviera orgulloso. En tres ocasiones distintas, le supliqué al Señor que me la quitara. Cada vez él me dijo: 'Mi gracia es todo lo que necesitas'" (2 Corintios 12:7–9).

Qué imagen más gráfica. La terminación puntiaguda de un aguijón atraviesa la blanda piel de la vida y se aloja bajo la superficie. Cada paso es un recordatorio del aguijón clavado en la carne. La enfermedad en el cuerpo. La tristeza en el corazón. La hermana en el centro de rehabilitación. El padre que se va de casa. Esa mala nota en las calificaciones finales. El anhelo de ser uno de los populares.

"Quítalo", has suplicado. La herida duele, y no ves indicios de unas pinzas que vengan del cielo. Pero lo que escuchas es esto: "Mi gracia es lo único que necesitas".

La gracia de Dios no es una suave ducha que quita el problema. Es un río furioso y rugiente cuya corriente te tira al suelo y te lleva la presencia de Dios.

UN ÚLTIMO PENSAMIENTO

La inmensa gracia de Dios barre todo lo demás que haya en el paisaje. No es raquítica, sino abundante. No pequeña, sino torrencial. No es mini, sino majestuosa. Se encuentra con nosotros ahora mismo y nos da coraje, sabiduría y fortaleza. Así que aguanta; ¡la siguiente ola está por llegar!

Incluso antes de haber hecho el mundo, Dios
nos amó y nos eligió en Cristo para que
seamos santos e intachables a sus ojos.

[EFESIOS 1:4]

ESCOGIDOS

¿**A**caso no anhelamos todos ser amados y aceptados? ¿Pertenecer? Hay muchos mensajes que nos dicen que nada de esto es posible. Nos dejan de lado en el equipo de baloncesto. Nos excluyen de las entregas de premios. No nos invitan a la pijamada. Cualquier cosa, desde acné hasta anorexia, nos hace sentir como el niño que no tiene pareja para la fiesta.

Reaccionamos. Hacemos que nuestra existencia cuente llenándola de actividades. Hacemos más cosas, compramos más cosas, y conseguimos más cosas. Intentamos decir lo correcto, tener la apariencia correcta, y juntarnos con las personas correctas. Intentamos encajar. Todo esto es una forma de hacer la pregunta que quema en nuestro corazón: "¿Pertenezco?".

Dios tiene una respuesta. Su gracia, escandalosa, abundante, y de grande como de aquí a las estrellas y vuelta, es la respuesta definitiva. "Hijo mío, seas bendecido. Yo te amo. Te acepto. Te he adoptado para que formes parte de mi familia".

Los hijos adoptados son hijos escogidos.

UN ÚLTIMO PENSAMIENTO

Tómate un momento para pensar en esto. Asegúrate de entenderlo. Aceptarlo. ¡Disfrútalo! Hay algo en ti que Dios ama. *Tú* haces que sus ojos se abran de asombro y que su corazón lata más deprisa. Él te *escogió* para que formaras parte de su familia. Nunca lo dudes. Nunca lo olvides.

Capturamos los pensamientos rebeldes y
enseñamos a las personas a obedecer a Cristo.

[**2 Corintios 10:5**]

PENSAMIENTOS CAPTURADOS

Capturar los pensamientos es algo serio. Para Jesús lo fue. ¿Recuerdas los pensamientos que le llegaron por cortesía de la boca de Pedro? Jesús había predicho su muerte, sepultura, y resurrección, pero Pedro no pudo aceptarlo. "Entonces Pedro lo llevó aparte y comenzó a reprenderlo por decir semejantes cosas...Jesús se dirigió a Pedro y le dijo:—¡Aléjate de mí, Satanás! Representas una trampa peligrosa para mí. Ves las cosas solamente desde el punto de vista humano, no desde el punto de vista de Dios" (Mateo 16:22–23).

¿Te das cuenta de la decisión con la que habla Jesús? Un pensamiento malo le llega. Él es tentado a darle vueltas. Saltarse la muerte en la cruz sería algo bueno. Pero ¿qué es lo que hace? Se para en la entrada al muelle y dice: "Aléjate de mí". Como queriendo decir: "No te permito entrar en mi mente".

¿Qué pasaría si tú hicieras eso? ¿Qué pasaría si llevaras todo pensamiento cautivo?

UN ÚLTIMO PENSAMIENTO

Seguro que han llegado a tu mente algunos pensamientos malos. Especialmente después que al mesero se le olvida la propina en la mesa de la cafetería. Especialmente después de que alguien te insulta. ¿Puedes ser igual de decisivo que Jesús? En el momento en que detectes al intruso, intenta decir "¡Aléjate de mí!".

Con sus plumas te cubrirá
y con sus alas te dará refugio.

[SALMOS 91:4]

DIOS, TU GUARDIÁN

Cuando yo iba a la universidad, mis amigos y yo escapamos por poco de una tormenta de las del sur de Texas antes de que golpeara el parque donde estábamos pasando la tarde de un sábado. Cuando nos íbamos, mi amigo detuvo el auto y señaló una tierna escena en el suelo. Una madre pájaro estaba sentada, expuesta a la lluvia, extendiendo su ala sobre su bebé que se había caído del nido. La feroz tormenta no le permitía regresar al árbol; por tanto, cubrió a su hijo hasta que el viento pasó.

¿De cuántos vientos te está protegiendo Dios? Su ala, en este momento, te está escudando. Un matón que se dirige hacia ti a través del pasillo es interrumpido por una pregunta de una profesora. Un ladrón, de camino a tu casa, pincha una rueda. Un conductor borracho se queda sin gasolina antes de que tu auto pase al lado del suyo. "Pues él ordenará a sus ángeles que te protejan por donde vayas" (Salmos 91:11). Dios, tu guardián, te protege.

UN ÚLTIMO PENSAMIENTO

¿Te sientes expuesto a las tormentas de la vida? Lee el Salmo 91, una maravillosa promesa de parte de Dios. Cuando nosotros le llamamos y hablamos a otros acerca de ese amor, Él actúa y nos protege. "...estaré con ellos en medio de las dificultades. Los rescataré y los honraré" (v. 15).

¡Gracias a Dios por este don que es tan maravilloso
que no puede describirse con palabras!

[**2 Corintios 9:15**]

LOS MARAVILLOSOS REGALOS DE DIOS

¿**P**or qué lo hizo? Una caseta hubiera sido suficiente, pero Él
nos dio una mansión. ¿Estaba obligado a darles a los pájaros una canción y a las montañas una cima? ¿Estaba obligado a
ponerle rayas a la cebra y la joroba al camello? ¿Por qué hizo la
creación con tanto esplendor? ¿Por qué complicarse tanto para
darnos tales regalos?

¿Por qué lo haces tú? Te he visto cuando buscabas un regalo. Te he visto recorrer los pasillos de los centros comerciales.
No estoy hablando de los regalos que tienes que hacer. Estoy
hablando acerca de esa persona extra especial y ese regalo extra
especial. ¿Por qué lo haces? Lo haces para que el corazón deje
de latir. Lo haces para que la boca se abra de asombro. Lo haces
para escuchar esas palabras de asombro: "¿Has hecho esto por
mí?".

Esa es la razón por la que lo haces. Y por eso mismo lo hizo
Dios. La próxima vez que un amanecer te quite el aliento o un
campo de flores te deje sin habla, quédate quieto. No digas nada
y escucha cómo el cielo susurra: "¿Te gusta? Lo he hecho sólo
para ti".

UN ÚLTIMO PENSAMIENTO

¿Te emocionas cuando encuentras el regalo perfecto para un
amigo o familiar? ¿Estás impaciente por ver sus caras cuando lo
abran? Cuando intercambies regalos esta Navidad, recuerda el
placer que le produce a Dios vernos contentos por sus regalos.

Los que creen en el Hijo de Dios tienen vida eterna.

[Juan 3:36]

CRISTIANOS DE COMPUTADORA

Cristianismo computarizado. Pulsa los botones adecuados, introduce el código correcto, pon los datos correspondientes, y bingo, imprime tu propia salvación.

Tú haz tu parte y la Computadora divina hace la suya. No hay necesidad de orar (después de todo, tú eres quien controla el teclado). Sin implicaciones emocionales (nadie quiere dar abrazos a los circuitos electrónicos). ¿Y alabanza? Bueno, la alabanza es un ejercicio de laboratorio; inserta los rituales y verás los resultados.

Religión por computadora. Eso es lo que pasa cuando sustituyes al Dios viviente por un sistema frío. Cuando sustituyes el amor inestimable por un presupuesto rígido y exacto. Cuando sustituyes el sacrificio definitivo de Cristo por los ridículos logros del hombre.

¿Y qué pasa con lo personal, seguramente preguntes? ¿Qué pasa con la relación con el que te rescató? ¿Qué hay de pertenecer a la familia de Dios? "Caminaré entre ustedes; seré su Dios, y ustedes serán mi pueblo" (Levítico 26:12). Eso es algo completamente diferente. Eso es fe real.

UN ÚLTIMO PENSAMIENTO

La fe en Dios se trata de mucho más que tan solo aplicar la lógica y seguir ciertas reglas. No es un concepto abstracto que existe simplemente para estudiarlo. Conlleva conectar con Cristo a nivel personal e íntimo. Es emocional y espiritual, y también intelectual. Es algo vivo. Es amor.

Alégrense con los que están alegres
y lloren con los que lloran.

[Romanos **12:15**]

CUANDO EL AMOR ES REAL

El verano de antes de entrar en octavo curso, me hice amigo de un chico llamado Larry. Era nuevo en la ciudad, así que lo animé a entrar al equipo de fútbol americano de la escuela. El resultado fue una situación de buenas y malas noticias. ¿Las buenas noticias? Consiguió entrar en el equipo. ¿Las malas noticias? Se ganó mi posición. Intenté alegrarme por él, pero fue muy difícil.

Una semana después de que empezara la temporada, Larry se cayó de una moto y se rompió un dedo. Recuerdo el día que se paró frente a la puerta de mi casa mostrándome su mano vendada. "Parece que vas a tener que jugar". Intenté sentirme mal por él, pero fue difícil. El versículo de la Biblia fue mucho más fácil de escribir para Pablo de lo que fue para mí ponerlo en práctica. "Alégrense con los que están alegres y lloren con los que lloran" (Romanos 12:15).

¿Quieres averiguar si tu amor por alguien es real? Fíjate en cómo te sientes cuando esa persona tiene éxito. Dios se regocijará. Espero que tú también.

UN ÚLTIMO PENSAMIENTO

Te alegras cuando a tus amigos les va bien, ¿o tus comentarios les desaniman? ¿Te compadeces de tus amigos cuando pasan por pruebas, o los "animas" con frases hechas? El amor sale al encuentro de las personas en el lugar donde están. Igual que la forma en que Cristo sale a nuestro encuentro.

Pues los sufrimientos ligeros y efímeros que ahora
padecemos producen una gloria eterna que
vale muchísimo más que todo sufrimiento.

[2 Corintios 4:17]

EL COMPOSITOR MAESTRO

Cada Navidad, músicos de alrededor del mundo se juntan para interpretar el famoso oratorio de George Frideric Handel, *El Mesías*. La obra completa tiene más de cien páginas. Pero imagínate que cuando George la estaba escribiendo, su esposa se encontrase con una página que solo tenía un compás en un tono menor. Imagínate que ella, con el fragmento sin sentido, irrumpe en su estudio y dice: "Esta música no tiene sentido. Eres un pésimo compositor". ¿Qué pensaría él?

Quizás es similar a lo que Dios piensa cuando hacemos lo mismo. Señalamos nuestra tonalidad menor, nuestra pierna rota, nuestros padres divorciados, o nuestro hermano enfermo. "¡Esto no tiene sentido!". Pero, de toda su creación, ¿cuánto hemos visto? Tan solo hemos mirado por el ojo de la cerradura. Y de todo su trabajo, ¿cuánto entendemos? Tan solo un poco. ¿Qué pasaría si la respuesta de Dios para el sufrimiento requiere más megabytes de lo que nuestras pequeñas mentes son capaces de almacenar? Piénsalo.

UN ÚLTIMO PENSAMIENTO

Imagina la genialidad de alguien como Beethoven, componiendo sinfonías preciosas incluso después de quedarse sordo, escuchando la mezcla de cada parte tan compleja tan solo en su mente. Ahora multiplica esa genialidad, y comenzarás a tener una vaga idea de lo que Dios hace cuando compone la sinfonía de nuestras vidas.

Hoy les ha nacido en la ciudad de David un Salvador.

[Lucas 2:11]

EL REGALO PERFECTO

Sé que no deberíamos quejarnos. Pero, honestamente, cuando alguien te da dulces de Navidad de hace dos años y dice: "Esto es para ti," ¿no detectas una falta de creatividad? Pero cuando una persona te da un regalo genuino, ¿acaso no valoras la presencia del afecto? Las galletas caseras, las entradas para ver a tu grupo de música favorito, el poema personalizado, el libro de Lucado. Esos regalos te convencen de que alguien planeó, preparó, ahorró y buscó. ¿Una decisión de última hora? No, este regalo era especialmente para ti.

¿Alguna vez has recibido un regalo así? Sí, lo has hecho. Lo siento por hablar por ti, pero sé la respuesta desde antes de hacer la pregunta. Has recibido un regalo perfecto y personal. Uno que era solo para ti. "Porque *os* ha nacido hoy, en la ciudad de David, un Salvador, que es Cristo el Señor" (Lucas 2:11, LBLA).

Un ángel pronunció estas palabras. Los primeros en escucharlas fueron unos pastores. Pero lo que él ángel les dijo a ellos, Dios lo dice también a cualquiera que escuche. "Porque *os* ha nacido...", Jesús es el regalo.

UN ÚLTIMO PENSAMIENTO

¿Así que has hecho tu lista de regalos de Navidad? ¿La has revisado? Antes de que nos dejemos llevar soñando con el CD o el juego de Xbox que *debemos* tener, seamos agradecidos por el regalo que ya tenemos: el mejor regalo de todos.

> Y estamos seguros de que él nos oye cada
> vez que le pedimos algo que le agrada.
>
> [1 JUAN 5:14]

PIDE Y CREE

"**U**stedes pueden orar por cualquier cosa, y si tienen fe en la recibirán" (Mateo 21:22).

No reduzcas esta gran afirmación a la categoría de una nueva Xbox o una nueva guitarra, una habitación más grande o mejor ropa, más pizza o más popularidad. No limites la promesa de este pasaje a caprichos y favores egoístas. El fruto que Dios asegura es más que riquezas terrenales. Sus sueños son mucho más ambiciosos que placeres y posesiones temporales.

Dios quiere que tú vueles. Quiere que vueles siendo libre de la culpa de ayer. Quiere que vueles libre de los temores de hoy. Quiere que vueles libre de la tumba del mañana. El pecado, el temor, y la muerte. Esas son las montañas que Él ha movido. Esas son oraciones que Él contestará. Ese es el fruto que te concederá cuando le pidas lo que a Él le agrada. Eso es lo que Él anhela hacer.

UN ÚLTIMO PENSAMIENTO

Lee las palabras de 1 Juan 5:14–15, cerca del final de tu Biblia. Parece ser que cuando estamos lo suficientemente cerca de Dios como para entender lo que Él desea y lo pedimos en oración, podemos estar seguros de que lo recibiremos. ¡Eso es emocionante! Debería hacer que quisiéramos orar siempre que tengamos la oportunidad de hacerlo.

Dile esto al pueblo de Israel: "YO SOY
me ha enviado a ustedes".

[ÉXODO 3:14]

AQUEL QUE ES

¿**C**onoces a alguien que vaya por ahí diciendo: "Yo soy"? Yo tampoco. Cuando nosotros decimos "Yo soy", siempre añadimos otra palabra. "Yo soy *alegre*". "Yo soy *triste*". "Yo soy *fuerte*". "Yo soy *Max*". Dios, sin embargo, afirma simplemente: "YO SOY" y no añade nada más.

"¿Tú eres qué?", queremos preguntar. "YO SOY", Él responde. Dios no necesita ninguna palabra descriptiva porque Él nunca cambia. Dios es lo que es. Él es lo que siempre ha sido. Su naturaleza inalterable motivó al salmista a declarar: "Pero tú eres el mismo" (Salmos 102:27, RVR60). El escritor está diciendo: "Tú eres aquel que es. Tú nunca cambias".

Hay muchas cosas a las que tienes que adaptarte en la vida. Parece que todo cambia. Clases nuevas cada semestre. Nuevos amigos cuando los viejos te ignoran. Nuevos sentimientos a medida que tu cuerpo se desarrolla. Nuevas normas a medida que te haces más mayor. ¿No es bueno saber que puedes confiar en algo permanente? Yahvé es un Dios que no cambia.

UN ÚLTIMO PENSAMIENTO

Todo comienza en algún lugar o en algún momento, ¿verdad? Todas las cosas deben tener un principio. Todo, menos Dios. Él fue, es, y siempre será. Su naturaleza inmutable y su amor son algunos de los grandes misterios del universo y algunos de los más grandes regalos en nuestras vidas.

Mas era necesario hacer fiesta y regocijarnos, porque
este tu hermano…se había perdido, y es hallado.

[LUCAS 15:32, RVR60]

NO HAY PRECIO QUE SEA DEMASIADO ALTO

Cuando nuestra hija mayor, Jenna, tenía dos años, la perdí en
unos grandes almacenes. Estaba a mi lado y de repente desapareció. Me entró el pánico. De repente, tan solo importaba una
cosa: tenía que encontrar a mi hija. Comprar se me olvidó. La
lista de cosas que había ido a comprar perdió toda importancia. Grité su nombre. Lo que la gente pensara no me importaba.
Durante unos minutos, cada gramo de energía tenía una meta:
encontrar a mi hija perdida. (La encontré, por cierto. ¡Estaba
escondida detrás de algunas chaquetas!)

No hay precio que un padre pueda pagar que sea demasiado
alto para rescatar a su hijo. Ningunas energías empleadas son
demasiadas. Ningún esfuerzo es demasiado grande. Un padre
hará lo que sea para encontrar a su hijo o hija.

Dios hará lo mismo.

Apúntalo. La mayor creación de Dios no son las estrellas o los
abismos; es un plan eterno de alcanzar a sus hijos.

UN ÚLTIMO PENSAMIENTO

Imagina perder de repente la pista de tu hermano o hermana
menor, o tu mascota favorita. En un instante, tienes que enfrentar la posibilidad de que puede que nunca más veas a esa persona o a la mascota que amas. Harías casi lo que fuera para
recuperarlo, ¿verdad? Eso es un destello de lo que Dios siente
por ti.

Estén siempre llenos de alegría en el
Señor. Lo repito, ¡alégrense!

[FILIPENSES **4:4**]

UNA CARTA DE GOZO

Ven conmigo un par de miles de años atrás en la historia.
Vamos a Roma, a una pequeña habitación más bien monótona. En el interior, vemos a un hombre sentado en el suelo. Es mayor, tiene los hombros encorvados y se está quedando calvo. Hay cadenas en sus manos y en sus pies. Es el apóstol Pablo. El apóstol que estaba atado tan solo a la voluntad de Dios, ahora está encadenado, atrapado en una lúgubre casa, unido a un oficial romano.

Pablo, el prisionero, tiene un mensaje para comunicar. Aquí no hay correo electrónico, sin embargo. Tampoco hay Facebook. Por tanto, Pablo escribe una carta. Sin duda es una carta de queja a Dios. Sin duda es una lista de sufrimientos. Tiene razones para estar amargado y quejarse. Pero no lo hace. En lugar de ello, escribe una carta que dos mil años después todavía se conoce como el tratado sobre el gozo: Filipenses.

¿Cómo puede un hombre encadenado escribir acerca de estar "llenos de alegría en el Señor" (Filipenses 4:4)? La respuesta para él, y para ti, es Jesús, que trae gozo al mundo.

UN ÚLTIMO PENSAMIENTO

Pablo había pasado por todo: amenazas, tortura, crisis de salud y encarcelamiento. Aun así, mientras estaba sentado bajo el guarda romano escribiendo su carta a los Filipenses, la emoción que prevaleció fue el gozo. Léelo por ti mismo y descubre su secreto.

Pues nos ha nacido un niño...y será llamado: Consejero Maravilloso, Dios Poderoso...Príncipe de Paz.

[ISAÍAS 9:6]

LO QUE NECESITAMOS

Cada Navidad leo este recordatorio de Roy Lessin que me llegó por correo hace algunos años:

"Si nuestra mayor necesidad hubiera sido la información, Dios habría mandado a un maestro. Si nuestra mayor necesidad hubiera sido la tecnología, Dios nos habría mandado a un científico. Si nuestra mayor necesidad hubiera sido dinero, Dios nos habría mandado un economista. Pero como nuestra mayor necesidad era el perdón, Dios nos mandó un Salvador".

¿Los mensajes de las tarjetas de Navidad te parecen cursis? A lo mejor lo son. Aun así, sus frases simples pueden atravesar el caos y plasmar la verdadera razón de la celebración. Dios sabía lo que necesitábamos. Se hizo igual a nosotros para que nosotros pudiéramos hacernos igual a Él. Los ángeles aún cantan y la estrella aún nos señala que nos acerquemos más.

Y Él aún nos ama a cada uno de nosotros como si solo hubiera uno a quien amar.

UN ÚLTIMO PENSAMIENTO

La época de la Navidad puede ser loca. Demasiadas compras. Demasiadas fiestas con tus padres en las que no conoces a nadie. Nada de eso es importante. Pero ¿Dios haciéndose bebé para que nosotros pudiéramos tener una nueva vida con Él? Eso sí es importante.

"¡Mira! Yo estoy a la puerta y llamo".

[Apocalipsis **3:20**]

¿SITIO PARA DIOS?

Algunas de las palabras más tristes en la tierra son: "No tenemos lugar para ti". Ya sea un lugar en el auto para ir al partido, o un puesto en el equipo, esas palabras duelen.

Jesús había escuchado esas palabras. Él estaba aún en el vientre de María cuando el gerente de la posada dijo: "No tenemos lugar para ustedes". Y cuando fue colgado en la cruz, ¿acaso el mensaje no fue de rechazo definitivo? "No tenemos lugar para ti en este mundo".

Incluso hoy día, a Jesús se le trata igual. Él va de corazón en corazón, preguntando si puede entrar. De vez en cuando, es bienvenido. Alguien abre la puerta de su corazón y le invita a quedarse. Y a esa persona Jesús le da esta gran promesa: "En el hogar de mi Padre, hay lugar más que suficiente".

¡Qué maravillosa promesa nos hace! Nosotros le preparamos un lugar en nuestro corazón, y Él nos prepara un lugar en su casa.

UN ÚLTIMO PENSAMIENTO

María era una adolescente embarazada, y José era mucho más mayor, cuando el gerente de la posada les rechazó. Jesús nació en una familia terrenal que conocía bien el rechazo. A lo mejor esa es una de las razones por las que Él está tan decidido a invitarte a su santa familia.

Su reinado no tendrá fin.

[Lucas **1:33**]

UN NACIMIENTO HUMILDE

Ella mira al bebé a los ojos. Su hijo. Su Señor. Su Majestad. En este punto de la historia, el ser humano que entiende mejor quién es Dios y qué está haciendo es una adolescente en un establo maloliente. Ella no puede quitarle los ojos de encima. De alguna manera, María sabe que está sosteniendo a Dios. Así que este es Él. Ella recuerda las palabras del ángel. "Su reinado no tendrá fin".

Parece todo menos un rey. Su cara está arrugada y roja. Su llanto, a pesar de ser fuerte y sano, sigue siendo el impotente y estridente llanto de un bebé. Y su bienestar depende totalmente de María.

Majestuosidad en medio de lo cotidiano y común. Santidad en la sociedad del estiércol de oveja y el sudor. Dios llegando al mundo sobre el suelo de un establo, a través del vientre de una adolescente, y en presencia de un carpintero.

Un nacimiento que no pudo ser más humilde. Un nacimiento que cambió el mundo, incluido el tuyo y el mío. ¿Podremos darle las gracias suficientes veces?

UN ÚLTIMO PENSAMIENTO

Mientras abrimos regalos, nos sentamos alrededor de la mesa y disfrutamos del tiempo en familia, recordemos la verdadera razón por la que celebramos este día. El nacimiento en un establo. Un rey con forma de bebé. Dios en medio nuestro. ¡Al mundo paz!

Sucedió que un ángel del señor se les apareció.
La gloria del Señor los envolvió en su luz.

[LUCAS 2:9]

UNA NOCHE POCO COMÚN

Una noche común con ovejas comunes y pastores comunes. Puede que lo hubieras catalogado de aburrido. Si no fuera por un Dios al que le encanta añadir un "extra" a lo ordinario, aquella noche habría pasado desapercibida. Las ovejas habrían sido olvidadas, y los pastores habrían dormido toda la noche.

Pero Dios baila entre lo común. Y esa noche hizo unos de sus mejores pasos de baile.

El cielo negro rebosó de resplandor. Árboles que antes habían sido sombras, repentinamente se hicieron claramente visibles. Las ovejas, que antes habían estado en silencio, mostraron su curiosidad a coro. El pastor, que había estado profundamente dormido, en un segundo estaba frotando sus ojos y mirando a los ojos de un extraterrestre. La noche dejó de ser ordinaria.

El ángel vino de noche porque entonces es cuando las luces mejor se ven y cuando más se necesitan. Dios interviene en lo común por la misma razón. Sus herramientas más poderosas son las más simples.

UN ÚLTIMO PENSAMIENTO

La vida puede ser plenamente aburrida a veces. Aun así, cuando menos te lo esperes, Dios iluminará el cielo y anunciará algo increíble. Él ya envió a su Hijo a nacer en un pesebre. ¿Hace falta que yo diga algo más?

Cuando José despertó, hizo como el ángel del Señor
le había ordenado y recibió a María por esposa.

[MATEO 1:24]

UN HOGAR PARA CRISTO

José tenía que tomar la decisión más grande de su vida. María estaba embarazada, pero el bebé no era de José. Lo primero que él pensó fue secretamente liberar a María del compromiso que habían tomado para librarla del juicio público y el apedreamiento. Pero entonces un ángel, en un sueño, le dijo que no tuviera miedo de tomar a María como su esposa.

José tomó su decisión. Desechó su reputación tomando a una prometida embarazada y un hijo ilegítimo. Puso el plan de Dios por encima del suyo propio. En lugar de mantener limpio su propio nombre, José hizo un hogar para Cristo. Y por hacerlo, una gran recompensa le llegó. "Le puso por nombre Jesús" (Mateo 1:25).

Hasta ahora, millones han pronunciado el nombre de Jesús. Mira a la persona seleccionada para estar al frente de la fila. José. De todos los santos, pecadores, pródigos, y predicadores que han pronunciado el nombre, José, un obrero de un pequeño pueblo, lo dijo primero. Él sostuvo al príncipe del cielo que tenía la cara arrugada y, frente a un público de ángeles y cerdos, susurró: "Jesús…serás llamado Jesús".

UN ÚLTIMO PENSAMIENTO

José tomó su decisión. ¿Qué escogerás tú? ¿Harás de tu corazón un hogar para Cristo, aunque pueda parecer ridículo para otros? Espero que sí. Si lo haces, Dios te recompensará en formas que no puedes ni imaginar.

Que el Dios de la esperanza los llene de toda alegría
y paz a ustedes que creen en él, para que rebosen
de esperanza por el poder del Espíritu Santo.

[ROMANOS 15:13]

DIOS DA ESPERANZA

La esperanza del cielo hace a tu mundo lo que la luz del sol hizo a la bodega de mi abuela. El hecho de que me guste tanto el melocotón en almíbar se lo debo a ella. Ella enlataba sus propios melocotones y los almacenaba en una bodega subterránea cerca de su casa en el oeste de Texas. Era un profundo agujero con escaleras de madera, paredes de madera contrachapada, y un olor mustio. De pequeño, solía entrar, cerrar la puerta, y ver cuánto podía aguantar en la oscuridad. Me sentaba en silencio, escuchando mi respiración y el latir de mi corazón, hasta que no podía aguantar más. Entonces, subía corriendo las escaleras y abría de golpe la puerta. La luz entraba como una avalancha a la bodega. ¡Qué cambio! Momentos antes no podía ver nada, y de repente podía ver todo.

De la misma forma en que la luz entraba de golpe en la bodega, la esperanza de Dios entra de golpe en tu mundo. Sobre los enfermos, Él proyecta los rayos de sanidad. A los que están solos, Él da la promesa de una relación con Él. A los confundidos, Él ofrece la luz de las Escrituras.

Cuando tienes a Dios, siempre tienes esperanza.

UN ÚLTIMO PENSAMIENTO

"Espero que ganemos el partido esta noche". "Espero aprobar el examen final de mañana". A menudo usamos la palabra *esperanza* como un deseo de que algo ocurra. Pero la *esperanza* en Dios es algo mucho más profundo. Es saber que Él está en control, que nos ama, y que nuestro futuro está asegurado en Él.

El amor nunca se da por vencido, jamás
pierde la fe, siempre tiene esperanzas y se
mantiene firme en toda circunstancia.

[1 Corintios 13:7]

EL AMOR SE MANTIENE FIRME EN TODA CIRCUNSTANCIA

¿No sería bonito que el amor fuera como la fila en una cafetería? ¿Qué pasaría si pudieras mirar las personas que viven contigo y seleccionar lo que quieres y pasar de lo que no quieres? ¿Qué pasaría si tus padres hubieran podido hacer eso contigo? "Tomaré un plato de buenas notas y sonrisas bonitas, pero no quiero la crisis de identidad de la adolescencia y los pagos de la escolarización". ¿Qué pasaría si tú hubieras podido hacer lo mismo con tus padres? "Por favor, denme una ración de mesadas y alojamiento gratuito, pero sin reglas ni hora de ir a la cama, gracias".

¿Y tu futuro cónyuge? "Mmm, me apetece un bol de buena salud y buen estado de ánimo. Pero los cambios de trabajo, los suegros, y la ropa sucia no están incluidos en mi dieta".

¿No sería genial si el amor fuera como la fila para pedir de una cafetería? Sería más fácil. Sería más atractivo. No causaría dolor y sería pacífico. ¿Pero sabes qué? No sería amor. El amor no acepta sólo algunas cosas. El amor se mantiene firme en toda circunstancia.

UN ÚLTIMO PENSAMIENTO

¿Cuáles son las pequeñas (o no tan pequeña) cosas que tu familia y amigos hacen que te molestan? No es fácil aceptar *todas* las cosas de las personas en tu vida. Aun así, eso es lo que Dios nos llama a hacer. Después de todo, Él lo hace con nosotros. Eso es amor.

Hay una temporada para todo, un tiempo
para cada actividad bajo el cielo.

[ECLESIASTÉS 3:1]

ENFRENTA EL FUTURO CON DIOS

¿Qué persona vive la vida sin sorpresas? ¿Recuerdas el resumen de Salomón? "Hay una temporada para todo, un tiempo para cada actividad bajo el cielo" (Eclesiastés 3:1).

Dios administra la vida de la misma forma que administra universo: con temporadas, o estaciones. Cuando se trata de la tierra, nosotros entendemos la estrategia de mantenimiento de Dios. La naturaleza necesita el invierno para descansar y la primavera para despertar. No nos refugiamos en refugios subterráneos cuando los árboles de la primavera comienzan a florecer. Las estaciones de esta tierra no nos molestan. Pero las estaciones personales e inesperadas sí que lo hacen. La mudanza a una nueva ciudad. La ruptura que nunca pensabas que sucedería.

¿Estás comenzando un cambio? ¿Te encuentras a ti mismo enfrentando un nuevo capítulo? ¿Las hojas de tu mundo están mostrando señales de una nueva estación? El mensaje del cielo para ti es claro: cuando todo lo demás cambia, la presencia de Dios nunca cambia. Puede que Él te sorprenda. Pero Él quiere que sepas: nunca enfrentarás el futuro sin su ayuda.

UN ÚLTIMO PENSAMIENTO

Echa la vista atrás a los grandes cambios en tu vida. Pudiste sobrevivir a ellos, ¿verdad? Y cuando te acordaste de confiar en Dios, ¿acaso no fue más fácil manejarlos? Él estuvo ahí entonces, y Él estará ahí en el próximo. Ahora es un buen momento para agradecerle por guiarte a través de cada estación.

Trabajo... apoyado en el gran poder de
Cristo que actúa dentro de mí.

[Colosenses 1:29]

MUESTRA A JESÚS AL MUNDO

El nacimiento de Jesús en un pesebre es más, mucho más, que una historia de Navidad; es una muestra de cuánto se acercará Cristo a ti. La primera parada en su travesía fue un vientre. ¿Dónde irá Dios para pisar el mundo? Mira en lo profundo de María si quieres la respuesta.

Mejor aún, mira en lo profundo de tu interior. ¡Lo que Él hizo con María, nos lo ofrece a nosotros! Él ofrece a todos sus hijos una invitación como la que le hizo a María. "Si me lo permites, ¡me mudaré a tu corazón!". ¿Cuál es el misterio del evangelio? "Cristo en ustedes, la esperanza de gloria" (Colosenses 1:27, nvi).

Cristo creció dentro de María hasta que tuvo que salir. Cristo crecerá en tu interior hasta que suceda lo mismo. Él saldrá en tus palabras, en tus acciones, en tus decisiones. Cada lugar donde tú vivas será un Belén, y cada día que vivas será como una Navidad. Tú, igual que María, mostrarás a Jesús al mundo.

UN ÚLTIMO PENSAMIENTO

Te espera otro nuevo año completo. Mi oración es que tú ores para que Jesús crezca en tu interior, y que todo lo que digas, pienses y hagas sea para reflejarlo más y más a Él. Para ti y para mí, cada día *puede* ser Navidad. Mostremos al mundo el mejor regalo de todos: Jesús.

NOTAS

1. Rubel Shelly, *The ABCs of the Christian Faith* (Wineskins).

2. *1041 Sermon Illustrations, Ideas, and Expositions: Treasury of the Christian World*, ed. A. Gordon Nasby (Harper & Brothers).

3. Eugene H. Peterson, *Run with the Horses: The Quest for Life at Its Best* (InterVarsity Press).

4. Rick Reilly, "Matt Steven Can't See the Hoop. But He'll Still Take the Last Shot", Life of Reilly, ESPN.com, 11 de marzo de 2009, http://sportsespn.go.com/espnmag/story?id=39678087. Ver también Gil Spencer, "Blind Player Helps Team See the Value of Sportsmanship", *Delaware County Daily Times*, 25 de febrero de 2009, www.delcotimes.com.

5. C. J. Mahaney, "Loving the Church", audiotape del mensaje en Covenant Life Church, Gaithersburg, MD, n.d., citado en *Heaven* de Randy Alcorn (Tyndale House).

6. Christine Caine, *Undaunted: Daring to Do What God Calls You to Do* (Zondervan).

7. Frederick Dale Bruner, *The Christbook: Mateo—A Commentary*, rev. and exp. Ed. (Word Publishing).

8. Andy Christofides, *The Life Sentence: Juan 3:16* (Paternoster Publishing).

9. Guillermo González y Jay W. Richards, *The Privileged Planet: How Our Place in the Cosmos Is Designed for Discovery* (Regenery Publishing).

10. "Liftoff to Space Exploration", NASA, http://liftoff.msfc.nasa.gov/academy/universe_travel.html.

11. Tracy Leininger Craven, *Alone, Yet Not Alone* (His Seasons).

12. Gary L. Thomas, *Sacred Marriage: What If God Designed Marriage to Make Us Holy More Than to Make Us Happy?* (Zondervan).

13. F. W. Boreham, *Life Verses: The Bible's Impact on Famous Lives, Vol. Two* (Kregel Publications).

LECTURA DE LA BIBLIA

Tus maestros puede que amontonen tareas de lectura, pero la Biblia es *el* libro más importante que leerás jamás. Es el plan de Dios para tu vida, que te dice lo que es bueno, lo que es malo, y cómo llegar al cielo. Cuando la vida llega ante ti con rapidez y dificultad, la Biblia puede ser tu libro de respuestas, de modo que es una buena idea leer de ella cada día.

Prueba uno de estos planes de lectura para comenzar. Pon una marca al lado de cada uno cuando lo leas. *30 días con Jesús* te lleva por la vida de Jesús mientras Él estuvo aquí en la tierra. *90 días por la Biblia* te da todos los acontecimientos principales del Antiguo y el Nuevo Testamento, comenzando con la creación en Génesis y recorriendo todo el camino hasta Apocalipsis.

30 DÍAS CON JESÚS

1. Juan 1:1–51 _____
2. Lucas 2:1–52 _____
3. Marcos 1:1–11 _____
4. Lucas 4:1–44 _____
5. Juan 3:1–36 _____
6. Lucas 5:1–39 _____
7. Juan 4:1–54 _____
8. Lucas 6:1–49 _____
9. Lucas 7:1–50 _____
10. Lucas 8:1–56 _____
11. Marcos 8:1–38 _____
12. Lucas 10:1–42 _____
13. Mateo 5:1–48 _____
14. Mateo 6:1–34 _____
15. Mateo 7:1–29 _____

16. Lucas 14:1–35 _____

17. Lucas 15:1–32 _____

18. Lucas 16:1–31 _____

19. Juan 8:1–59 _____

20. Lucas 17:1–37 _____

21. Lucas 18:1–43 _____

22. Juan 9:1–41 _____

23. Lucas 19:1–48 _____

24. Lucas 20:1–47 _____

25. Juan 10:1–42 _____

26. Juan 11:1–57 _____

27. Marcos 13:1–37 _____

28. Lucas 22:1–71 _____

29. Mateo 27:1–66 _____

30. Lucas 24:1–53 _____

90 DÍAS POR LA BIBLIA

1. Génesis 1:1–2:3 _____

2. Génesis 3:1–24 _____

3. Génesis 6:9–7:24 _____

4. Génesis 8:1–9:17 _____

5. Génesis 17:1–22 _____

6. Génesis 22:1–19 _____

7. Génesis 25:19–34 _____

8. Génesis 27:1–28:9 _____

9. Génesis 37:1–36 _____

10. Génesis 41:1–57 _____

11. Génesis 45:1–28 _____

12. Éxodo 1:8–2:15 _____

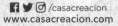

Te invitamos a que visites nuestra página web, donde podrás apreciar la pasión por la publicación de libros y Biblias:

www.casacreacion.com

f @CASACREACION

✗ @CASACREACION

◎ @CASACREACION

Para vivir la Palabra